本书为 2015 年度国家社科基金一般项目"西部贫困地区县级政府均衡发展治理能力的路径优化研究"研究成果(课题批准号:15BGL163)。

义务教育均衡发展与政府治理能力提升研究

——以西部地区县域城乡为例

王正青　著

科学出版社

北　京

内 容 简 介

本书回顾了中国义务教育均衡发展的政策变迁与发展历程，阐述了提升政府义务教育均衡发展治理能力的现实背景，构建了县域义务教育均衡发展的整体框架。基于教育部和重庆市的教育统计数据，实证研究了中国八大综合经济区的区域内和区域间基础性办学条件差异、重庆市各区县义务教育办学水平，调查了一线教师对县级政府履行义务教育均衡发展治理责任的满意度，总结了重庆市武陵山区四个区县义务教育均衡发展经验。

本书综合运用理论分析与实证研究方法，对下阶段推进义务教育优质均衡发展和构建现代教育治理体系具有参考价值，可供教育行政部门管理人员、一线教育工作者和相关领域科研人员参考。

图书在版编目(CIP)数据

义务教育均衡发展与政府治理能力提升研究：以西部地区县域城乡为例 / 王正青著. —北京：科学出版社，2022.2
ISBN 978-7-03-071149-6

Ⅰ.①义… Ⅱ.①王… Ⅲ.①义务教育–发展–研究–西南地区②义务教育–发展–研究–西北地区 Ⅳ.①G522.3

中国版本图书馆 CIP 数据核字 (2021) 第 276269 号

责任编辑：孟 锐 / 责任校对：彭 映
责任印制：罗 科 / 封面设计：墨创文化

科 学 出 版 社 出版
北京东黄城根北街16号
邮政编码：100717
http://www.sciencep.com

成都锦瑞印刷有限责任公司印刷
科学出版社发行 各地新华书店经销

*

2022 年 2 月第 一 版 开本：787×1092 1/16
2022 年 2 月第一次印刷 印张：12 1/2
字数：296 000
定价：98.00 元
(如有印装质量问题,我社负责调换)

前　　言

　　《国家中长期教育改革和发展规划纲要(2010—2020 年)》提出，要"建立城乡一体化义务教育发展机制，率先在县(区)域内实现城乡均衡发展，逐步在更大范围内推进"。由于当前我国义务教育实行的是"省级统筹，以县为主"管理体制，县级政府无疑是义务教育均衡发展第一责任主体。按照十八届三中全会"推进国家治理体系和治理能力现代化"的战略部属，县级政府因处于国家宏观调控和微观管理的结合中枢而成为国家治理能力建设的关键。义务教育均衡发展的突破口在县域，政府治理能力建设的基石在县级，两大攻坚战役区域上的难点在西部。因此，探讨西部贫困地区义务教育均衡发展现状，以及政府教育均衡发展治理行为与履行水平，具有较强的现实针对意义与学术价值。

　　本研究的核心议题是县域义务教育均衡发展现状以及西部贫困地区县级政府的教育治理行为。本研究在回顾义务教育均衡发展的政策变迁与发展历程，分析提升政府义务教育均衡发展治理能力的现实背景，梳理县级政府提升义务教育均衡发展治理能力相关研究的基础上，构建了县域义务教育均衡发展的整体框架，并对中国八大综合经济区的区域内和区域间基础性办学条件差异以及重庆市各区县义务教育办学水平展开实证研究，以教师为对象开展了县级政府履行义务教育均衡发展治理责任满意度调查。同时，本研究以重庆市黔江区、酉阳县、秀山县、彭水县四个武陵山区区县为案例，总结了其推进义务教育均衡发展的做法，以及在优质均衡发展背景下存在的问题与改进建议。

　　研究发现，中国义务教育均衡发展的历程，就是各级政府教育治理能力建设的历程，两者间呈现出同频共振互为促进的关系。回顾改革开放后我国义务教育均衡发展历程，大致上可分为 1978～2000 年的效率优先兼顾均衡阶段、21 世纪开始的十年逐步推进阶段以及 2010 年后至今的深入落实阶段。由于我国长期以来在义务教育非均衡发展方面的现实困境，以及政府在教育均衡治理方面存在错位、缺位和越位等问题，使得提升政府义务教育均衡发展治理能力在进入 21 世纪后成为必需。在新公共管理和教育公共治理等理论影响下，在市场化、分权化等改革推动下，义务教育均衡发展正经历着公共治理的模式转向，要求政府承担发展规划与政策设计、经费投入与资源保障、方案落实与过程推进、效果评估与反馈修正等职能，细化落实到中央、省、市、县、乡镇五级政府。

　　自 2013 年国家启动义务教育均衡发展基本均衡县督导评估认定工作后，中国义务教育均衡发展工作取得了重要成效，各地也结合区域实际实施了一系列行之有效的措施。但义务教育均衡发展总体水平如何，不同地区间和区域内部义务教育均衡发展是否存在差异，尤其在义务教育均衡发展能否持续的基础性办学条件方面，尚缺乏实证性的数据支撑。基于此，本研究收集了教育部网站公布的国家教育督导检查组对各地区义务教育均衡发展督导检查的反馈意见，从场地、设施和师资三个维度，实证研究了八大综合经济区在基础性办学条件方面的区域间和区域内差异。并以《重庆教育年鉴》为主要数据来源，实证研究了重庆市 40 个区县的义务教育发展水平，以及主城、渝西、渝东北和渝东南四大片区间及片区内部的差异状况，从而为后续研究奠定了较为扎实的现实基础。

本研究以国家统筹城乡教育发展实验区的重庆市为对象，通过自编问卷，调查了重庆市不同区县、不同学校类型、不同任教学段的一线教师对县级政府履行义务教育均衡发展治理责任的满意度。研究结果表明，教师总体上对县级义务教育均衡发展比较满意，对教师队伍建设成效满意度较低，男性教师在各维度上的满意度均低于女性教师，不同年龄和任教年级教师的满意度存在显著差异，不同学校类型教师在体制机制、教育投入、教师队伍等维度上的满意度均存在差异。该项调查整体上揭示了重庆市义务教育均衡发展工作成效，同时为下阶段推进义务教育由县域均衡向省域均衡、由基本均衡向优质均衡发展提供了决策参考。

为全面了解西部贫困地区如何推进义务教育均衡发展，本研究选取位于重庆市渝东南民族地区的黔江、酉阳、秀山、彭水四个区县，考察了其在推进义务教育均衡发展方面的做法和成效，分析了存在的问题与不足。最后，本研究基于当前我国义务教育正由"基本均衡发展"向"优质均衡发展"转变的时代判断，从理论上分析了优质均衡发展的内涵与特征，介绍了北京市海淀区、上海市闵行区、江苏省张家港市、杭州市江干区四个教育发达地区的县域义务教育优质均衡发展经验，结合当前西部贫困地区义务教育均衡发展和政府治理存在的问题，着眼义务教育优质均衡发展和构建现代教育治理体系新要求，从健全制度法规体系、持续加大教育投入、强化各级政府职能、创新学校办学形式等八个方面，提出了提升县级政府义务教育治理能力的路径建议。

目　　录

第一章　义务教育均衡发展进程中政府治理与研究梳理

中华人民共和国成立 70 多年来，中国教育事业取得了举世瞩目的巨大成就，探索建立了社会主义教育制度，开辟并不断完善中国特色社会主义教育道路，构建起基本完善的中国特色社会主义现代化教育体系，在中国教育史和人类文明史上谱写了辉煌篇章[①]。学前教育毛入园率从 1950 年的 0.4% 提高到 2018 年的 81.7%；小学净入学率从 1949 年的 20% 提高到 2018 年的 99.95%；初中阶段毛入学率从 1949 年的 3.1% 提高到 2018 年的 100.9%；高中阶段毛入学率从 1949 年的 1.1% 提高到 2018 年的 88.8%；高等教育毛入学率从 1949 年的 0.26% 提高到 2018 年的 48.1%[②]。在义务教育领域，我国在全面普及城乡免费义务教育，从根本上解决了适龄儿童少年"有学上"的基础上，在进入 21 世纪后深入推进义务教育均衡发展，努力实现所有适龄儿童少年"上好学"，谱写了中国教育发展的新篇章。回顾义务教育均衡发展历程及其政府角色，梳理义务教育均衡发展相关研究成果，可以为新时代加快推进教育现代化、建设教育强国、办好人民满意教育提供政策思路与实践参考。

第一节　义务教育均衡发展与提升政府治理能力

《国家中长期教育改革和发展规划纲要(2010—2020 年)》提出，要"建立城乡一体化义务教育发展机制，率先在县(区)域内实现城乡均衡发展，逐步在更大范围内推进"。由于当前我国义务教育实行的是"国务院领导，省级政府统筹规划实施，县级人民政府为主"的管理体制，各级政府在义务教育均衡发展中扮演重要角色。按照十八届三中全会"推进国家治理体系和治理能力现代化"的战略部属，深化教育领域"放管服"改革，转变政府职能与优化管理方式，成为教育领域治理能力建设的重要任务。因此，中国义务教育的均衡发展历程，就是各级政府教育治理能力建设的历程，两者间呈现出同频共振、互为促进的关系。

一、义务教育均衡发展的政策变迁与发展历程

教育是关系人民福祉、关乎民族未来的长远大计。教育能够有效地提高人口素质和劳

---

① 张力. 新中国 70 年教育事业的辉煌历程. 中国教育报，2019-9-14。
② 教育部. 2018 年全国教育事业发展统计公报发布. http://www.moe.gov.cn/jyb_xwfb/s5147/201907/t20190725_392195.html。

动力水平，为我国经济社会转型和科技创新提供人才支持；能够为社会公众提供阶层流动的机会，从而成为社会长治久安、和谐稳定的助力器；能够促进个体身体、心理、智力、思维、社会参与等多方面发展，从而为个体全面发展并实现人生价值奠定基础。党中央、国务院高度重视教育事业，努力推进城乡义务教育均衡发展，尤其在基本实现普及义务教育以后，推进义务教育均衡发展就成为教育事业发展的关键任务。回顾我国义务教育均衡发展历程，大致上可分为辅助兼顾、逐步推进、深入落实三个阶段。

（一）义务教育均衡发展辅助兼顾阶段：1978～2000 年

1949 年中华人民共和国的成立，标志着我国从半殖民地半封建社会向新民主主义社会的根本转变，开启了中国教育的新航程。从中华人民共和国成立到社会主义改造基本完成的 7 年，是共和国教育的初创阶段，也是社会主义教育的奠基阶段。截至 1957 年，全国学龄儿童入学率达到 61.7%，远远超过中华人民共和国成立初期的 20%[①]。1958 年 4 月和 6 月，中共中央分两阶段在北京召开全国教育工作会议，并在这之后颁布了《关于教育工作的指示》，明确了党的教育方针，即"教育为无产阶级政治服务，教育与生产劳动相结合"。由于"大跃进"和"文化大革命"的冲击，中国经济社会发展遭到严重打击，中国教育事业跌入低谷。

1978 年 4 月，中华人民共和国成立后的第四次全国教育工作会议在"文革"结束后召开。邓小平同志在讲话中全面阐述教育要为实现四个现代化服务的思想。这次会议之后，教育的恢复和整顿出现新局面，1979 年 11 月，中共中央批转《中共湖南省桃江县委关于发展农村教育事业的情况报告》，报告提出了"两条腿走路""三种教育"（指普通教育、业余教育和学前教育）一起抓的方针。1980 年 12 月，中共中央、国务院发布《关于普及小学教育若干问题的决定》，要求"在 80 年代，全国应基本实现普及小学教育的历史任务，有条件的地区还可进而普及初中教育。经济比较发达、教育基础较好的地区，应在 1985 年前普及小学教育，其他地区一般应在 1990 年前基本普及"。1982 年，新修订的《宪法》明确提出"普及小学教育"目标。同一时期，教育部先后颁布《关于办好一批重点中小学试行方案》《关于分期分批办好重点中学的决定》等政策，办好一批"重点校"成为这一时期重要任务。总体看，面对我国经济基础薄弱和教育落后的现实问题，改革开放初期国家优先普及小学教育，并在实践中采取了"两条腿走路""重点校"等非均衡发展策略，但追求普及却是与均衡理念相一致的。

1985 年 5 月，《中共中央关于教育体制改革的决定》正式颁布，明确了教育体制改革的根本目的是"提高民族素质，多出人才、出好人才"，并率先提出了"普及九年义务教育"的目标。《决定》指出，"必须鼓励一部分地区先发展起来，同时鼓励先发展起来的地区帮助后进地区，达到共同的提高"。基于这一精神，全国被划分为沿海和内地发达地区、中部中等发展程度地区以及西部经济落后地区"三类地区"，按照各自不同的经济发展程度制定了分期分批实现普及九年义务教育的目标。1986 年 4 月，《中华人民共和国义务教育法》提出普及九年义务教育。这之后的义务教育按照"分级管理、分灶吃饭"

[①] 赵秀红. 教育 70 年与共和国同向而行. 中国教育报，2019-9-4.

的要求，经费投入责任被下放到地方财政。其中，城市教育经费由市县财政负责，农村义务教育经费由乡镇财政承担，形成了"县、乡、村三级办学，以乡、村为主，县、乡两级管理"的农村义务教育发展格局，为义务教育的非均衡发展埋下了隐患。[①]

1993 年《中国教育改革和发展纲要》的颁布延续了"效率优先、兼顾公平"的指导方针，均衡发展也因而处于兼顾地位。1994 年发布的《国务院关于〈中国教育改革和发展纲要〉的实施意见》再次向三类地区提出不同的发展目标与发展速度要求，对九年义务教育的基本普及年限做了不同规定。1995 年发布的《国家教育委员会关于评估验收 1000 所左右示范性普通高级中学的通知》，进一步强化了"重点校"建设逻辑，引发了各地义务教育阶段示范校的建立高潮，加剧了一般学校与示范性初中、示范性小学的差距。1995～2000 年，国家开始实施"国家贫困地区义务教育工程"等攻坚计划，加快了中西部地区"两基"进程，采取了义务教育阶段学生免试就近入学、增加财政投入、加大转移支付力度、改善薄弱学校等措施，分步推进义务教育发展。[②]

城乡有别的义务教育均衡兼顾政策推动了我国义务教育快速发展。1978～2000 年，我国义务教育出现了超常规的发展局面，用比较短的时间走完了一些发达国家几十年甚至上百年才走完的路程，基本实现城乡所有适龄儿童"有学上"。从升学率看，小学学龄儿童入学率由 1978 年的 95.5%上升到 2000 年的 99.1%；小学毕业生升学率从 1978 年的 87.7%增长到 2000 年的 94.9%，增长 7.2 个百分点；初中毕业生升学率由 1978 年的 40.9%上升到 2000 年的 51.1%，增长 9.2 个百分点[③]。从受教育年限看，到 2000 年，全民受教育水平由 1985 年以前的人均 4.3 年提高到人均 8.1 年，全国十多个省实现全省"普九"，70%以上的县实现全县"普九"，全国"普九"人口覆盖率达到 85%以上，基本实现了"两基"目标。[④]

回顾此阶段义务教育发展历程，义务教育经费投入和"重点校"政策对义务教育均衡发展的影响最为凸出。由于乡级财政实力不均衡，以"乡、村为主"的经费供给体制造成了农村教育经费严重匮乏，加剧了义务教育在区域、城乡之间的不均衡发展局面。而"重点校"政策也加大了学校之间的差距，重点学校无论在资源、生源还是教育成果等方面都越来越好，而非重点学校则成了薄弱学校，形成了我国义务教育发展地区与学校间不均衡局面。[⑤]在区域差距方面，1999 年全国和东部小学校舍危房率为 0.72%和 0.28%，而西部地区却为 1.47%，青海省、宁夏回族自治区等地更高达 4%以上，区域办学条件差距明显。财政预算内教育经费支出的城乡差距方面，1999 年城镇初中和小学生均分别是 811.69 元和 515.27 元，而农村却只有 485.82 元和 310.50 元，城乡教育经费差距明显。[⑥]在"两基"方面，虽然到 2002 年时全国已有涵盖 91.8%的人口的地区基本普及了九年义务教育，青壮年文盲率降低到 5%以下，但西部地区"两基"人口覆盖率只有 77%，仍有 410 个县级

① 邵泽斌. 新中国义务教育治理方式的政策考察. 北京：北京师范大学出版社，2012：105。
② 李桂荣，李向辉. 中国义务教育均衡发展政策的演进历程及其制度逻辑. 河南师范大学学报（哲学社会科学版），2017(5)：147-151。
③ 教育部发展规划司. 中国教育统计年鉴 2002. 北京：人民教育出版社，2003：384。
④ 翟博，刘华蓉，李曜明，等. 人类教育史上的奇迹——来自中国普及九年义务教育和扫除青壮年文盲的报告. 中国教育报，2012-9-9。
⑤ 柳海民，周霖. 义务教育均衡发展的理论与对策研究. 长春：东北师范大学出版社，2007：57。
⑥ 农业部农村经济研究中心. 中国农村研究报告（2001）. 北京：中国财政经济出版社，2002：615-616。

行政单位尚未实现"两基"，人均受教育年限仅为 6.7 年。[①]

(二)义务教育均衡发展逐步推进阶段：2001～2010 年

即将迈入新世纪之际，中国政府颁布了《面向 21 世纪教育振兴行动计划》，提出实施"跨世纪素质教育工程"，把普及义务教育工作的重点和难点确定在中西部地区，重点放在山区、牧区和边境地区。针对部分地区教育经费投入不足问题，提出各级财政要认真落实已出台的筹措教育经费的各项法律规定和政策，特别是要保证做到《教育法》规定的教育经费的"三个增长"（即各级政府教育财政拨款的增长要高于同级财政经常性收入的增长，在校学生人均教育经费逐步增长，教师工资和学生人均公用经费逐步增长）。

为破解阻碍义务教育均衡发展的体制性障碍和缓解农村税费改革带来的突出矛盾，2001 年 5 月国务院颁布了《关于基础教育改革与发展的决定》，提出了建立"国务院领导，地方政府负责、分级管理、以县为主"的义务教育管理体制，明确"县级人民政府"是义务教育发展的主要责任者，将责任主体由之前的"乡镇政府"提升至"县级政府"，变"市、县、乡"三级办学体制为"市、县"两级。《决定》同时提出将采取"撤点并校"方式推动义务教育均衡发展，包括撤除教学点合并中心校和撤村小并入城镇校两种形式，要求"按照小学就近入学、初中相对集中、优化教育资源配置的原则，合理规划和调整学校布局"予以落实。此举有利于优化教育资源配置，通过整合、统筹城乡教育资源，让农村学生与城市学生一起享受优质教育，实现义务教育均衡发展。2001 年 7 月，《全国教育事业第十个五年计划》颁布，提出了教育事业"均衡发展"的概念。

随着经济发展、农村义务教育经费保障体制改革的推进，国家逐渐将目光转向城乡义务教育均衡发展。2002 年 2 月，教育部发出《关于加强基础教育办学管理若干问题的通知》，首次提出"积极推进义务教育阶段学校均衡发展"的目标，要求城市地区要结合城区改造和学校布局调整，加快薄弱学校改造，努力扩大义务教育阶段优质学校的规模，满足人民群众对高质量教育的需求。在随后颁布的《基础教育工作分类推进与评估指导意见》中，也提出了"要在教育经费、办学条件、师资队伍等方面达到区域内基本均衡发展的要求，薄弱学校基本消除。"2003 年 9 月，国务院召开了第一次全国农村教育工作会议，并在《国务院关于进一步加强农村教育工作的决定》和《关于深化农村义务教育经费保障机制改革的通知》中提出，要"继续推进中小学布局结构调整，努力改善办学条件。加大城市对农村教育的支持和服务，促进城市和农村教育协调发展。"同年召开的十六届三中全会将"统筹城乡发展"作为五个统筹的重要内容，将城乡教育一体化纳入城乡一体化的重要组成部分。自此，义务教育工作重心由"两基"为核心的均衡发展"辅助兼顾"过渡到"逐步推进"阶段。

2005 年 5 月颁布的《教育部关于进一步推进义务教育均衡发展的若干意见》是我国第一个全面阐述义务教育均衡发展的政府性文件。《意见》提出，"国务院和县级以上地方人民政府应当合理配置教育资源，促进义务教育均衡发展""县级以上人民政府及其教育行政部门应当促进学校均衡发展，缩小学校之间办学条件差距""不得将学校分为重点

[①] 翟博，刘华蓉，李曜明. 人类教育史上的奇迹——来自中国普及九年义务教育和扫除青壮年文盲的报告. 中国教育报，2012-9-9。

学校和非重点学校""学校不得分设重点班和非重点班"等要求。《意见》还提出建立规范化、科学化、制度化的义务教育教学质量监测评估体系和教学指导体系，大力推动现代教育技术在教学中的应用，全面提高农村学校的教师素质和教育教学质量，做到"办好每一所学校，教好每一个孩子"，实现城乡义务教育均衡发展。2005年12月，国务院发布《关于深化农村义务教育经费保障机制改革的通知》，提出要深化农村义务教育经费保障机制改革，正式实施"两免一补"政策(即全部免除农村义务教育阶段学生学杂费，对贫困家庭学生免费提供教科书并补助寄宿生生活费)，明确教育经费将向农村地区、贫困地区和少数民族地区倾斜，强化了政府对农村义务教育的保障责任。2006年6月修订后的《中华人民共和国义务教育法》第六条规定，"国务院和县级以上地方人民政府应当合理配置教育资源，促进义务教育均衡发展"，义务教育均衡发展"由此纳入法律条文，从政策层面上升至法律层面。

2007年5月颁布的《国家教育事业发展"十一五"规划纲要》指出，要把促进教育公平作为国家基本教育政策，推进义务教育均衡发展，农村地区全部实现免费义务教育。2007年10月，胡锦涛同志在中国共产党第十七次全国代表大会上的报告中提出，"促进社会公平正义，努力使全体人民学有所教""教育是民族振兴的基石，教育公平是社会公平的重要基础""促进义务教育均衡发展"，这是党的政治报告中第一次提出"义务教育均衡发展"的思想。由此，促进义务教育均衡发展成为党中央、国务院确立的我国在新的历史时期推进义务教育发展的战略方针。2010年1月，教育部《关于贯彻落实科学发展观进一步推进义务教育均衡发展的意见》再次明确将义务教育的均衡发展作为今后的一项重要任务来推进。

2010年5月，党中央、国务院召开第四次全国教育工作会议，在印发的《国家中长期教育改革和发展规划纲要(2010—2020年)》中，把义务教育均衡发展提升到战略性任务的高度。《纲要》集中阐明了党和国家推进义务教育均衡发展的思想意志，提出了"要合理配置教育资源，加快缩小教育差距，保障公民依法享有受教育的权利"的根本宗旨，提出了"大力推进义务教育学校标准化建设，均衡配置教师、设备、图书、校舍等资源，办好每一所学校"的具体要求，提出了"切实缩小校际差距，着力解决择校问题""加快缩小城乡差距，建立城乡一体化义务教育发展机制"，以及"努力缩小区域差距，加大对革命老区、民族地区、边疆地区、贫困地区义务教育的转移支付力度"等分类推进任务，还提出要"率先在县域内实现均衡发展，逐步在更大范围内推进"的分阶段发展目标。

在国家政策强力推动下，21世纪的前十年里，中国义务教育均衡发展取得突出成绩。学校布局调整方面，农村小学数由2000年的44.03万所减少到2010年的21.09万所，减幅52.1%；农村初中数由2000年3.93万所减少到2010年2.87万所，减幅26.97%。[①]农村义务教育经费保障方面，从2006年春季学期开始，西部12个省份、新疆生产建设兵团和中部试点的农村地区免除学杂费，2007年春季学期开始在全国农村地区全面推行，2008年秋季学期起在全国城市地区全面推行，从而实现全国城乡义务教育同步免费。据统计，2006～2010年5年内，中央和地方各级政府累计新增农村义务教育经费2182亿元，惠及

---

① 教育部发展规划司. 中国教育统计年鉴·2011. 北京：人民教育出版社，2012：384。

40 多万所农村中小学、5000 多万名农村义务教育阶段学生。在义务教育入学保障方面，初中及以上学历人口比例从 1982 年的 24.87%提高到 2010 年的 61.75%，全国人口平均受教育年限从 20 世纪 80 年代初的不到 5 年提高到 2010 年的 9.5 年。[①]

通观 21 世纪初的头十年，在相继召开全国基础教育工作会议、全国农村教育工作会议之后，加强农村教育、改造薄弱学校、缩小教育差距成为教育改革发展的指导思想，推进教育公平发展、科学发展观等成为新的教育发展观和新的教育价值观，并引领了一系列推进均衡发展的早期实践。在管理体制方面，提升了责任主体和管理层级，为义务教育均衡发展提供了更加充足的资源。在法制建设方面，将均衡发展写进了法律文本，为义务教育均衡发展提供了法律保障。但由于我国经济社会发展不平衡的现实，城乡二元结构矛盾比较突出，城乡之间、地区之间、学校之间的差距依然存在，城乡二元体制和区域发展不平衡等深层次矛盾尚未根本解决，总体上处于非均衡向均衡发展过渡阶段。着力提升农村学校和薄弱学校办学水平，实现城乡义务教育一体化发展，推动均衡发展由基础性条件均衡向内涵式优质均衡转型，努力实现所有适龄儿童"上好学"，成为下阶段义务教育重点工作。

(三)义务教育均衡发展深入落实阶段：2011 年以后

为全面贯彻落实教育规划纲要精神，推动义务教育均衡发展深入落实，2011 年 3 月，教育部分别与全国 15 个省份正式签署"义务教育均衡发展备忘录"。这之后，教育部分三批先后与全国 31 个省份以及新疆生产建设兵团签署义务教育均衡发展备忘录。标志着义务教育均衡发展从宏观政策规划引领，进入到义务教育均衡发展深入实施阶段。与此同时，截至 2011 年全国所有县(市、区)和其他县级行政区划单位、所有省级行政区全部通过普及九年义务教育的国家验收，标志着中国彻底解决了适龄少年儿童"有学上"的问题，转向为满足适龄少年儿童"上好学"的新需要。义务教育将以消除城乡、区域和学校间基础性办学条件差距为首要任务，推动城乡义务教育一体化发展。

2012 年 1 月教育部颁布《县域义务教育均衡发展督导评估暂行办法》，正式建立县域义务教育均衡发展督导评估制度。《办法》从基本办学标准入手，评估县域内学校间差距和县级政府推进义务教育均衡发展工作情况，并把公众这一直接利益群体对所在县义务教育均衡发展状况的满意度作为评估的重要参考内容。2012 年 6 月，教育部发布《国家教育事业发展第十二个五年规划》，要求推进义务教育学校标准化建设，探索城乡教育一体化发展的有效途径和发展机制，逐步统一城乡教育规划、建设标准、经费投入、师资配备和管理体制，探索城乡教育联动发展新模式，逐步实现城乡一体化。

2012 年 9 月颁布的《国务院关于深入推进义务教育均衡发展的意见》则将推进义务教育均衡发展的任务和目标具体化，明确了"推动优质教育资源共享、均衡配置办学资源、合理配置教师资源、保障特殊群体平等接受义务教育、全面提高义务教育质量、加强和改进学校管理"六大任务，提出了"到 2015 年实现基本均衡的县(市、区)比例达到 65%；到 2020 年，全国义务教育巩固率达到 95%，实现基本均衡的县(市、区)比例达到 95%"

---

① 王亮. 推动经济社会发展的教育力量——党的十六大以来教育改革发展成就述评之十一. 中国教育报，2012-11-7.

的发展目标。同年 11 月，党的十八大报告以"办好人民满意的教育"为指导，提出"树立教育均衡发展新理念"，确保了义务教育均衡发展政策的延续。

2013 年，我国启动了义务教育发展基本均衡县(市、区)督导评估认定工作，将督导评估作为推进义务教育均衡发展的重要抓手。"截至 2017 年底，全国通过义务教育发展基本均衡督导评估认定的县(市、区)达 2379 个，共有 81%的区县达到'基本均衡县'要求，有 11 个省(市)整体通过认定"，"基本均衡发展"目标逐步实现。①为落实城乡义务教育一体化发展政策，国家要求完善城乡义务教育经费保障机制，统筹城乡义务教育资源均衡配置，推动义务教育事业持续健康发展。2015 年 11 月，国务院印发《关于进一步完善城乡义务教育经费保障机制的通知》，建立城乡统一、重在农村的义务教育经费保障机制，整合农村义务教育经费保障和城市义务教育奖补政策，实行中央和地方分项目、按比例分担的城乡义务教育经费投入政策。2016 年 7 月，国务院出台《关于统筹推进县域内城乡义务教育一体化改革发展的若干意见》，要求加快推进县域内城乡义务教育学校建设标准统一、教师编制标准统一、生均公用经费基准定额统一、基本装备配置标准统一"四统一"，通过实施学区管理，建立学校联盟，探索集团化办学等措施，扩大优质教育资源覆盖面。

随着义务教育基本均衡目标的实现，教育部在 2017 年 4 月印发《县域义务教育优质均衡发展督导评估办法》，提出"巩固义务教育基本均衡发展成果，引导各地将义务教育均衡发展向着更高水平推进"的要求，并建立了县域义务教育优质均衡发展督导评估制度，确定了相当长一段时期内我国义务教育均衡发展的工作方向。《办法》中的评估体系以"促进公平、提高质量"为核心，设计了"资源配置、政府保障程度、教育质量、社会认可度"四个方面内容。《办法》对每项指标都设置了明确的评估标准和要求，并将以考试方式招生、违规择校、重点校、重点班、"有编不补"或长期聘用编外教师、弄虚作假、教育系统重大安全责任事故和严重违纪违规事件等情况，以及社会认可度作为一票否决指标。同年 6 月，国务院教育督导委员会办公室发布《关于申请认定义务教育优质均衡发展县(市、区)有关工作的通知》，正式启动"优质均衡发展县"认定工作。2017 年 5 月，中共中央办公厅和国务院办公厅印发《关于深化教育体制机制改革的意见》提出，改进管理模式，试行学区化管理，探索集团化办学，采取委托管理、强校带弱校、学校联盟、九年一贯制等灵活多样的办学形式。同年 10 月，党的十九大报告指出，"推动城乡义务教育一体化发展，高度重视农村义务教育"是决胜全面建成小康社会，夺取新时代中国特色社会主义伟大胜利的战略性任务。

在全国义务教育基本均衡工作即将完成之际，深度贫困地区和薄弱学校发展成为最后的"硬骨头"。2018 年 1 月，教育部、国务院扶贫办印发《深度贫困地区教育脱贫攻坚实施方案(2018—2020 年)》，聚焦集中连片特困地区、革命老区、民族地区、边疆地区，力争到 2020 年，"三区三州"等深度贫困地区教育总体发展水平显著提升，实现建档立卡贫困人口教育基本公共服务全覆盖。2018 年 4 月，国务院办公厅印发《关于全面加强乡村小规模学校和乡镇寄宿制学校建设的指导意见》，《意见》聚焦乡村小规模学校(指

---

① 教育部. 2017 年全国义务教育均衡发展督导评估工作报告. http://www.moe.gov.cn/jyb_xwfb/xw_fbh/moe_ 2069/xwfbh_ 2018n/xwfb_2 0180227/sfcl/201802/t20180227_327990.html

不足 100 人的村小学和教学点)和乡镇寄宿制学校(以下统称两类学校),提出要补齐两类学校短板,两类学校布局更加合理,办学条件达到所在省份确定的基本办学标准,经费投入与使用制度更加健全,教育教学管理制度更加完善,城乡师资配置基本均衡,满足两类学校教育教学和提高教育质量实际需要,基本实现县域内城乡义务教育一体化发展,为乡村学生提供公平而有质量的教育。

2019 年 6 月,中共中央、国务院印发《关于深化教育教学改革全面提高义务教育质量的意见》提出,县域义务教育质量评价标准突出考察地方党委和政府对义务教育教学工作的组织领导、价值引领、条件保障和均衡发展等方面的情况,对学校突出考察落实全面发展、提高学生综合素质以及把握办学方向、教师队伍建设、减轻学生过重学业负担、社会满意度等方面情况,对学生突出考察思想品德素质、学业发展、身心健康、兴趣特长等情况。2019 年 7 月,教育部、国家发改委、财政部联合发布《关于切实做好义务教育薄弱环节改善与能力提升工作的意见》,提出了消除城镇学校大班额、加强"两类学校"建设、推进农村学校教育信息化建设三项重点任务。争取到 2020 年底,全部消除 66 人以上超大班额,基本消除现有 56 人以上大班额,全国大班额比例控制在 5%以内,"两类学校"办学条件达到所在省份基本办学标准,实现农村义务教育学校网络教学环境全覆盖,不断提升农村学校教育信息化应用水平。

如表 1-1 所示,纵观这一时期的义务教育均衡工作,随着社会的发展和人们生活质量的提高,"基本均衡发展"已经难以满足人民群众"教育高质量发展"的要求。从基本均衡迈向优质均衡,成为新时期义务教育发展的指导思想。"优质均衡发展"要求同步建设城镇学校,努力办好乡村教育,推进学校标准化建设,消除大班额,统筹城乡师资配置,完善乡村教师待遇保障机制,改革控辍保学机制,完善随迁子女就学机制,加快深度贫困地区教育发展,为朝着城乡义务教育一体化发展奋进。

表 1-1　改革开放以来国家义务教育均衡发展相关政策

政策名称	年份	促进义务教育均衡发展方面的主要措施
《中共中央关于教育体制改革的决定》	1985	提出普及九年义务教育目标,确立县、乡两级义务教育管理体制,强调效率优先原则
《中国教育改革和发展纲要》	1993	分类推进九年义务教育,扶持贫困地区和民族地区教育发展
《面向 21 世纪教育振兴行动计划》	1998	实施国家贫困地区义务教育工程,加大教育薄弱地区扶持力度,保证教育经费投入"三个增长"
《国务院关于基础教育改革与发展的决定》	2001	确立"分级管理、以县为主"的义务教育管理体制,提出采取"撤点并校"方式推动义务教育均衡发展
《教育部关于加强基础教育办学管理若干问题的通知》	2002	提出"积极推进义务教育阶段学校均衡发展"目标,结合城区改造和学校布局调整,加快薄弱学校改造
《国务院关于进一步加强农村教育工作的决定》	2003	推进中小学布局结构调整,努力改善办学条件,促进城市和农村教育协调发展
《教育部关于进一步推进义务教育均衡发展的若干意见》	2005	第一个全面阐述义务教育均衡发展的政府文件,要求合理配置教育资源,促进义务教育均衡发展
《国务院关于深化农村义务教育经费保障机制改革的通知》	2005	深化农村义务教育经费保障机制改革,正式实施"两免一补"政策

续表

政策名称	年份	促进义务教育均衡发展方面的主要措施
《中华人民共和国义务教育法(修订)》	2006	国务院和县级以上地方人民政府应当合理配置教育资源,促进义务教育均衡发展
《国家中长期教育改革和发展规划纲要(2010—2020年)》	2010	优化结构布局,推进学校标准化建设,改造薄弱学校,加大对欠发达地区的转移支付和资源配置倾斜
《教育部关于贯彻落实科学发展观进一步推进义务教育均衡发展的意见》	2010	保障教育经费;完善学校办学标准;培训农村教师;校长及教师流动;教育信息化;监测和督导
《县域义务教育均衡发展督导评估暂行办法》	2012	采用26项指标评估县域内中小学学校间均衡、县政府推进义务教育均衡发展状况和社会各界的满意度
《国务院关于深入推进义务教育均衡发展的意见》	2012	细化义务教育均衡发展的任务和目标,提出推动优质教育资源共享、均衡配置办学资源等六大任务
《国务院关于进一步完善城乡义务教育经费保障机制的通知》	2015	建立城乡统一、重在农村的义务教育经费保障机制,中央和地方分项目、按比例分担城乡义务教育经费
《国务院关于统筹推进县域内城乡义务教育一体化改革发展的若干意见》	2016	同步建设城镇学校;办好乡村教育;推进学校标准化建设;消除大班额;统筹城乡师资配置;保障乡村教师待遇;改革随迁子女就学;关爱留守儿童
《县域义务教育优质均衡发展督导评估办法》	2017	从资源配置、政府保障程度、教育质量和社会认可度四个方面,构建31项义务教育优质均衡发展指标
《中共中央办公厅国务院办公厅关于深化教育体制机制改革的意见》	2017	统一学校建设标准和基本装备标准,建立教育质量监测评估体系,健全第三方评价机制
《深度贫困地区教育脱贫攻坚实施方案(2018—2020年)》	2018	"三区三州"深度贫困地区教育总体发展水平显著提升,建档立卡贫困人口教育基本公共服务全覆盖
《国务院办公厅关于全面加强乡村小规模学校和乡镇寄宿制学校建设的指导意见》	2018	切实解决两类学校发展滞后问题,努力办好公平优质的农村义务教育
《中共中央国务院关于深化教育教学改革全面提高义务教育质量的意见》	2019	加快推进教育现代化,建设教育强国,办好人民满意的教育,优化教师资源配置,健全质量评价监测体系
《关于切实做好义务教育薄弱环节改善与能力提升工作的意见》	2019	消除城镇学校大班额、加强"两类学校"建设、推进农村学校教育信息化

二、提升政府义务教育均衡发展治理能力的现实背景

各级政府是实现教育公平,缩小地区间教育差距,推动教育均衡发展的主要推动者,也是义务教育公共服务均等化的主要责任者。提升政府义务教育均衡发展治理能力,既源于我国义务教育非均衡发展的现实困境,同时也源于长期以来政府在治理教育均衡发展方面存在错位、缺位和越位等问题。

(一)义务教育非均衡发展成为办人民满意教育的突出问题

中国政府高度重视教育事业的发展,在《宪法》基本法和各教育专项法以及多项政策中,都把保障每一位公民特别是义务教育阶段儿童的受教育权利作为重要内容。到21世纪初,中国已经基本普及了九年义务教育,实现了保证适龄儿童"学有所教"的历史性成就。但由于长期以来城乡二元制结构以及经济发展水平的差异,导致区域、城乡、学校间义务教育发展水平的差距逐渐拉大,这既体现在教育观念的隐性影响上,也体现在学生学

业水平与发展的结果性差异上，更体现在教育经费投入、办学条件、师资队伍等基础性教育资源差异上。

一是体现在经费投入的区域、城乡、校际差异上。教育经费是义务教育均衡发展的重要保障。在教育经费投入总额上，1978 年时我国教育经费仅占 GDP 的 2.09%，教育经费投入严重不足。1993 年时，财政性教育经费投入占 GDP 的 2.51%，而当年发布的《中国教育改革与发展纲要》提出了"逐步提高国家财政性教育经费支出占 GDP 的比例，力争 20 世纪末达到 4%"的要求。尽管到 1998 年时相较 1978 年提高了 0.50 个百分点，但教育经费总投入仍只占 GDP 的 2.59%。这一局面直到 2012 年才得以根本性改变，当年教育经费投入达到了 4.28%。而在区域经费投入方面，2000 年时我国普通小学和初中生平均预算内事业拨款分别是 479.28 元和 668.08 元，但最高的上海（小学 2756.71 元，初中 2725.60 元）与最低的河南（小学 251.45 元，初中 409.19 元）相差达 10 倍以上。在城乡差异上，2000 年农村初中生均预算内经费支出仅为城市的 56.5%，农村初中生均预算内公用经费支出仅为城市的 29.4%。[①]在学校差异上，自新中国成立伊始便实施了重点校、示范校政策，对城市学校实行优先资源配置，使得城乡学校间办学条件差异明显。

二是体现在办学条件的区域、城乡、学校差异上。在教学场地方面，2001 年全国普通小学危房面积为 3803.3 万平方米，其中农村危房占比 81.97%。危房率的区域差异也相当明显。2003 年时北京市中小学危房率为 0.26%，而中部地区的河南省同年这一数据为 5.60%，西部地区的云南省危房率竟高达 15.01%。[②]在教学设施方面，1999 年时全国、东部和西部的小学理科教学仪器设备达标学校的比例分别为 44.42%、45.35%和 34.47%，东部高出西部 10.88 个百分点，而东部初中理科教学仪器设备达标学校比例则高出西部 12.94 个百分点。生均拥有图书方面，2003 年时北京、河南和云南三地小学生均图书册数分别是 42.02 册、13 册和 8.79 册，北京市小学生生均拥有图书册数分别是河南省的 3.23 倍，云南省的 4.78 倍，东西部小学的图书达标情况相差 25.31 个百分点。城乡差异方面，2003 年时城市小学生均教学仪器设备资产是农村小学的 3.87 倍，城市初中生均教学仪器设备资产是农村初中的 1.69 倍，城市小学每百名学生计算机配置台数是农村学校的 3.91 倍，城市初中每百名学生计算机配置台数是农村学校的 1.92 倍。[③]

三是体现在师资队伍的区域、城乡、学校差异上。在体现教师规模的生师比数据上，2003 年时城市小学"生师比"为 19.3，农村为 21.9；城市初中的"生师比"为 16.59，农村为 20.03。随着近年来城镇化进程的加快，城乡学校"生师比"数据才呈现出"城市高、农村低"的趋势。在体现教师质量的学历合格率方面，1998 年时，我国东部地区学历合格率水平超国家要求水平的教师占 75.00%，中部地区和西部地区的比例分别为 66.70%和 20.00%，区域间差距明显。[④]与此同时，教师学历的城乡差异也很明显，2003 年时，城市小学专科、本科学历教师占比为 64.41%，农村小学专科、本科学历教师占比为 31.77%，

① 宗晓华，陈静漪. 集权改革、城镇化与义务教育投入的城乡差距——基于刘易斯二元经济结构模型的分析. 清华大学教育研究，2016，（4）：61-70。
② 柳海民，杨兆山. 我国义务教育均衡发展问题研究. 长春：东北师范大学出版社，2007：53-57。
③ 文军，顾楚丹. 基础教育资源分配的城乡差异及其社会后果——基于中国教育统计数据的分析. 华东师范大学学报（教育科学版），2017，35（2）：33-42，117。
④ 柳海民，杨兆山. 我国义务教育均衡发展问题研究. 长春：东北师范大学出版社，2007：53-55。

大量农村小学教师为高中及高中以下学历。城市初中学校中本科及以上学历教师占比48.65%，农村初中学校中本科及以上学历教师占比仅为14.28%。[①]城乡间教师学历差距至今依然明显，2016 年统计数据显示，在初中阶段，城区、镇区、乡村学校的专任教师中大学本科及研究生毕业生的占比约为90%、80%、75%。小学阶段，城区、镇区和乡村学校中大学本科及以上毕业生的比例约为68%、48%、37%，乡村学校大专及以下学历的教师数量比例明显高于镇区和城区。[②]在体现师资质量的职称结构方面，呈现出与学历差异相似问题，师资资源成为制约义务教育均衡发展的重要障碍，同时也是义务教育发展差异的显著表现。

(二)推动义务教育均衡发展是政府公共教育服务职能的重要组成

推动义务教育均衡发展是政府的重要公共教育服务职能，具有合法性与合理性。从合法性看，国家相关法律法规赋予了政府行使该项职能的权力，从合理性看，推动义务教育均衡发展符合当前国家教育规划与制度安排。从现实需要看，作为公共权力主体和公共利益的代表，政府拥有市场和学校所不具有的属性与功能，是实现义务教育均衡发展不可或缺的重要主体。简言之，政府在推动义务教育均衡发展进程中的相关治理行为，不仅有法律依据和学理基础，也是破解义务教育发展难题的必然要求。

一是保障公民平等受教育权的需要。公民受教育权是指公民作为权利主体，依照法律规定，为接受教育而要求国家依法做出一定行为或履行一定义务的权利。[③]政府作为公共权力的代表，是为调控民众之间的权利和利益冲突，保护个人的合法权利不受侵犯，最大限度实现和维护公共利益最大化而存在的。随着各国将教育事务纳入国家事业，发展教育事业和满足公民受教育机会，成为政府不可推卸的责任。联合国《世界人权宣言》第二十六条第 1 款指出："人人都有受教育的权利，教育应当免费，至少在初级和基本阶段应如此。初级教育应属义务性质。"《中华人民共和国宪法》第四十六条规定："中华人民共和国公民有受教育的权利和义务。"《中华人民共和国教育法》第九条规定："中华人民共和国公民有受教育的权利和义务。公民不分民族、种族、性别、职业、财产状况、宗教信仰等，依法享有平等的受教育机会。"《中华人民共和国义务教育法》第四条规定："凡具有中华人民共和国国籍的适龄儿童、少年，不分性别、民族、种族、家庭财产状况、宗教信仰等，依法享有平等接受义务教育的权利，并履行接受义务教育的义务。"从国际公约和国内法律规定可以看出，保障每个公民平等接受义务教育，是政府不可推卸的公共责任。

二是满足人民高水平教育服务的需要。国家是人民利益的代表，政府是由人民让渡公共管理权力而形成的，实现和维护人民利益是政府与生俱来的公共职责。回顾历史发现，早期的政府公共职能范围是有限的，主要包括公共防务、社会治安、税收、社会基本救济等职能，但 20 世纪以来，政府的公共职能拓展到经济、文化、卫生、教育等更加广泛领域，工业发达国家率先实施了以世俗和免费为根本特征的义务教育，并纳入国家与政府的

---

① 文军，顾楚丹. 基础教育资源分配的城乡差异及其社会后果——基于中国教育统计数据的分析. 华东师范大学学报（教育科学版），2017，35（2）：33-42，117。
② 高明珠. 从数据看中国教育资源分配的不均衡. https://baijiahao.baidu.com/s?id =1613994213492786620&wfr =spider&for=pc。
③ 秦惠民. 走入教育法制的深处——论教育权的演变. 北京：中国人民公安大学出版社，1998：191。

社会公共事务管理体系中。中华人民共和国成立以来，党和政府高度重视教育事业发展，把满足人民教育服务需要作为政府重要施政方向，尤其把义务教育作为国家各项事业发展的基石，赋予了其先导性和基础性的地位。随着义务教育普及的实现，"有学上、有书读"问题得到解决，广大民众更关心的是高水平教育需求，办好人民满意的教育进而成为"后普及"时代的政策重点，"读好书、上好学"成为社会大众的新期待，突出表现在民众对公平与优质教育的需求上，表现在教育水平整体提高和教学水平的全面提升上。

三是推进社会各项事业统筹发展的需要。教育发展涉及政治、经济、科技、文化等诸多社会要素，政治上决定了公民受教育权的范围，经济上受制于地方发展水平，并与公众的整体文化水平和教育期待紧密相关。[①]2002年党的十六大提出，解决"三农"问题、全面建设小康社会，必须统筹城乡经济社会发展，把构建新型工农、城乡关系作为加快推进现代化的重大战略。这之后的十六届三中全会上，又提出了"五个统筹"的科学发展观，并将"统筹城乡发展"置于"五个统筹"的首位。"统筹城乡发展"跳出了就农业论农业、就农村论农村的传统框架，而是站在国民经济和社会发展全局的高度，整体规划城市和农村经济社会发展，统一解决城乡发展中存在的问题，最终实现城乡良性互动发展。由于教育在全面建设小康社会中具有基础性、先导性、全局性作用，农村教育质量的高低，关系到农村各类人才培养和整个教育事业的发展，关系到农村经济社会的进步，统筹城乡教育因而成为统筹城乡发展的首要工程。将农村教育工作作为整个农村工作的重中之重，努力打破与城乡经济二元结构相伴随的城乡教育差距，优先发展农村教育，成为城乡统筹发展的基础性工程。城乡教育统筹发展与义务教育均衡发展是同频共振的关系，推动教育均衡发展内涵在统筹城乡发展的内在要求中。

(三)政府履行义务教育均衡发展责任与服务水平有待提升

义务教育发展失衡有很多原因，既有经济社会发展不均与水平落后的客观原因，也有各级政府、各类学校和师生员工自身的主观因素。就政府这一公共服务提供方和首要主体而言，也同样需要区分因政府主观失责造成的义务教育发展失衡，以及受客观条件限制不能满足社会需要而出现的发展失衡，即区分政府责任型失衡和发展阶段型失衡两类不同失衡。[②]从义务教育的普及到义务教育均衡发展，是教育机会平等需求向教育质量公平需要的转换，区域义务教育从不平衡向区域教育均衡发展转换，政府有责任对此做出积极且及时的回应，并通过行之有效的政策措施，科学有效地满足公众的教育需求。在世纪之交中国经济持续增长的背景下，政府履行义务教育均衡发展责任能力与服务水平还有待提升。

一是义务教育均衡发展中的政府责任缺位问题。政府责任缺位就是政府该做的事没有做或没有尽力做好。义务教育均衡发展是一项复杂的系统性工程，需要政府站在经济社会各项事业统筹发展的高度，运用系统思维加强顶层设计，及时完善推动义务教育均衡发展的法律制度。虽然改革开放以来政府出台了众多关于义务教育发展的法律法规，不断推动农村义务教育发展，但在新世纪以前相关法律法规基本上是以效率为导向的，农村义务教

① 于发友,赵慧玲,赵承福. 县域义务教育均衡发展的指标体系和标准建构,教育研究,2011(4):50-54。
② 吕炜,王伟同. 发展失衡、公共服务与政府责任——基于政府偏好和政府效率视角的分析. 中国社会科学,2008(4):53-65,207。

育的发展也没有能完全突破城乡二元义务管理体制的藩篱，从而造成了政府责任缺位。首先，是义务教育均衡发展相关法律制度不健全，城乡分离的农村户籍制度依然存在，加剧学校间办学条件的重点校、示范校政策仍在执行，实现城乡教师资源一体化的教师交流任职制度、职称评审制度、偏远地区学校教师津补贴制度等都尚未建立。其次，是义务教育均衡发展的相关经费保障机制还不健全，在《国务院关于基础教育改革与发展的决定》颁布以前，农村义务教育经费投入主要由乡镇财政承担，中央和省级义务教育财政转移支付制度尚未建立，未能从根本上夯实义务教育均衡发展的基础。最后，是应对义务教育均衡发展中的突出问题治理不力，在农村学校布局调整、保障城市进城务工人员子女受教育、农村留守儿童教育帮扶、消除城区巨型学校和大班额等问题上，政府的反应显然滞后。

　　二是义务教育均衡发展中的政府责任失位问题。政府责任失位是指政府未能积极回应社会民众的需求，并采取有效措施满足公众需求。由于我国区域、城乡间经济社会发展不平衡，要实现义务教育均衡发展并非一蹴而就能得以实现的，关键是准确把握义务教育发展状况，及时调整政策方向，采取行之有效的措施。就义务教育均衡发展系统措施提出之前，政府责任失位首先表现为各级政府的义务教育均衡发展责任不明。特别在《国务院关于基础教育改革与发展的决定》颁布前，"地方负责，分级管理"的义务教育管理体制淡化了中央政府的具体责任，《义务教育法》中有关地方各级人民政府应当合理设置小学、初级中等学校，使儿童、少年就近入学的规定，也对哪一级地方人民政府负有设置小学和初中的权限划分不明，当具体执行中涉及多级政府或多个部门时，各责任主体就会因责任不明晰而互相推诿。政府责任失位的另一表现为教育决策与管理手段滞后，如农村教师工资拖欠和整体偏低问题，农村学校基础设施落后问题，义务教育阶段学生乱收费问题，义务教育公共财政预决算执行不到位问题等等。这些问题在国家出台义务教育均衡发展专门政策之前都是客观存在的，深层次上与政府部门垄断了公共物品供给，缺乏外部竞争压力的同时弱化了其提高行政效率的内在动力不无关系。①

　　三是义务教育均衡发展中的政府职能越位问题。政府职能越位是指政府在"全能政府"观念支配下，管了一些本来不应该由政府管的事情，在方式上主要体现为行政命令、运动式推进。义务教育均衡发展不只是政府的责任，市场力量、中小学校和全社会成员都应承担相应义务。在推进义务教育均衡发展的过程中，政府同时充当了裁判员、教练员和运动员角色，从而使得政府职能越位。政府在义务教育均衡发展中的职能越位一方面体现在政府过多干预介入办学过程，如在学生招生、师资招聘、教材使用、干部提拔、绩效考评等方面直接插手学校内部事务，或者强行推动未经检验缺乏科学依据的教育教学改革模式，或者巧立名目对学校进行任务摊牌和检查，使得学校忙于应付各类检查和非教育教学事务等等。另一方面，政府职能越位表现为绩效评价的内部化，政府推进义务教育均衡发展质量如何，应由第三方专业机构予以客观公正评价，充分重视教师等教育事务参与者和家长等教育利益相关者的意见。但是在很长一段时间内，各级政府同时充当了本级义务教育均衡发展的政策制定者、实施者和评价者角色，使得相关绩效评估呈现出自适应、表面化与临时性特征，最终影响义务教育办学质量和资源高效配置。

---

① 周志忍. 公共悖论及其理论阐释. 政治学研究，1999(2)：9-15。

（四）义务教育均衡发展过程中的深层次问题离不开政府介入

21 世纪国家提出义务教育均衡发展政策以来，各地在推进过程中呈现出违背教育规律的模式趋同问题，比如忽视地区发展实际的农村学校布局调整，靠行政命令强行推动的学校捆绑式发展改革，片面执行各类标准铺开学校硬件建设，按照城市化发展模式改革农村薄弱学校等，这些问题的根源在于忽视差异追求统一从而造成发展模式的趋同问题。首先是个体发展的共性与个性问题。任何个体都是共性与个性兼具，人的发展的现代化，应该是在尊重每个个体的公共性底色基础上，承认与尊重不同学生的文化传统与家庭背景差异，从而彰显每个学生的个性与禀赋特长。遗憾的是，当前义务教育阶段学校办学中，尊重统一标准有余，体现多元个性不足，使得办学模式同质化与学生异质化和需求多元化相违背。其次是学校发展的标准化与特色化问题。目前中小学校的标准化建设运动，遵循的是自上而下的推动模式，采用的是数据化的资源分配与考核政策，各级政府居于主导地位，学校的主体性难以体现，学校所处的地方文化与区域特色未能有效体现，传统优势未能有效挖掘，进而滋生了义务教育均衡发展过程中建设理念重"均衡"轻"发展"、建设标准重"统一"轻"特色"、实施过程重"外延"轻"内涵"等一系列问题。[①] 这种发展模式的趋同化问题，需要政府调整教育政策，同时鼓励学校在坚持办学底线标准前提下多元化发展。

另外，构建义务教育均衡发展的现代教育治理体系离不开政府的领导和推动。《中共中央关于全面深化改革若干重大问题的决定》指出，健全城乡发展一体化体制机制，需要"统筹城乡基础设施建设和社区建设，推进城乡基本公共服务均等化"，"大力促进教育公平……逐步缩小区域、城乡、校际差距，统筹城乡义务教育资源均衡配置。"这一政策明确将教育纳入基本公共服务的重要内容，提出了均等化的发展任务，这就要求中央政府出台各基本公共服务国家标准，负责提供各类公共服务的地方政府应具有均等支付能力，确保每个公民不分地区、城乡、族群都能获得法定基本公共服务，这对政府的义务教育均衡发展责任提出了更高要求。与此同时，推进国家治理体系和治理能力现代化，构建义务教育均衡发展的现代教育治理体系，明晰各级政府、学校机构、社会组织、利益群体和公民个体等治理主体职能，理清各治理主体关系，健全各主体职能运行机制，共同管理教育公共事务，这一过程既离不开政府的统筹领导与顶层设计，也离不开政府自身的积极作为与有效推动。

第二节　县级政府提升义务教育均衡发展治理能力相关研究

随着 21 世纪以来均衡发展成为义务教育的关键性问题，受到了教育决策者、研究者、管理者和实践者的普遍关注，学者们围绕义务教育均衡发展的内涵与表征、政府治理与教育责任、政府义务教育治理能力等领域展开了卓有成效的研究，取得了较为丰富的成果。

[①] 王天平，李鹏，王建平. 城乡中小学标准化建设的问题审视与优化之道——基于 N 市中小学标准化建设的调研. 西南大学学报（社会科学版），2014（3）：72-79。

梳理前期研究成果，对厘清义务教育均衡发展理论脉络，构建可广为借鉴的教育均衡发展水平与公众满意度指标体系，阐明现实语境下义务教育均衡发展政策与实践走向，具有重要的学理性勾勒和现实性启发意义。

一、义务教育均衡发展理论与实践研究

在中国知网(CNKI)以"义务教育+均衡"为题进行篇名检索发现(图 1-1)，2001～2018 年，国内共发表期刊类论文 2201 篇，硕博论文 448 篇，报纸文献 3635 篇。其中，2001～2005 年增长较慢，2005 年进入快速增长期，这与 2005 年 5 月教育部印发《关于进一步推进义务教育均衡发展的若干意见》刚好同步。2010 年时，相关文献又有了突破性增长，到 2012 年期刊论文和硕博论文的数量达到了峰值，当年刊发学术论文 255 篇，硕博论文 57 篇。在这之后，期刊论文和硕博论文呈现下降趋势，说明义务教育均衡作为学术研究已达到高潮。但是从报纸文献看，2012 年后仍然持续了较长时间的热潮，到 2017 年时达到顶峰的 402 篇。我们认为，这与国务院教育督导委员会在 2013 年启动全国义务教育发展基本均衡县督导评估认定工作紧密相关，教育均衡督导评估成为各地教育发展的重要工作，并反映在报纸文献上。

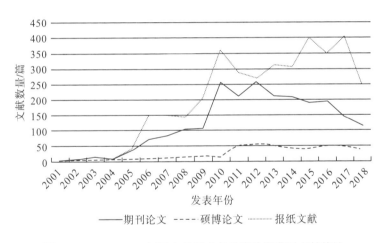

图 1-1　2001～2018 年国内关于义务教育均衡发展文献统计

2001～2018 年所刊发的相关学术论文中，以"义务教育均衡发展""义务教育""均衡发展"为主题的文献占比最高，分别占比达 26.32%、21.49%、13.53%。除此以外，教育公平、县域义务教育均衡发展、资源配置、薄弱学校等问题研究较多。在教育均衡发展范围指向上看，目前义务教育均衡研究更多集中在县域层面，但省域和区域内教育均衡发展呈现关注度上升趋势。从影响教育均衡发展的具体要素上看，义务教育经费、师资均衡配置受到了学术界的较多关注，而随着义务教育均衡督导评估工作的深入，有关均衡标准与指标体系、均衡测量与公众满意度的研究成为近年来热点议题(图 1-2)。

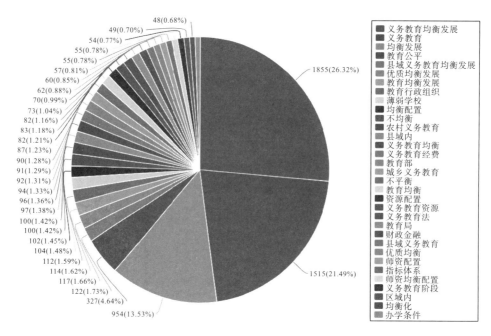

图 1-2　2001～2018 年国内关于义务教育均衡发展主题分布(见彩图 1)

(一)义务教育均衡发展内涵与概念

教育均衡发展的概念源自我国,国外学术界并没有使用这一概念,而是将其内涵纳入到了"教育公平"等话语体系中。美国学者卡雷洛·古尔森在其著作中提出了区域教育发展"空间均衡理论"。[①]南达(Nanda V K)在《农村教育的新观点》(*Perspectives of Rural Education*)一书中,对社会正义理论、一般均衡理论、非均衡发展理论、政府职能理论、公共服务理论、政府行为扩张理论和官僚行为增长论等代表性理论有比较详细的介绍。[②]

国内关于义务教育均衡发展内涵的研究中,不同学者从不同角度提出了自己的观点,大致可以分为两类。一是认为义务教育均衡发展主要是指资源配置均衡。如任春荣提出推动义务教育均衡发展重点在于公平分配教育资源,尤其应注重教学仪器设备、图书和骨干教师的分配。[③]武向荣指出义务教育均衡实质上是指经费、师资、校舍等资源配置的均衡,政府应将资源公平地提供给每个学生,并认为应优先实现教育经费的配置均衡。[④]于建福将教育均衡发展界定为受教育权利和义务均等、教育机会和条件均等、教育结果均等。[⑤]王建容和夏志强区分了均等和均衡的差别,认为均等是指千校一面,同步发展,可能出现"削峰平谷""平均分摊"的行为。而均衡是一种协调的发展,义务教育的发展要适应于当地的经济发展程度,而不是搁置差异,追求地域和学校间平均发展。[⑥]

二是认为义务教育均衡发展是一个分阶段推进的过程。如翟博认为教育均衡发展是一

① Gulson K N, Symes C. Spatial Theories of Education: Policy and Geography Matters. New York: Routledge, 2007.
② V K Nanda: "*Perspectives of Rural Education*", Agrobios(India):Anmol Publications Pvt, 1997.
③ 任春荣:"县域义务教育均衡发展评估指标的选择办法",载《中国教育学刊》2011 年第 9 期。
④ 武向荣:"义务教育经费均衡现状调查与对策分析",载《教育研究》2013 年第 7 期。
⑤ 于建福:"教育均衡发展:一种有待普遍确立的教育理念",载《教育研究》2002 年第 2 期。
⑥ 王建容,夏志强:"我国义务教育均衡发展的内涵及其指标体系构建",载《理论与改革》2010 年第 4 期。

个"平衡—不平衡—平衡"不断螺旋式上升的循环发展的动态过程，提出了教育均衡发展的四个阶段理论，即追求教育机会均等的低水平均衡阶段、追求教育过程和教育条件均等的初级均衡阶段、追求教育质量均等的高级均衡阶段以及义务教育均衡最理想的高水平均衡阶段，认为当前我国不同程度上存在着上述四种形态。[①]周峰指出义务教育的均衡发展是一个相对的概念，而非绝对意义上的平均，因此作为教育研究者应该承认差距并积极缩小差距，在缩小差距的过程中要在维持优质学校办学质量的基础上，扶持办学实力较为欠缺的学校，在肯定中小学教育特色、多样化办学的基础上，实现校际均衡。[②]鲍传友将义务教育均衡发展分为区域、学校、个人三个方面，并提出促进义务教育均衡发展应该遵照平等、效率、弱势补偿等五项原则。[③]

随着义务教育均衡发展的不断推进，国内学者提出了不同的均衡理念。如邬志辉认为义务教育基础均衡发展是一个有底线的标准范畴，所有学校的资源配置都必须达到国家规定的底线标准，义务教育学校建设与学校服务质量，均衡发展系数都要达到最低标准。基本均衡发展可分为两个阶段，即初步均衡阶段和基本均衡阶段，各阶段重点也不同，在初步均衡阶段重点是学校教育资源配置均衡，基本均衡阶段重点是学校对学生的教育服务质量均衡。[④]冯建军教授较早提出了"优质均衡发展"概念，认为优质均衡发展，是在资源均衡的基础上，对教育质量的一种优质追求，其核心是质量的优质和均衡。优质教育并不等于优质教育资源，而是指向教育结果、教育质量的优质。[⑤]冯建军认为，义务教育均衡发展还可以分为外延均衡发展和内涵均衡发展，外延均衡发展是依靠增加教育投入，改善办学物质条件等外部要素，改进教育的外部形态，促进教育发展的条件性均衡。内涵均衡发展主要依靠教育内部要素的优化与调整，充分挖掘教育内部潜力，提升教育质量，促进质量均衡。从区域角度，还可以分为县域均衡和省域均衡，它们分别是在县市区内和省级行政区域内实现义务教育的软、硬件办学条件及教育经费投入相对均衡，并在此基础上实现义务教育教学质量的高标准、均衡化，在地区、城乡与学校之间，初步实现公民受教育权利的平等和公平。[⑥]

(二)义务教育均衡发展问题与原因

英美日等发达国家较早地意识到了教育发展的不均衡现象所导致的严重后果，因此率先开始改革，并在推进义务教育均衡发展方面取得了一定成果，对我国推进义务教育均衡发展，维护教育公平具有较大的借鉴意义。1954 年，美国经济学家刘易斯在其论文中首次提出了两部门发展模型(dual sector model)。刘易斯指出，发展中国家的经济通常由两类性质不同的部门所构成，即传统的农业部门和现代化的工业部门，它们形成了"二元经济"，这就是二元结构模型的由来，是当前包括中国在内的许多发展中国家社会状况的现实写照。[⑦]米勒(Miller)等关注了农村学校与社区发展的关系，认为学校的发展水平与地方经

① 翟博："教育均衡发展：理论、指标及测算方法"，载《教育研究》2006 年第 3 期。
② 周峰："试论基础教育均衡发展的若干问题"，载《教育研究》2002 年第 8 期。
③ 鲍传友："义务教育均衡发展：内涵和原则"，载《国家教育行政学院学报》2007 年第 1 期。
④ 邬志辉："怎样理解义务教育的'基本均衡'"，载《中国教育报》2013 年 11 月 1 日。
⑤ 冯建军："走向优质均衡：基础教育发展主题的转换"，载《江苏教育研究》2010 年 22 期。
⑥ 冯建军："内涵发展：推进义务教育优质均衡的路向选择"，载《南京社会科学》2012 年第 1 期。
⑦ Lewis, W. A.："Economic Development with Unlimited Supplies of Labor", In: The Manchester School of Economic and Social

济社会发展水平紧密相关，改进学校办学质量，离不开地方经济社会的整体发展。[①]

我国学者在义务教育非均衡发展方面的研究也较为广泛，研究成果也颇为丰硕，研究的焦点为教育均衡发展中呈现出的问题，倾向于探讨问题的表征及原因，并从不同的角度提出有针对性的对策和建议。柳海民主编的《我国义务教育均衡发展问题研究》一书主要围绕义务教育均衡发展的基本现状、基础理论、国际比较与制度安排四个主题，主要论述了义务教育均衡发展的理论基础、义务教育内涵均衡理论及对策、义务教育制度均衡发展理论及对策等问题。[②]朱永新和许庆豫认为我国基础教育领域仍面临严峻的教育资源不均情况，主要体现在教育资源配置不均、分配差异逐渐扩大、学校间分配差异显著上，指出基础教育的非均衡会导致人口素质差异、阶层差异、性别差异等社会问题。从理论层面提出了教育平等、受教育者利益最大化、矫正平等和补偿平等三项原则，为基础教育的均衡发展提供理论指导。[③]

瞿瑛所著的《义务教育均衡发展政策问题研究：教育公平的视角》一书以义务教育的均衡发展为切入点，针对我国义务教育的教育经费、办学条件、师资队伍在区域之间、城乡之间发展的现状，剖析现行政策存在的问题，提出义务教育均衡发展政策建议。[④]林云通过对实地调研所获资料的定量与定性分析，对多民族地区义务教育均衡发展的现状进行了全面而深入的研究，发现多民族地区义务教育呈非均衡发展，进而分析导致多民族地区义务教育非均衡发展的原因。[⑤]中国教育科学研究院政策分析中心的研究显示，我国义务教育均衡发展的问题源于城乡和区域间在教育投入、办学质量以及师资队伍上的差距；农村义务教育阶段辍学现象；义务教育管理体制等几方面。针对上述问题和原因，该研究从政府责任、教育资源配置、教育质量监控体系、扶持民办学校等四方面提出了对策建议，并创造性地提出了发放义务教育全国通用卡，以完善义务教育异地入学机制的建议。[⑥]瞿博通过实证研究方式发现我国各地区之间义务教育的发展差距正在不断缩小，义务教育均衡发展取得了一定的成绩，但是教育资源配置方式仍有待完善，长期以来的城市配置趋向以及重点学校政策导致教育资源配置失衡。[⑦]

当前我国义务教育发展不均衡现象在区域间、城乡间仍然比较突出，其原因十分复杂，学者们对此进行了归因研究。一是归结为既有的政策设计与制度安排问题。耿华萍和刘祖云认为，造成城乡义务教育非均衡发展的主要原因包括教育政策价值取向错位、教育供给制度存在缺陷以及"精英化取向"等。[⑧]张旺将城乡二元结构的存在作为导致义务教育不均衡发展的直接根源。其中城乡二元结构是指社会中城市经济和小农经济并存的现象。持这类观点的学者认为，这直接导致城乡教育二元化，在教育管理制度、教育投入制度、教师管理制度等方面的落差反映出城乡教育失衡的现状，造成了农村人才培养和经济建设的

　　Studies, in Gersoviz, M.（eds.）*Selected Economic Writings of W. Arthur Lewis*, New York University Press, 1983.

①　Miller B A. The Role of Rural Schools in Community Development: Policy Issues and Implications. *Journal of Research in Rural Education*, 1995, 11（3）：163-172.

②　柳海民：《我国义务教育均衡发展问题研究》，东北师范大学出版社 2007 年出版。

③　朱永新，许庆豫："论基础教育均衡发展"，载《中国教育学刊》2002 年第 6 期。

④　瞿瑛：《义务教育均衡发展政策问题研究：教育公平的视角》，浙江大学出版社 2010 年出版。

⑤　林云：《多民族地区义务教育均衡发展研究》，中国社会科学出版社 2018 年出版。

⑥　中国教育科学研究院："义务教育均衡发展是实现教育公平的基石"，载《教育研究》2007 年第 2 期。

⑦　瞿博："中国基础教育均衡发展实证分析"，载《教育研究》2007 年第 7 期。

⑧　耿华萍，刘祖云："城乡义务教育非均衡发展现实归因的理论思考"，载《南京社会科学》2016 年第 4 期。

落后。[①]褚宏启认为教育不公平的根本原因是城乡二元结构的弊端，他将城乡教育一体化、打破城乡经济和社会结构、重构教育体系作为实现义务教育均衡发展的重要途径，并从制度层面将涉及人事、投入、保障等方面的体制机制改革作为义务教育均衡发展的破解之道。[②]

二是归结为义务教育发展过程中政策执行偏颇或策略不当问题。范先佐和战湛指出，县域城乡义务教育两极分化现象严重，其深层原因在于长期存在的城市优先发展策略。[③]李艳丽认为，由于国家没有建立合适的教育拨款体系和相应的监督管理体制，地方政府管理主体不一致使得教育资源难以统一合理调配，学校自身定位不合理以及家长们对高质量教育的追求对义务教育失衡起了推波助澜的作用。[④]武向荣通过量化研究认为，义务教育发展不均衡的原因是教育经费投入水平低且不均衡。一方面教育经费从宏观上投入不足，群体间负担结构缺乏合理性；另一方面在区域间、城乡间、学校间存在差异，东部地区小学和中部地区初中县域内校际生均经费支出差距较大。尤其是偏远地区的经济发展总体水平与全国相比差距较大，教育经费无强有力的财力保障。[⑤]孙素英等学者认为国家的教育政策也是导致义务教育发展失衡的因素之一。一方面是因为国家教育政策的错位，比如根据国家政策建立重点中小学，加剧了学校间资源配置不均衡，导致公立学校教育不公平。另一方面是国家教育政策的落实不到位。在国家总政策的背景下，由于部分地区对教育还不够重视，政府的带头作用和引导作用没有得到很好的发挥，对教育的认识还不能达到人民群众满意教育的水平，加剧了义务教育的非均衡发展。[⑥]

总体上看，义务教育非均衡发展集中体现在义务教育经费投入不均、教育资源配置不均、师资配置不均三方面，但在不同时期义务教育的非均衡发展呈现出不同的特点。早期的研究发现，义务教育均衡发展在区域、城乡间办学条件、教育投入方面仍有所欠缺。近年来，随着国家经济社会的发展，教育领域投入的经费愈发充足，县级以下中小学的办学条件得到了极大的改善，但在教师队伍建设、办学质量、生源质量上仍存在较大差异。而在造成义务教育发展不均衡的原因方面，既有制度原因也有非制度原因，既有社会发展不均衡原因也有历史原因，它是诸多因素共同作用的结果。其中，社会发展不均衡是义务教育非均衡发展的根本原因，制度性因素是义务教育非均衡发展的直接原因，非制度性因素是义务教育非均衡发展的内隐驱动力。

(三)义务教育均衡发展标准与指标

由于理论分析不能获得义务教育均衡发展的客观和真实证据，近年来研究者越发重视义务教育均衡发展指标体系的构建与测量。尽管相关研究较少，但不乏设计科学、实施规范、对当今具有相当大借鉴意义的研究成果。由于目前国内主流观点将义务教育均衡等同于资源配置均衡，衡量义务教育均衡发展的指标多数是围绕资源配置均衡设计的，仅有少

① 张旺："城乡教育一体化：教育公平的时代诉求"，载《教育研究》2012年第8期。
② 褚宏启："城乡教育一体化：体系重构与制度创新——中国教育二元结构及其破解"，载《教育研究》2009第11期。
③ 范先佐，战湛："我国县域城乡义务教育发展存在的问题、原因及对策"，载《贵州师范大学学报（社会科学版）》2016年第6期。
④ 李艳丽："城市校际间义务教育发展的失衡动因与均衡措施"，载《现代中小学教育》2014年第4期。
⑤ 武向荣："义务教育经费均衡现状调查与对策分析"，载《教育研究》2013年第7期。
⑥ 孙素英："区域义务教育均衡发展影响因素"，载《中国教育学刊》2012年第6期。

数学者加入了一些反映结果与质量均衡的指标。

一是围绕资源配置均衡而设计指标。袁振国依据 1997 年的教育发展指标体系，率先提出了包括生均经费、师资力量、物质资源、学生辍学率等指标，以判定义务教育发展情况，更好地估算义务教育均衡发展程度。[①]任春荣确定了用生均教育事业费支出、生均教学及辅助用房建筑面积、生均教学仪器设备、生均图书册数、每百名学生拥有的计算机台数、师生比、高于规定学历的教师比、中高级职称教师比及骨干教师比等九个指标评价义务教育均衡发展水平。[②]中国教科院"义务教育均衡发展标准研究"课题组通过调研、访谈、小样本测试及全样本模拟，提出了师生比、生均高于规定学历教师数、生均中级及以上专业技术职务教师数等八项衡量县域内校际义务教育均衡发展水平的核心指标。[③]王建容和夏志强基于各地在受教育机会、教育资源和教育质量上的差异，建立起一个由 3 个一级指标、19 个二级指标、44 个三级指标构成的体系，用于评估义务教育全过程。[④]于发友所著的《通向教育理想之路：县域义务教育均衡发展研究》一书研究了义务教育均衡发展的内涵和外延理论、义务教育均衡发展的价值取向理论、县域义务教育均衡发展的指标体系和标准体系的建构、县域义务教育均衡发展制约因素、县域义务教育均衡发展对策五部分内容。[⑤]

二是兼顾资源配置和教育质量设计指标。彭世华等以辽宁、湖南、四川 3 省共 9 县(区)近 120 所学校为样本，研究提出了区域内义务教育均衡发展指标体系及其测评、预测的方法，建立了选择区域内义务教育均衡发展目标和制定标准的理论框架，并在综合预测的基础上制定了湖南省 2020 年义务教育均衡发展的目标和标准，开发了测评区域内义务教育均衡发展的软件。[⑥]翟博设计了一个涵盖教育机会均衡、教育资源配置均衡、教育质量均衡和教育成就均衡四个维度的教育均衡指标体系，由入学率、生均教育经费、毕业生升学率、教育普及程度等 25 个具有代表性的指标构成。[⑦]薛二勇从义务教育资源配置均衡和义务教育质量均衡两个方面建立指标体系。其中，资源配置均衡指标包括教育经费类、教育设施类和教师队伍类共 15 个指标；质量均衡指标包括学校管理类和教育效果类共 13 个指标。[⑧]为了测量义务教育优质均衡发展水平，姚继军从义务教育普及与巩固、优质义务教育资源均衡配置、城乡义务教育优质均衡发展、学校间优质均衡发展四个方面设计指标，前两个指标用以分析义务教育优质均衡发展的基础条件，后两个指标主要考察优质教育资源的均衡配置状况。[⑨]朱家存等制定的指标体系包括三个一级指标：义务教育机会均衡指数、教育资源配置均衡指数、教育质量与成就均衡指数。[⑩]

① 袁振国："建立教育发展均衡系数 切实推进教育均衡发展"，载《人民教育》2003 年第 6 期。
② 任春荣："县域义务教育均衡发展评估指标的选择方法"，载《中国教育学刊》2011 年第 9 期。
③ 中国教科院"义务教育均衡发展标准研究"课题组："义务教育均衡发展国家标准研究"，载《教育研究》2013 第 5 期。
④ 王建容，夏志强："我国义务教育均衡发展的内涵及其指标体系构建"，载《理论与改革》2010 年第 4 期。
⑤ 于发友：《通向教育理想之路：县域义务教育均衡发展研究》，山东人民出版社 2008 年出版。
⑥ 彭世华，伍春辉，张晓春：《义务教育均衡发展目标与标准研究》，教育科学出版社 2012 年出版。
⑦ 翟博："教育均衡发展：理论、指标及测算方法"，载《教育研究》2006 年第 3 期。
⑧ 薛二勇："区域内义务教育均衡发展指标体系的构建——当前我国深入推进义务教育均衡发展的政策评估指标"，载《北京师范大学学报（社会科学版）》2013 年第 4 期。
⑨ 姚继军："省域义务教育优质均衡发展量化测度指标体系的构建——以江苏省为例"，载《教育发展研究》2012 年第 22 期。
⑩ 朱家存，阮成武，刘宝根："区域义务教育均衡发展监测指标体系研究——基于安徽省义务教育政策实践"，载《教育研究》2010 年第 11 期。

三是关注城乡、区域或校际间某一维度均衡。王善迈等认为义务教育的均衡发展中最重要的是实现校际间的协同发展，因此需要制定校际均衡发展的指标体系。他们以"资源配置均等、财政中立、弱势补偿、数据的可得性"为原则，将校际均衡评价指标分为入学机会或入学规则均衡指标、教育投入资源配置均衡指标、教育质量或教育结果指标。[①]褚宏启和高莉的义务教育均衡发展指标体系涉及教育起点、过程、结果多个方面，并建议根据均衡的不同阶段制定不同的均衡标准。[②]董世华和范先佐从教育的主体和客体入手，设计县域内义务教育均衡发展的指标体系。其中师资配备包括 6 个一级指标，20 个二级指标；生源配备涵盖 6 个一级指标，24 个二级指标；教育保障系统下设 3 个一级指标和 28 个二级指标。[③]

在实践中，教育部在 2012 年制定了《县域义务教育均衡发展督导评估暂行办法》。该办法主要包括对县域内义务教育校际均衡状况的评估和对县级人民政府推进义务教育均衡发展工作的评估两个方面。义务教育校际均衡状况重点评估县级政府均衡配置教育资源情况，选取了生均教学及辅助用房面积、生均体育运动场馆面积、生均教学仪器设备值、每百名学生拥有计算机台数、生均图书册数、师生比、生均高于规定学历教师数、生均中级及以上专业技术职务教师数等八项指标衡量小学和初中的校际均衡情况。对此，宋农村站在被评估者的角度，以县域的视角，自下而上地考察《县域义务教育均衡发展督导评估办法》的指标体系对义务教育均衡发展的导向性与适用性，为《办法》的进一步修订与完善提供了实践层面上的参考和建议。[④]

2017 年，教育部发布《县域义务教育优质均衡发展督导评估办法》，根据《办法》，评估体系的建设以"促进公平、提高质量"为核心，设计了"资源配置、政府保障程度、教育质量、社会认可度"四方面内容。其中资源配置重点评估县域义务教育学校在教师、校舍、仪器设备等方面的配置水平，同时评估这些指标的校际均衡情况；政府保障程度重点评估县级人民政府依法履职，落实国家有关法律、法规、政策要求，推进义务教育均衡发展和城乡一体化的工作成效；教育质量重点评估县域义务教育普及程度、学校管理水平、学生学业质量、综合素质发展水平；社会认可度调查县级人民政府及有关职能部门落实教育公平政策、推动优质资源共享，以及义务教育学校规范办学行为、实施素质教育、考试评估制度改革、提高教育质量等方面取得的成效。

综上所述，从研究内容上来看，无论是对义务教育发展均衡程度的测算还是对义务教育均衡发展指标体系的构建，无论是从区域着眼还是立足于整体上的均衡，都具有可借鉴的研究成果。从研究角度看，研究人员更倾向于对教育起点、教育过程均衡进行测定，相比较而言对教育结果测评指标的构建缺乏可操作性，难以实施，也造成了义务教育均衡发展指标体系在某些方面的偏差。从研究方法来看，众多学者倾向于采用数理分析的方式对指标划分权重和应用，常用绝对差异和相对差异指标来衡量义务教育资源配置的均衡程度。绝对差异指标主要包括极差、方差、标准差等；相对差异指标使用较多的是极差率、

① 王善迈，董俊燕，赵佳音："义务教育县域内校际均衡发展评价指标体系"，载《教育研究》2013 年第 2 期。
② 褚宏启，高莉："义务教育均衡发展评估指标与标准的制订"，载《教育发展研究》2010 第 30 期。
③ 董世华，范先佐："我国县域义务教育均衡发展监测指标体系的构建——基于教育学理论的视角"，载《教育发展研究》2011 年第 9 期。
④ 宋农村：《县域义务教育均衡发展督导评估办法研究》，吉林人民出版社 2016 年出版。

变异系数(也叫差异系数)、基尼系数、泰尔指数等。

(四)义务教育均衡发展水平实证研究

一是全国范围内义务教育均衡发展水平研究。杨军从学校整体办学水平的均衡发展、教师专业成长的均衡发展、学生综合素质的均衡发展三个角度,以具体、翔实、可信的活动案例鲜活地展现了县域内义务教育高位均衡发展的实证研究过程。[①]曾满超和丁延庆利用 1997~2000 年的全国县级数据,对中国义务教育的资源利用和配置不均衡状况进行了描述性统计分析。研究发现,虽然不同地区之间资源利用模式相近,但地区之间的生均支出水平差异很大,特别是农村与城市之间、沿海省份与其他地区之间的支出差异非常明显。[②]李恺和罗丹基于我国 31 个省(区、市)面板数据进行义务教育均衡发展收敛性分析,发现我国义务教育发展总体存在 σ 收敛,并表现出明显的 β 绝对收敛特征;在控制人均 GDP、各地区生师比、生均教育经费、生均校舍面积后,我国教育发展在 2001~2007 年表现出条件 β 收敛,说明人均 GDP、各地区生师比、生均教育经费、生均校舍面积等动态变量均为影响我国义务教育收敛性的重要变量。[③]

常斌研究了 1996~2010 年我国 31 个省(区、市)义务教育发展的现状水平,发现义务教育发展现状表现为东部明显高于中西部,但义务教育发展提升能力却刚好相反。[④]朱德全等对全国 14 个省 82 个县五百多所中小学进行实证考察,结合 2010~2014 年义务教育发展的宏观数据和典型案例后认为,近年来义务教育均衡发展取得了突出成果。该研究同时也指出义务教育均衡发展中部地区教育投入塌陷、农村教师结构性缺编、城乡教育发展差距较大等问题。[⑤]此外,袁梅和罗正鹏调查研究了青海、贵州、云南部分民族地区义务教育均衡发展情况,[⑥]凡勇昆和邬志辉对东、中、西部 8 省 17 个区(市、县)义务教育资源均衡发展状况进行了实证研究,[⑦]张旭和陈国华对 19 个重点大城市义务教育均衡发展情况开展了对比性监测研究,[⑧]王正青等对全国八大综合经济区义务教育基础性办学条件差异进行了实证研究等。[⑨]

二是区域内跨省义务教育均衡发展水平研究。赵丹以教育均衡和教育资源配置理论为基础,提出教育资源共享模式的内容体系及作用机制,采用德尔菲法构建区域义务教育资源共享的评测指标体系,实证评测县域内义务教育资源共享水平,深入分析当前义务教育资源共享缺失的问题及原因。[⑩]祁占勇等基于国家教育督导《义务教育均衡发展督导检查

① 杨军:《义务教育高位均衡发展实证研究》,光明日报出版社 2011 年出版。
② 曾满超,丁延庆:"中国义务教育资源利用及配置不均衡研究",载《教育与经济》2005 年第 2 期。
③ 李恺,罗丹:"义务教育均衡发展的收敛性分析——基于我国 31 个省(区、市)面板数据的实证研究",载《教育发展研究》2015 年第 7 期。
④ 常斌:"中国省际间义务教育发展差异及解释研究",载《财政研究》2015 年第 4 期。
⑤ 朱德全,李鹏,宋乃庆:"中国义务教育均衡发展报告——基于《教育规划纲要》第三方评估1的证据",载《华东师范大学学报(教育科学版)》2017 年第 1 期。
⑥ 袁梅,罗正鹏:"试论当前民族地区义务教育均衡发展的困难及其应对——基于青海、贵州、云南部分民族地区的调查研究",载《教育学报》2017 第 2 期。
⑦ 凡勇昆,邬志辉:"我国城乡义务教育资源均衡发展研究报告",载《教育研究》2015 年第 2 期。
⑧ 张旭,陈国华:"19个重点大城市义务教育均衡发展监测与评价",载《现代教育管理》2017 年第 2 期。
⑨ 王正青,蒙有华,许佳:"义务教育阶段基础性办学条件的区域差异研究——基于义务教育均衡发展评估合格县的数据",载《西南大学学报(社会科学版)》2019 年第 5 期。
⑩ 赵丹:《义务教育均衡发展与教育资源共享模式构建:以西北县域为例》,知识产权出版社 2017 年出版。

反馈意见》研究了我国西北地区义务教育均衡发展水平，发现西北地区义务教育均衡发展面临着办学条件比较薄弱、教师队伍建设严重滞后、校际教育资源配置差异显著、义务教育保障机制政策落实不到位等困境。[①]

雷万鹏等运用省级统计数据，发现中部地区在办学条件、经费投入、师资配备、教师收入等方面相对均衡，但义务教育投入的生均指标显著落后于东部和西部地区部分省份，中部地区义务教育投入存在"水平塌陷"与"低水平均衡"现象。[②]哈巍等采用双重差分的回归方法，考察中西部地区 21 个省份的 159 个城市在"新机制"实施过程中，上级政府转移支付比例和金额对市域内个人义务教育完成情况的影响，发现市级政府获得的补贴比例和补贴金额对义务教育完成有显著的正影响。[③]此外，李玲等实证研究了我国西部地区六个区县城乡义务教育一体化发展水平，[④]杨令平和司晓宏研究了西部县域义务教育均衡发展现状[⑤]，李鹏等研究了中部地区义务教育发展现状等。[⑥]

三是省域内义务教育均衡发展水平研究。黄家骅等（2012）在《福建省义务教育均衡发展研究》一书中分析了义务教育均衡发展的范畴、义务教育的质量公平、义务教育的效率增进、义务教育的发展方式转变、义务教育均衡发展的内涵提升等内容，实证分析了海西二十城的义务教育均衡发展实际。[⑦]袁连生和何婷婷对 2006～2015 年北京市义务教育区县均衡发展进行研究，发现这期间北京市义务教育区县间校际均衡和城乡均衡取得了显著进展，远郊区县小学生均支出已高于城区，初中生均支出已接近城区，区县间义务教育经费投入差异明显缩小，均衡水平显著提高。[⑧]肖新成选取反映江西省义务教育发展总体状的 24 个指标，运用因子分析法对江西省各地市的义务教育发展水平和整体上的差距进行了测算，分析了江西省义务教育均衡发展水平。[⑨]张旺和郭永喜对吉林省 40 个县（市）义务教育发展进行比较分析后认为，应在深入进行现状调研基础上落实政府责任，不断加大经费投入，科学制定办学标准，建立健全保障机制，率先实现县域均衡。[⑩]宗晓华和陈静漪从财力、人力和物力三个投入维度构建衡量县级义务教育投入指标体系，测度东部某省 2007～2012 年义务教育投入的县际差距及其变动，在此基础上利用面板数据回归模型，实证分析影响县域义务教育投入的因素。[⑪]

四是县域内义务教育均衡发展水平研究。何齐宗以江西省义务教育均衡发展示范县为对象，系统地分析了该省吉安县、铜鼓县和青云谱区等义务教育均衡发展示范县在推进县域义务教育均衡发展过程中所采取的策略、取得的成效及存在的问题，并就进一步推动该

① 祁占勇，王君妍，司晓宏："我国西北地区义务教育均衡发展的现实困境与政策选择"，载《中国教育学刊》2017 年第 10 期。
② 雷万鹏，钱佳，马红梅："中部地区义务教育投入塌陷问题研究"，载《教育与经济》2014 年第 6 期。
③ 哈巍，刘叶："'新机制'是否促进了义务教育的完成？——基于我国中西部地市级数据的实证研究"，载《中国教育学刊》2018 年第 11 期。
④ 李玲，宋乃庆，龚春燕，等. 城乡教育一体化：理论、指标与测算. 教育研究，2012(2)：41-48.
⑤ 杨令平，司晓宏："西部县域义务教育均衡发展现状调研报告"，载《教育研究》2012 年第 4 期。
⑥ 李鹏，朱德全，宋乃庆："义务教育发展'中部塌陷'：表征、原因与对策——基于 2010～2014 年区域义务教育发展数据的比较分析"，载《教育科学》2017 年第 1 期。
⑦ 黄家骅，黄丽萍，张祥明，等. 福建省义务教育均衡发展研究. 厦门：厦门大学出版社，2012。
⑧ 袁连生，何婷婷："2006-2015 年北京市义务教育区县均衡进展研究"，载《教育学报》2018 年第 2 期。
⑨ 肖新成："江西省义务教育均衡发展地区差距的测度"，载《统计观察》2010 第 22 期。
⑩ 张旺，郭永喜："省域义务教育均衡发展研究——基于吉林省 40 个县（市）义务教育发展的比较分析"，载《东北师大学报（哲学社会科学版）》2011 年第 6 期。
⑪ 宗晓华，陈静漪："义务教育投入的县际差距与影响因素研究——以东部某省为例"，载《教育科学》2015 年第 2 期。

省县域义务教育的均衡发展提出了对策建议。[1]李协良等从教师队伍专业化、课堂教学优质化、教育管理科学化、学校发展特色化、内涵式均衡发展督导评估等方面全面地阐述了重庆市沙坪坝区义务教育走向优质均衡的过程，认为区域义务教育均衡发展的关键是解决资源配置差异，体现在区域、学校和人群差异上。[2]罗青等基于对云南边境民族县所做的调研，重点分析了云南边疆民族地区县域义务教育均衡发展的基本情况，深入探讨分析了这一地域中义务教育均衡发展的政策输出与供给、教育资源配置、学校布局、教师队伍培养及建设等问题。[3]

栗洪武通过解析西安市 2009 年实施第一轮学校发展水平督导评估"316"工程案例，发现影响区域学校教育趋于均衡发展有校舍建设、教育经费投入、生源质量、学校位置、办学方向等八个基本要素，并且各要素之间具有密切的相关性。[4]张佳伟等以东部较发达地区苏州市的实践作为分析对象，探索区域在基本公共服务均等化背景下实现新型城镇化与义务教育均衡统筹发展的路径。[5]周军等通过对拉萨市 A、B 两县义务教育均衡发展状况、学校办学条件和师资条件等 8 项指标进行比较分析，发现拉萨市县域义务教育均衡发展状况基本良好，但在一些指标上还存在一定差距。[6]中国昌等基于对湖北省恩施市义务教育均衡发展现状的调查和数据分析，发现恩施义务教育均衡发展的生均经费投入逐年增长，教师待遇不断改善，培训力度不断加大，有效促进了恩施义务教育均衡发展。与此同时，也存在诸如地方性教育经费支出压力大、教师资源配置仍不均衡、部分学校的标准化建设没有达标、薄弱学校校舍改造没有完全落实到位等突出问题。[7]

(五)推进义务教育均衡发展对策研究

国外学者主要从城乡一体化、经济社会整体发展角度提出教育均衡发展的建议。吉布斯(Gibbs, Robert M)主编的《新兴经济体中的农村教育和人才培养》(*Rural Education and Training in the New Economy*)一书比较全面地分析了包括印度、巴西、南非等新兴经济体国家为推动城乡教育统筹发展的典型做法。[8]斯特恩(Stern，J)等主编的《农村教育现状》(*The Condition of Education in Rural Schools*)对美国建国以来的农村教育政策有比较全面的回顾，从政策规划、实践改进、校地联动、教师发展等方面提出了缩小城乡教育发展的建议。[9]阿马蒂亚·森(Amartya Sen)的可行能力理论(capability approach)认为，致力于人的发展的教育，要把自由的理念、可行的能力、社会的改良三者巧妙地组合在一起，才能

① 何齐宗：《县域义务教育均衡发展探究 基于江西省义务教育均衡发展示范县的实证研究》，科学出版社 2017 年出版。
② 李协良：《区域推进义务教育内涵式均衡发展研究》，四川大学出版社 2012 年出版。
③ 罗青，钱春富：《边疆民族地区县域内义务教育均衡发展研究》，云南大学出版社 2018 年出版。
④ 栗洪武："影响区域学校均衡发展的基本要素及其相关性——以西安市实施"316"工程为例"，载《教育研究》2011 年第 4 期。
⑤ 张佳伟，顾月华："基本公共服务均等化视野下新型城镇化与义务教育均衡发展的区域研究"，载《教育发展研究》2017 年第 10 期。
⑥ 周军："拉萨市县域义务教育均衡发展状况比较研究——以 A、B 两县为例"，载《民族教育研究》2017 年第 1 期。
⑦ 中国昌，王永颜："县域义务教育均衡发展的现状调查与政策建议——以湖北恩施教育调查为例"，载《教育研究与实验》2015 年第 4 期。
⑧ Gibbs, Robert M et al. "*Rural Education and Training in the New Economy: The Myth of the Rural Skills Gap* ", Iowa: Iowa State Press, 1998.
⑨ Stern, J. "*The condition of education in rural schools*", Washington, DC: U.S. Department of Education, Office of Educational Research and Improvement, 1994.

更好地实现其自身的社会功能。①罗宾森（Robinson, Bernadette）介绍了中国政府在农村边远地区推广远程教育的做法，布洛克（Brock, Andy）则在定量分析中国东西部地区的教育差距基础上，着重介绍了西部地区的实践策略。②孙启林以英国、法国、德国、俄罗斯、日本、美国为对象，研究了各国义务教育发展进程，以及针对非均衡发展问题采取的对策，总结了对中国义务教育发展的启示。③

关于义务教育均衡发展的对策与建议，学者主要从教育经费投入、办学条件、师资水平三方面提出。杨令平和司晓宏提出，中央政府应进一步完善教育投入机制，加大对落后县的财政转移支付力度，建立健全县域内教育经费使用和管理制度，加强教育经费的科学化、精细化管理，切实提高经费使用绩效。④范先佐等认为，实现义务教育均衡发展是政府义不容辞的责任，关键是实行省级统筹，让省级政府成为义务教育均衡发展最主要的财政责任承担者，重点要确保义务教育阶段教师工资福利待遇的不断提高，当前义务教育均衡发展改革的重点就是要大力加强中小学教师队伍建设。⑤具体实施路径上，将义务教育的财政承担责任具体落实到各级政府，例如在学校中实施绩效工资收入的制度改革，把提升教师职业社会地位作为调动教师工作积极性的方法，为义务教育学校优化师资配置和营造良性教学氛围起了很大作用。⑥彭敏、朱德全从治理的角度指出，促进义务教育均衡发展需从变革义务教育均衡发展的治理思维、坚持多元主体协同治理策略以及创新义务教育均衡治理制度这三方面入手。⑦范先佐等针对县域城乡义务教育两极分化严重的现象提出要统筹推进县域内城乡教育一体化，并且要重视教师资源的配置。

在改善办学条件方面，赵国祥等认为，义务教育均衡发展关键是教育资源配置，研究了人、财、物、信息技术设备、信息技术手段、课程开发、校园文化建设等配置现状及科学、合理的改进策略。⑧杨桂龙以实践共同体为载体，在梳理大量相关理论基础上，分析了通过立足课堂教学提高学校办学水平、均衡资源配置缩小校际硬件差距、促进教师流动提升教师专业发展多渠道实现区域内义务教育优质均衡发展的路径，有针对性地提出了实现义务教育均衡发展的政策建议。⑨姚永强和范先佐提出义务教育要从传统的完全依靠资源配置和同质化的发展方式，转变为以质量提升为中心、依赖学校自我发展驱动、注重多元发展的方式。⑩褚宏启认为教育发展方式的转变包括教育结构的调整、学生培养模式的转变、加强教育培训、加强教育研究和转变教育管理方式五个方面的内容。⑪

贾继娥认为可以从"结构路径、技术路径、制度路径"三条路径实现。其中"结构路径"即调整教育结构，制定科学的教育分类标准和专业设置标准。"技术路径"即从微观

---

① Amartya Sen: "Capabilities, Lists, and Public Reason: Continuing the Conversation", *Feminist Economics,* 2004,10（3）: 77-80.
② Brock, Andy: "Moving Mountains Stone by Stone: Reforming Rural Education in China", *International Journal of Educational Development*, 2009,29（5）: 454-462.
③ 孙启林：《世界主要发达国家义务教育均衡发展比较研究》，东北师范大学出版社 2009 年出版。
④ 杨令平，司晓宏："西部县域义务教育均衡发展现状调研报告"，载《教育研究》2012 年第 4 期。
⑤ 范先佐，郭清扬，付卫东："义务教育均衡发展与省级统筹"，载《教育研究》2015 年第 2 期。
⑥ 范先佐，郭清扬："当前我国义务教育均衡发展改革的重点和难点"，载《教师教育学报》2016 年第 2 期。
⑦ 彭敏，朱德全："义务教育均衡发展的治理困境、逻辑与路径"，载《中国教育学刊》2017 年第 3 期。
⑧ 赵国祥，王振存，赵申苒：《义务教育均衡发展视阈下的教育资源的科学配置和有效运用》，科学出版社 2016 年出版。
⑨ 杨桂龙：《走向优质均衡：基于实践共同体的义务教育学校均衡发展研究》，上海教育出版社 2018 年出版。
⑩ 姚永强，范先佐："论义务及教育均衡发展方式的转变"，载《教育研究》2013 年第 2 期。
⑪ 褚宏启："论教育发展方式的转变"，载《教育研究》2011 第 10 期。

入手，关注"怎么教"的问题，提出从教学技能、课程知识、教学知识、教学技术工具四个维度改革教学。"制度路径"即转变管理方式，强调制度创新。[①]彭泽平等认为，要实现城乡义务教育均衡、公平与优质发展，必须打破义务教育城乡分割、分离、分治的制度瓶颈，建立以"共生"理念为基点的城乡一体化义务教育体制，为城乡义务教育均衡发展提供制度保障与支持。[②]韦吉飞等利用纵贯数据，评估了教育统筹权漂移对城镇化进程的影响，建议城乡教育统筹发展与城镇化进程协同推进。[③]

在教师资源配置方面，毛亚庆研究了促进义务教育均衡发展的校长教师流动机制，从政府、教育行政部门到各级学校，针对校长和教师流动问题提出改进建议和措施。[④]薛二勇和李廷洲认为均衡发展关键在于师资均衡配置，应该重新规划城乡队伍的建设和发展、适当上移教师待遇统筹层级以及科学修订城乡教师编制标准。在师资配置方面亟须解决的是农村教师的安置问题，有学者认为需要不断提高边远贫困地区教师岗位津补贴力度，在县域内统一配置师资。[⑤]关松林认为，其有效途径是对农村和边远地区的教师进行"定向培养"，同时进行资源共享，推行区域内的教师轮岗制、聘任制等。[⑥]胡娇认为，义务教育均衡发展关键在于教师发展，卓越教师要去同质以形成差异化特色，小学教师职前教育要以全科教师为培养目标，职后教师要去"单位人"以成为"县域人"，开发"互联网+教育"以提升边远地区教育质量和降低教育投资成本，强化培训以促进教师专业发展。[⑦]赵丹基于西北四县的调查发现，农村小规模学校和县镇大规模学校在教师数量配置、年龄结构、专业匹配程度、培训机会、教师流失率、教学质量等多方面差异显著。教育决策者应创新农村教师供给形式，进一步完善教师招聘、调配和激励政策，探索农村教师素质提升的创新机制，确保城乡教师资源的质量均衡。[⑧]

纵观近年来的研究成果可见，总体上各位研究者对义务教育均衡发展内涵与要素已经剖析得十分深入，但不同研究者的认识和阐释不同，有的认为义务教育均衡发展表现在教育领域和其他社会领域之间的均衡；有的侧重于教育体系内部各要素之间的均衡；有的强调了各级各类以及区域间的义务教育发展问题，研究者对义务教育均衡发展涉及的因素达成了较为一致的观点。对于义务教育均衡发展的建议十分全面，覆盖的范围也很广泛，但大都是从宏观角度，而操作性却有待提升。

二、政府义务教育均衡发展治理责任相关研究

我们在中国知网（CNKI）以"义务教育+政府"进行篇名检索发现（图 1-3），2001～2018 年，国内共发表期刊论文 232 篇，硕博论文 80 篇，报纸文献 395 篇。与"义务教育

① 贾继娥，褚宏启："教育发展方式转变的三条路径"，载《教育发展研究》2012 第 3 期。
② 彭泽平，姚琳."'分割'与'统筹'——城乡义务教育失衡的制度与政策根源及其重构"，载《西南大学学报（社会科学版）》2014 第 3 期。
③ 韦吉飞，张学敏："教育统筹权漂移、统筹成本与城镇化推进的关联度"，载《西南大学学报（社会科学版）》2016 第 3 期。
④ 毛亚庆：《促进义务教育均衡发展的校长教师流动机制研究》，北京师范大学出版社 2016 年出版。
⑤ 薛二勇，李廷洲："义务教育师资城乡均衡配置政策评估"，载《教育研究》2015 第 8 期。
⑥ 关松林："区域内义务教育师资均衡配置：问题与破解"，载《教育研究》2013 第 12 期。
⑦ 胡娇："义务教育均衡发展关键在于教师发展——基于教育供给侧改革的研究"，载《中国教育学刊》2016 年第 10 期。
⑧ 赵丹："教育均衡视角下农村教师资源配置的现实困境及改革对策——小规模和大规模学校的对比研究"，载《华中师范大学学报（人文社会科学版）》2016 年第 5 期。

+均衡"为检索主题不同，政府的义务教育治理责任研究出现了较大波动。其中，期刊论文在2006～2008年出现高峰期，之后总体下降，但在2011年达到顶峰23篇，硕博论文大体相似。报纸文献方面，2006年达到顶峰的85篇，此后呈总体下降趋势。

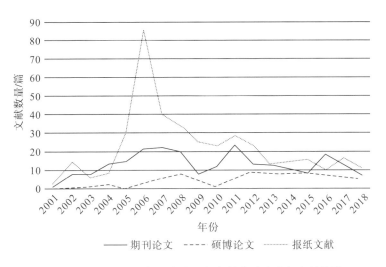

图1-3　2001～2018年国内关于义务教育政府责任文献统计

梳理其中的学术文献发现，以"义务教育""义务教育均衡发展""农村义务教育"为主题的文献占比最高，分别占比达25.61%、8.20%、7.91%。除此以外，政府责任、义务教育经费、均衡发展、教育公平等议题研究较多。随着城乡教育一体化和教育公共服务均等化等政策的提出，地方政府、公用经费、公共产品、财政管理也成为近年来热点议题（图1-4）。

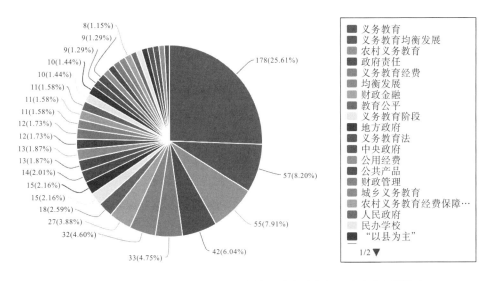

图1-4　2001～2018年国内关于义务教育政府责任主题分布（见彩图2）

(一)政府治理与政府教育治理

国外学者对于政府治理责任的探讨多集中在公共管理领域。按照联合国经济与社会发展事务部(Department of Economic and Social Affairs, DESA)的界定, 治理指的是社会制定政策和实施政策的一系列规则与方式。[①]世界银行学院全球治理局局长丹尼尔·考夫曼(Daniel Kaufmann)认为, 政府治理是为了公共利益通过正式或非正式的传统和制度来行使权力。[②]著名治理理论研究的资深专家罗西瑙(J. N. Rosenau)认为, 治理与政府统治并非同义词, 尽管二者都涉及目的性行为、目标导向的活动和规制体系, 但是政府统治意味着政府政策的执行是靠正式权力和警察力量支持; 而治理则是由认同的目标支持的; 或者说, 治理既包括政府机制, 同时也包括非正式、非政府的机制, 与统治相比是一种内涵更为丰富的现象。[③]澳大利亚学者休斯(Hughes,O)指出, 传统的公共行政模式已经发生了变化, 使得新公共管理模式处于主导地位。[④]彼得斯(B.Guy Peters)在《政府未来的治理模式》一书中提出了政府未来治理模式的四个趋向: 市场化政府治理模式、参与型政府治理模式、灵活型政府治理模式、解制型政府治理模式。[⑤]学者奥伊(Oi,J.C)对中国乡镇的政治经济模式进行研究后提出了"地方性国家法团主义"概念, 即政府在行使行政职能的同时又承担市场宏观调控的职能。[⑥]库伊曼(J.Kooiman)和范·弗利埃特(M.VanVliet)认为, 治理所要创造的结构或秩序不能由外部强加, 是要依靠多种进行统治的以及互相发生影响的行为者的互动。[⑦]

关于教育治理的内涵与特征, 布鲁尔等概括了有效教育治理的五个特征, 包括稳定性、责任制、灵活性、透明度、有效率。[⑧]托马斯·J.萨乔万尼认为, 教育治理关注的是联邦机构、州教育厅和地方学区等政治单位所行使的权力和工作职能, 并关注作为管理功能和管理职责的复杂的政治制度、法律体系及各种社会习俗。在其所著的《教育治理与管理》(Educational Governance and Administration)一书中, 教育治理包含四章内容, 分别是"作为一种政治组织的学校""地方学区的政策制定""联邦政府的影响"和"州(政府)在教育中的新角色"。[⑨]

以俞可平为代表的国内学者认为, 治理是指在一个既定的范围内运用权威维持秩序, 满足公众的需要; 治理的目的是指在各种不同的制度关系中运用权力去引导、控制和规范公民的各种活动, 以最大限度地增进公共利益; 从政治学的角度看, 治理是指政治管理的过程, 它包括政治权威的规范基础, 处理政治事务的方式和对公共资源的管理。它特别关

---

① Department of Economic and Social Affairs: *"Public Governance Indicators: A Literature Review"*, New York: United Nation, 2006.

② Daniel Kaufmann, Aart Kraay, Massimo Mastruzzi: *"Measuring Governance Using Cross-Country Perceptions Data"*, World Bank, August 2005.

③ [美]詹姆斯 N.罗西瑙: 《没有政府的治理》(胜军, 等译), 江西人民出版社 2001 年出版, 第4-5 页。

④ Hughes O E: "The Current Position of New Public Management", *Journal of Renmin University of China*, 2002: 3-20.

⑤ [美]盖伊·彼得斯: 《政府未来的治理模式》(吴爱明, 等译), 中国人民大学出版社 2001 年出版。

⑥ Oi J C: "The Role of the Local State in China's Transitional Economy", *The China Quarterly*, 1995, 144(4): 1132-1149.

⑦ Kooiman, J. Bavinck, M. "The governance perspective", in Kooiman, J., Bavinck, M., Jentoft, S. and Pullin, R. (Eds), *Fish for Life: Interactive Governance for Fisheries*, Amsterdam University Press, Amsterdam, 2005: 11-24.

⑧ Brewer, Dominic J., Smith, Joanna: "A Framework for Understanding Educational Governance: The Case of California", *Education Finance and Policy*, 2006, 3(1): 20-40.

⑨ Thomas J. Sergiovanni, et al.: *"Educational Governance and Administration"*, Boston, MA, United States, 2008.

注在一个限定的领域内维护社会秩序所需要的政治权威作用和对行政权力的运用。[①]张国庆认为，政府治理是指在市场经济条件下政府对公共事务的治理。[②]马运瑞在《中国政府治理模式研究》一书中认为，中国政府治理是在党的领导下，国家立法机关、行政机关以及司法机关紧密配合，以市场经济为基础，大力发展和规范公民社会，正确认识和处理政府与市场、政府与社会、政府与公民的关系，构建社会主义和谐社会的过程。[③]张成福教授认为，治理实质是政府的再造过程，治理就是从传统治理之道向现代治理之道的变革。[④]

褚宏启认为，教育公共治理(educational public governance)是政府、社会组织、市场、学校、公民个人等多元教育治理主体对教育公共事务进行协作管理，以增进教育公共利益最大化的过程。[⑤]姜美玲认为，治理这一概念无论作为分析工具，还是作为价值取向，都有着丰富而深刻的教育学意义。治理理论为教育公共治理注入了新的价值因素，对教育产品的供给方式、公共价值的复兴重建、教育决策的公众参与产生了深远的影响，蕴含着当代教育公共治理的基本走向。[⑥]周晔等提出了"城乡教育统筹治理"这一概念，并将之界定为在统筹治理理念与方法论的指导下，以政府为主要主体，统筹治理城与乡、城与城中乡两个空间维度的教育，使受教育机会、教育过程、教育结果等方面达到城乡均衡和城乡一体化，达到城乡教育"善治"的结果性目标。[⑦]

(二)政府义务教育治理责任与方式

罗宾斯基(Lubienski)认为，公立教育正在从传统的公共产品转向私人产品。特许学校受到鼓吹，而这类学校是由追求盈利的组织经营的，基于市场原则的责任制取代了传统的责任制。[⑧]罗伯茨(Roberts)认为，公共组织的决策与私立机构的决策是完全不同的，前者需要更多考虑参与者的利益，他们对最后的决策都有发言权。[⑨]拉森(Ranson)等概括了当前学校治理的主要模式，包括商业模式、执行和利益相关者审查模式、社区治理模式，认为管理者协调学校和辖区居民间关系，在社区发展中扮演领导者和推动者角色。[⑩]迪亚克(Tyack)认为，学校治理改革的通常情况是，改革会让学校结构变得更加复杂。为了适应外部变化，最简单的反应就是增加一个新的部门，设立一个新的管理层级或者机构。[⑪]布朗(Brown, F.)等发现，在美国推行教育券制度最得力的纽约市，这种市场化导向的改革只是增加了公立学校的种族和社会经济分离，因为市场化改革总是倾向于生产胜利者和失败者。[⑫]麦克格雷等(Tami McCrone)总结了学校有效治理的七项特征，一是清晰地界定组织的角色和责任，二是

① 俞可平：《治理与善治》，社会科学文献出版社 2004 年出版，第 42 页。
② 张国庆：《行政管理学概论》，北京大学出版社 2000 年出版，第 3-26 页。
③ 马运瑞：《中国政府治理模式研究》，郑州大学出版社 2007 年出版，第 23 页。
④ 张成福，党秀云：《公共管理学》，中国人民大学出版社 2001 年出版，第 12 页。
⑤ 褚宏启，贾继娥："教育治理与教育善治"，载《中国教育学刊》2014 年第 12 期。
⑥ 姜美玲："教育公共治理：内涵、特征与模式"，载《全球教育展望》2009 年 5 期。
⑦ 周晔，王晓燕："城乡教育统筹治理：概念与理论架构"，载《教育研究》2014 年 8 期。
⑧ Lubienski, C: "Redefining "public" education: Charter schools, common schools, and the rhetoric of reform", *Teachers College Record*, 2001, 103(4)：634-666.
⑨ Roberts, N: "Public deliberation: An alternative approach to crafting policy and setting direction", *Public Administration Review*, 1997, 57(2)：124-132.
⑩ Ranson, S. and Crouch, C: *"Towards a New Governance of Schools in the Remaking of Civil Society"*, CfBT Education Trust: 2009.
⑪ Tyack, D: *"Decentralization and School Improvements"*, San Francisco, CA: Jossey-Bass, 1993: 24.
⑫ Brown, F., Contreras, A. R: "Deregulation and privatization of education: A flawed Concept", *Education and Urban Society*, 1991, 23(2)：144-158.

强有力的领导团队，三是一个能有效领导和管理学校治理团队的地方领导(如市长)，四是学校校长和治理团队之间建立良好沟通，五是校长能得到全力支持，六是学校形成共同认可的发展愿景，七是对学业进步、学校改进计划和目标等事务的日常性监控。[①]

探究政府在教育事业中的责任不仅是公共管理领域中的重要课题，也是国内教育学研究中的核心议题。一是对政府教育责任的角色定位、属性、责任主体的探讨，部分学者从宏观角度对政府的责任进行了界定。田汉族等将政府在义务教育均衡发展中的责任界定为"各级政府根据义务教育法规要求，在政府财政能力提高的同时，不断提高义务教育服务质量和水平，使适龄儿童少年接受更加公平、更高质量的义务教育。"[②]张胜军等分析了政府承担教育责任的缘由，并指出各级政府的科学决策是基础教育均衡发展的关键所在。[③]冯建军从教育公正的角度对政府责任进行分析，他指出政府是教育公正的主要责任者，政府应通过制定公正的教育制度，引导教育资源的再分配，确保公共教育资源的均衡化。[④]这部分研究者普遍认为现代政府发挥教育职责的基本方式就在于通过制定教育政策实现教育机会和资源配置的均衡，从而保证教育公平。

另一部分研究者从微观角度探究政府对教育发展的具体责任。肖平等从公共管理的角度对政府的教育责任进行了阐释，指出政府具有三项教育职能：①发展教育，进行教育投资的职能；②科学制定教育政策的职能；③对教育市场进行监管的职能。[⑤]李阳等认为，政府的教育责任建立在义务教育制度的确立以及对义务教育属性的讨论上，正是由于教育具有公共产品的属性，才使得政府有责任、有义务提供教育服务、监管教育市场、均衡教育资源配置。[⑥]这部分研究者认为政府对义务教育的责任可以归结为三个方面，第一：教育管理责任，即保证义务教育质量的责任；第二：教育财政责任，即为教育提供财政支持的责任；第三：教育规划责任，即为义务教育发展创设良好的法律和制度环境。徐艳国指出了教育治理能力对教育治理现代化的决定性作用，并对各级政府提出转变职能、简政放权、创新治理方式的建议。[⑦]还有一部分学者从政府的能力缺陷角度反观政府教育治理的途径，提出要推进政府教育治理现代化。[⑧]这些研究均从不同方面论述并指明了政府的教育权责与教育治理能力现代化之间的重要联系。

二是对政府教育职能的划分及权限的讨论，主要包括政府在不同层级教育中的主要职能，同一级政府多种类型的教育责任，以及不同级别政府间在教育责任上的差异。胡伶对我国教育行政环境和部分地区教育局职能履行状况进行分析，并结合 SWOT 分析工具，提出我国公共治理范式下地方教育行政部门职能转变可选择的战略组合。[⑨]丁建福认为，省级政府教育投入行为及治理是一个重要问题，对省域内基础教育的均衡发展具有重要意义。基于多元排序选择模型，分析了财政分权、政府治理对省级政府教育投入努力程度的

① Tami McCrone, Clare Southcott, Nalia George: "*governance models in schools*", Slough: National Foundation for Educational Research, 2011: 12.
② 田汉族，戚瑜洁："政府在义务教育均衡发展中的责任及其限度"，载《湖南师范大学教育科学学报》2016 第 5 期。
③ 张胜军，陈建祥："论基础教育的均衡发展与政府责任"，载《盐城工学院学报（社会科学版）》2003 第 2 期。
④ 冯建军："教育公正与政府责任"，载《教育发展研究》2008 年第 9 期。
⑤ 肖平，杨晓霞，荣翠："从教育功能看政府责任"，载《西南民族大学学报（人文社会科学版）》2011 第 1 期。
⑥ 李阳，谢倩："城乡义务教育公平及政府责任研究进展综述"，载《基础教育研究》2018 第 3 期。
⑦ 徐艳国："关于教育治理体系和治理能力现代化建设的分析"，载《中国高等教育》2014 第 17 期。
⑧ 陈良雨："教育治理现代化视阈下政府能力陷阱研究"，载《教育发展研究》2015 第 12 期。
⑨ 胡伶："地方教育行政部门的职能转变——基于公共治理视角的分析"，载《教育发展研究》2010 年第 12 期。

影响。[①]胡丽娟等发现，发达国家政府的义务教育治理呈现出一定的共性，主要表现在教育立法、教育财政支出和弱势群体的补偿三个方面。[②]杨挺等探讨了县级政府的义务教育教师资源配置职能，就提高中小学教师资源配置水平、建立县域教师资源配置机制、建立县域义务教育教师资源配置督导机制等提出建议。[③]

三是对政府教育治理方式的研究，涵盖了教育治理现代化、教育政策的执行、应用互联网大数据治理等，在具体研究方式上将政策、制度、技术、创新多种要素与政府的教育权责进行结合，形成新的研究角度。杨东平从政府的管理职能、新型政社关系、政校关系三个层面论述了政府教育治理的改革途径。[④]刘佳探讨了教育领域管办评分离问题，认为"管办评"分离的目标是理顺政府、学校和社会的责权关系而非机械地割裂三者间联系，按照系统性、整体性、协同性的原则将教育的决策权、管理权、监督权和评价权之间的关系加以重构。[⑤]王永颜论述了大数据对政府教育治理的重要意义，指出大数据既是政府教育决策的依据，又是政府实施宏观调控的手段，同时也是提升政府教育政策执行力的重要保证。[⑥]金绍荣等探讨了非政府组织参与公共教育治理的目标与困境问题，提出非政府组织参与教育公共治理必须实现"三个转变"，即从局外人到局内人的转变、从外在培育到内在修炼的转变、从单一作为到多元整合的转变。[⑦]

综上所述，我国对于教育治理和政府教育责任的研究以理论研究为主。由于政府和普通教育的层级多样，无论是在教育领域还是在政府部门，各层级特点都不尽相同，因此政府的教育责任类型多样。总体来看，对于政府教育责任划分的研究可以分为三类。一部分研究者立足于某一阶段的教育，将政府的教育职能划分为教育政策与规划的制定、财政支出、教育资源的供给与分配、教育监管与问责等多项职能。另一部分研究者聚焦政府的某一具体教育职能，进行深入的论述。最后则是对政府现阶段教育责任的划分方式进行探讨，认为基层政府的教育财政支出压力过于沉重，主张上级政府提升转移支付能力。随着国家治理体系和治理能力现代化的推进，研究者对政府义务教育治理责任的研究视角有所转变和创新，更倾向于探究政府教育治理能力现代化进程中的教育政策执行力、教育治理与现代科技相结合的途径等议题。

(三)政府推进义务教育均衡发展的实践研究

政府是教育事业发展的重要责任者，义务教育的均衡、优质发展对政府的教育治理能力提出了更高的要求，研究者将关注点转移到政府均衡发展治理能力和履职情况上，政府教育治理能力现代化成为新的时代背景下的讨论焦点。布洛克(Brock, A)以我国甘肃省某一试点项目为例，指出农村教育改革需要内外多个层面同时进行。[⑧]沙安文(Shah A)探讨

① 丁建福："省级政府教育投入实证研究：政府治理的视角"，载《教育发展研究》2012 年第 3 期。
② 胡丽娟，严凌燕："国际视野下的教育治理创新与发展动态"，载《教育发展研究》2015 年第 8 期。
③ 杨挺，马永军："县域义务教育师资均衡配置中的政府责任"，载《中国教育学刊》2011 年第 3 期。
④ 杨东平："政府教育治理能力的现代化"，载《教育发展研究》2013 第 23 期。
⑤ 刘佳："'管办评'分离的构建与协同机制研究"，载《中国教育学刊》2015 年第 9 期。
⑥ 王永颜："大数据与教育治理现代化"，载《教育研究与实验》2017 第 2 期。
⑦ 金绍荣，刘新智："非政府组织参与公共教育治理：目标、困境与路向"，载《教育发展研究》2013 年第 5 期。
⑧ Brock A："Moving mountains stone by stone: Reforming rural education in China"，*International Journal of Educational Development*, 2009, 29(5)：454-462.

了中国西部省市和农村地区地方政府管理和财政建设的改革内容和方向,并总结了地方政府在增加地方教育财政支出、强化对弱势群体的无条件补助等方面的职责。[①]列文(Levin,HM)讨论了上级政府拨款资助教育的合理性,以及下级政府相应的三种反应方式。[②]

在国内,我们以中国知网为信息源,以"义务教育+均衡发展+政府"为检索主题,收集从2000~2018年公开发表的学术文献共867篇。按年份进行了发文量统计整理,可以发现关于"义务教育均衡发展政府治理"的文献数量整体呈上升趋势,2016年以来发文量也较多。从检索结果来看,第一篇明确讨论政府在义务教育均衡发展中作用的文献发表于2003年9月,即东北师范大学曲正伟博士发表的《多中心治理与我国义务教育中的政府责任》一文。该文以治理理论为基础,探讨了政府在义务教育发展中的作用,认为政府在义务教育发展过程中承担主要责任,多中心治理不等于政府无治理,而是在坚持政府承担主要治理责任前提下多个治理主体参与教育均衡发展。[③]

我们对"义务教育+均衡发展+政府"相关文献的关键词进行了共现分析,以进一步了解该领域的研究热点,列出前30名关键词(具体结果见表1-2)。分析发现,义务教育均衡发展治理遵循着从宏观到微观的演变。2003年开始出现"政府责任",虽然频次更高的是"义务教育""均衡发展",但已经很明显开始强调政府在义务教育均衡发展中的责任角色。自2006年《义务教育法》(修订版)将"推进义务教育均衡发展"列为政府责任,相关研究就随之增加。"政府责任"与"教育公平"经常同步提及,教育均衡中心周围的"城乡均衡发展""经费保障""学校布局"等与"均衡发展"紧密出现。但大多数只是对于政府层面如何去承担相应的责任提出了建议,就政府推进义务教育均衡发展治理能力进行有针对性的探讨较少。

表1-2　义务教育均衡发展政府治理研究高频词(前30名)

排名	频次	关键词	排名	频次	关键词
1	184	义务教育	12	7	县域义务教育
2	122	均衡发展	13	7	政府责任
3	49	教育均衡	14	6	区域教育
4	23	义务教育均衡发展	15	6	基础教育
5	23	教育公平	16	6	教育经费
6	21	城乡义务教育	17	5	公共教育资源
7	17	教育均衡发展	18	5	农村教育
8	15	农村义务教育	19	5	学校布局
9	12	经费保障	20	5	教育事业
10	10	均衡配置	21	5	教育改革
11	8	教育资源配置	22	5	教育资源

[①] Shah A: "Fiscal Decentralization in Developing Countries: Indonesia and Pakistan: fiscal decentralization - an elusive goal?", The World Bank, 1999.
[②] Tsang M, Levin H M: "The Impact of Intergovernmental Grants on Educational Expenditure", *Review of Educational Research*, 1983, 53(3):329-367.
[③] 曲正伟: "多中心治理与我国义务教育中的政府责任",载《教育理论与实践》2003年第17期。

续表

排名	频次	关键词	排名	频次	关键词
23	5	资源配置	27	4	择校问题
24	5	转移支付	28	4	教育政策
25	4	义务教育均衡	29	4	教育督导
26	4	发展规划	30	4	督导评估

一是整体探讨政府推进义务教育均衡发展的实践研究。刘玮从进城务工人员子女就读情况、教师交流学习情况、教育信息化等多方面考察了政府的教育政策执行情况，揭示了政府在教育政策执行过程中存在的问题，进而分析政府在政策执行路径、执行程序、执行者利益分配等方面产生分歧的原因。[1]杨令平等的研究中指出县级政府在教育工作中难以真正负担起主要的管理任务和责任，提出归还权利、合理分权、明确政府权力边界三方面的对策建议。[2]李军超在《政府推进城乡义务教育均衡发展的制度逻辑研究》一书中依循新制度主义的研究范式，构建"制度攸关—制度成因—制度选择—制度创新"的分析框架，沿着文献分析—理论研究—实证与调查研究—数据分析与检验—政策建议的路线，对城乡义务教育非均衡发展现状是什么、城乡义务教育发展为何出现非均衡、怎样推进城乡义务教育均衡发展等问题展开研究。[3]

二是县级政府推进义务教育均衡发展的政策举措与实践路径研究。随着2013年义务教育均衡评估督导工作的启动，总结县域教育均衡发展政策与实践经验的成果不断涌现。刘玮从政策执行的视角，对近五年来江苏省W市B区实施义务教育优质均衡发展的政策执行情况进行考察和分析，在此基础上对我国当前义务教育优质均衡发展政策的特征和县域执行的路径进行反思与分析，并就义务教育优质均衡发展政策的有效执行提出建议。[4]孙玉丽等以浙江省慈溪市为案例，发现该地在推进义务教育均衡发展上制定了具有一定特色和力度的政策，包括经费保障、资源共享、师资交流、生源调配、扶贫济弱和监督评估六大方面的政策，不仅确保了"人人能上学、能读书"，而且进一步接近了政府"人人上好学、读好书"的目标。[5]潘红波以河南息县等四县为例，总结了各地在实现县域义务教育校际资源配置均衡化的新模式。[6]

三是针对县域均衡发展中的突出问题展开专题性研究。费蔚研究了区域推进义务教育优质均衡发展的体制机制问题。作者以杭州江干区为例，总结了教育研训共同体、区域联盟共同体等"新教育共同体"类型，以及"特色联建、资源联享；教师联聘、学生联招；活动联合，中小联动"的运行机制，最终实现从管理到治理的转变。[7]赵新亮通过分析学区制改革的背景与基础条件，明确了学区制改革的价值与方向，以共同体理论为指导初步

① 刘玮："县域义务教育均衡发展的不同向度与路径选择"，载《中国教育学刊》2015年第1期。
② 杨令平，司晓宏："西部地方政府履行义务教育均衡发展责任状况的调查研究"，载《教育探索》2012年第1期。
③ 李军超：《政府推进城乡义务教育均衡发展的制度逻辑研究》，中国社会科学出版社2015年出版。
④ 刘玮：《义务教育优质均衡发展政策执行考察：以苏南发达地区W市B区为例》，中国社会科学出版社2017出版。
⑤ 孙玉丽，张幸华："县域义务教育均衡发展：政策与条件——以浙江省慈溪市为个案"，载《教育科学》2008年第2期。
⑥ 潘红波："县域义务教育均衡发展的新模式——对河南息县等四县（区）的案例分析"，载《教育发展研究》2010年第12期。
⑦ 费蔚："从管理到治理：区域推进义务教育优质均衡发展的体制机制创新"，载《教育发展研究》2014年第4期。

构建学区共同体的基本理论，并提出学区制有效改革的实施路径，即推进学区共同体办学理念、资源共享、管理模式和生源配置的一体化发展。[①]

从已有的文献资料看，对县级政府推进义务教育均衡发展的研究更主要集中在县级政府的责任定位上，分析县级政府的教育工作履职情况，并揭示不同区域内县级政府责任缺失产生的问题与原因，提出对应的政策与实践建议，研究视角和切入点较多，但系统性和研究深度不足。

(四)县级政府推进义务教育均衡发展的效果研究

对县级政府推进义务教育均衡发展的效果研究，主要有基于教育统计数据的实证分析和基于公众调查的满意度分析两类。由于之前已梳理基于统计数据的县域义务教育均衡发展成效分析，在此只梳理县域义务教育均衡发展状况的公众满意度调查。公众满意度作为衡量社会公众对政府教育治理责任落实情况的主观感受，成为评价政府教育工作推进情况不可或缺的指标之一，它对于评估政府的教育工作情况，指明政府教育工作的着力点具有重要价值。

一是针对多个群体的满意度调查。其中，周蜜、邓万春对荆门市某区域的教师、学生、家长三类群体进行调研，发现三类群体对城市和农村义务教育均衡发展的满意度均处于较低水平。[②]赵丹对西北五县的实证调查表明，目前县域义务教育均衡发展的公众满意度总体合格率和评价分值较高，但部分群体评价不合格。公众对教育资源均衡、布局规划和就近入学的满意度较低，贫困学生和留守儿童家长的满意度较低。[③]陈艺、刘洋洋对成都市义务教育均衡发展的调查显示，公众满意度群体间存在差异。满意度较高的指标有入学机会、思想道德素质，较低的指标有学校设施设备的配备和后勤保障。[④]

二是针对家长这个单一群体的调查。赵丽娟对北京市某一区域内家长对政府教育工作绩效满意度进行研究，发现家长群体总体满意度较高，得分较高的是师资队伍和教育效果，但在学校规划布局、教育质量上仍有待提升。受家长的户籍、受教育水平、职业等因素的影响，家长群体对政府教育工作的满意度存在差异。[⑤]张墨涵等对浙江省 91 个区县 323000 多位中小学学生家长展开调查，发现家长对学校教育的总体满意度较高，但城乡学校、不同规模学校、不同学历与收入水平的家长对学校教育的满意度差距较大。对学生期望的达成度是影响中小学学生家长对学校教育满意度的主要因素，家长对学校的了解程度、家校联系度、是否体罚学生、家长的期望达成度与满意度的相关度较高。[⑥]

从已有研究文献发现，对政府教育工作满意度的研究以硕博论文居多，研究者以特定地区为调研对象，进而对推进所在地区义务教育均衡发展总结对策。从调查对象上来看，

① 赵新亮：《义务教育学区制改革 基于共同体理论的教育均衡发展模式探索》，科学出版社 2018 年出版。
② 周蜜，邓万春："城乡义务教育均衡发展满意度调查研究"，载《学校党建与思想教育》2013 年第 5 期。
③ 赵丹："县域义务教育均衡发展：公众满意度评价及问题透视——基于西北五县的实证调查"，载《华中师范大学学报（人文社会科学版）》2014 第 4 期。
④ 陈艺，刘洋洋："城乡义务教育均衡发展：公众满意度评价及问题透视——基于统筹城乡综合配套改革试验区成都市的实证调查"，载《农村经济》2015 第 8 期。
⑤ 赵丽娟："基于家长满意度的区(县)政府教育工作绩效评价的实证研究——以北京市 H 区为例"，载《教育科学研究》2017 年第 7 期。
⑥ 张墨涵，季诚钧，田京："家长满意度与基础教育均衡发展——基于浙江省的调查与思考"，载《浙江社会科学》2019 年第 3 期。

研究者更倾向于选择家长群体，一方面是可以通过孩子反映教育发展情况，另一方面家长群体也是对教育最为关注的一个群体。从研究结果上看，公众对于政府教育工作的满意度大多处于较高水平，但是群体之间满意度存在差异。

第二章 县域义务教育均衡发展的理论基础与整体框架

义务教育均衡发展既指践行教育发展方式的过程性手段，又指衡量教育发展水平的结果性目标。作为过程性手段，是指通过政策制定和资源配置等手段，为区域、城乡、校际乃至不同亚群体学生提供相对均等的教育服务；作为结果性目标，是指所有学生获得相对均等的教育质量与成功机会。随着全面深化改革总目标的确立，"推进国家治理体系和治理能力现代化"迅速成为社会各界的热议话题，并延伸至政府机构、企事业单位、社会团体、民间组织等领域。推进义务教育均衡发展，是深化教育领域综合改革的重要内容，是检验基础教育治理水平的关键指标。理清义务教育均衡发展与教育治理体系间内在机理，构建义务教育均衡发展的系统框架，并在此基础上明确教育均衡发展的治理主体及职能，规范各职能有效发挥的运行机制，是展开义务教育均衡发展与政府治理能力研究的重要内容。

第一节 义务教育均衡发展与政府治理的理论基础

教育均衡发展是当今世界各国普遍关注的热点议题，是当前我国教育改革与发展的重要战略，是促进教育公平、提高教育质量的奠基性工程。在新公共管理和教育公共治理等理论影响下，在市场化、分权化等改革推动下，义务教育均衡发展正经历着公共治理的模式转向。

一、教育公平理论与义务教育均衡发展

教育公平是一个涉及多学科、多领域的复杂的社会问题，不仅是当前基础教育、义务教育、高等教育、特殊教育等领域的热点话题，也涉及政治、经济、文化、民族、社会阶层等多个领域。教育公平与义务教育均衡发展关系密切，教育公平是义务教育均衡发展的理论来源，义务教育的均衡发展又是实现教育公平并体现教育公平程度的重要指标，两者互为因果、相辅相成。

(一)公平与教育公平理论主张

西方教育公平理论主要在少数民族、种族、女童等弱势群体教育问题上，美国社会学家科尔曼(Coleman J)、瑞典学者胡森(Husen T)等的相关理论在学术界具有代表性。[①]1966年，科尔曼等在收集分析了美国各地4000所学校60万学生的数据后，向国会提交

---

① 易红郡："西方教育公平理论的多元化分析"，载《湖南师范大学教育科学学报》2010年第4期。

了《关于教育机会平等性的报告》，呼吁每个受教育者都应该拥有平等的受教育权利和机会，政府应为不同社会背景的儿童提供进入同样学校的机会，消除因社会层次、种族、性别、家庭环境等因素造成的学业成就即教育结果差异。1972 年，胡森在《社会环境与学业成就》一书中区分了"平等"和"机会"等概念，主张从起点、过程、结果三个不同层次理解教育机会均等。其中，起点均等强调每个人都有平等受教育权，即法律保障人人都有受教育的权利；过程均等强调教育机会平等，即教育环节与教学活动中每个儿童能够被平等地对待；结果均等是指教育要尊重人的个体差异性，使每个儿童都能得到最大程度的发展。[1]胡森认为，教育公平是相对的，是一个动态的变化的概念，关键是要基于儿童的个性差异给予针对性的教育。

之后，美国社会学家帕森斯（Parsons T）、伦理学家罗尔斯（Rawls J）、詹克斯（Jencks C）等从不同角度丰富了教育公平的理论内涵。在《现代社会中的平等与不平等，或社会分层问题再考察》一文中，帕森斯考察了社会平等问题以及教育在社会平等中的核心地位，将教育公平定位为社会公平的基础和前提，是实现社会公平"最伟大的工具"。与此类似，罗尔斯从伦理学的角度提出了公平的两个基本原则，即公平机会原则与差别原则，其中差别原则强调在公平机会原则基础上，维护最少受惠者的最大利益。[2]从社会正义论出发，罗尔斯认为补偿教育是实现社会公平的必要条件，应该对弱势群体分配更多、更优质的教育资源，是西方教育公平理论发展的一大贡献。在《不平等：对美国家庭与学校教育影响之再评价》一书中，詹克斯总结了教育中的三种不均等，包括教育资源的不均等、入学机会的不均等、学生选择课程的机会不均等，直抵教育公平中的微观实质。

诺贝尔经济学奖获得者阿马蒂亚·森（Amartya Sen）在评述功利主义平等（utilitarian equality）、总效用平等（total utility equality）、罗尔斯式平等（Rawlsian equality）三种平等观基础上，提出了"基本能力平等"（basic capabilities equality）理论。所谓"基本能力"，是指一个人做一些基本的事的能力。森认为，罗尔斯式平等既具有依赖文化的特点，也具有拜物教的特点，而基本能力平等则要避免拜物教但保留依赖文化的特点。换句话说，基本能力平等本质上是罗尔斯方法在非拜物教方向上的扩展。[3]人们对财富、幸福、自由、机会、权利和效率的取舍是不同的，每个人对这些"评估域"的重要性认识存在差异，依据某一确定性的评估标准得来的平等，未必与所期望的公平相一致。"平等"强调机会本身的客观性与可测量性，而"公平"更多指向个体的主观体验，通常是难以度量、不可比较的。森的理论提醒我们对教育公平的认识需要考虑个体的主观感受，是教育公平理论的新发展。[4]

（二）教育公平理论下的义务教育均衡发展路向

从有关教育公平相关理论的梳理可以发现，教育公平是社会公平价值在教育领域的延伸和体现。从教育公平指涉的层次看，包括起点公平、过程公平和结果公平三种类型，分

---

[1] 张人杰：《国外教育社会学基本文选》，华东师范大学出版社 1989 年出版，第 194 页。
[2] 姚大志："罗尔斯正义理论的基本理念"，载《社会科学研究》2008 年第 4 期。
[3] 阿马蒂亚·森，闲云："什么样的平等？"，载《世界哲学》2002 年第 2 期。
[4] 程天君："以人为核心评估域：新教育公平理论的基石——兼论新时期教育公平的转型"，载《华东师范大学学报（教科版）》2019 年第 1 期。

别表现为教育权利平等、教育机会均等和受教育者学业成功机会均等。从教育公平的实现过程看，教育公平可分为绝对公平和相对公平，绝对公平指完全平等地对待受教育者，如满足学生的受教育权，相对公平是指承认个体发展差异的不统一对待，以使每个学生的个性可以得到充分发展。从教育公平的最终性质看，教育公平有客观公平和主观公平之分，前者指教育统计意义上的消除差异，后者是独立个体的主观体验。从教育公平的地位看，教育公平是社会公平的基础，是实现社会平等的最伟大工具，而义务教育公平更是具有基础性、全局性和先导性特征。

义务教育均衡发展是指在一定区域内，相同年级学生享有同等水平的教育教学服务，从而让所有学生享有平等与公平的受教育权利与机会。从范围上看，均衡发展涉及不同行政区域，如县域、地区、省域乃至区域，以及教育活动发生的更微观场域，如校际、班级间。从性质上看，均衡发展可分为外延式的办学条件均衡和内涵式的办学质量均衡，前者主要包括教学场地、设施设备、图书资料、办学经费、师资数量等可量化的硬件资源，后者主要指与学生学业成绩更紧密相关的学校教育教学质量、管理水平、师资水平等因素。[①]从层次上看，均衡发展可分为办学条件的基础性均衡和教育系统的优质均衡，前者指各硬件与软件资源的底线达标，满足教育教学的基本要求，后者指在消除区域、县域和校际差距基础上，全面提高义务教育办学质量，实现办人民满意教育的目标。[②]

基于对教育公平和义务教育均衡发展的理论探讨，我们对教育公平理论指导下的义务教育均衡发展有如下认识。第一，教育公平与均衡发展是目标与手段的关系。义务教育均衡发展是国家层面的顶层设计和整体部署，是实现教育公平的重要举措。教育公平是目标，均衡发展是手段，两者同为当前中国义务教育发展的指导思想，在阶段性目标、措施与手段上是高度重合的。第二，均衡发展与教育公平都是相对而具体的。教育不均衡、教育不公平是绝对的，教育均衡、教育公平是相对的，因为不同地区经济文化发展水平和受教育者的先天禀赋不可能整齐划一没有差异。第三，义务教育均衡发展不是等同划一的平均发展。均衡发展和优质发展并非对立关系，既不能单纯追求不公平的优质，也不能追求低水平的平均主义。第四，义务教育均衡发展是逐步实现、叠进上升的。在范围上，从消除重点班、重点校的班级与校际差距，逐步延伸至县域、地区、省域乃至区域教育均衡；在性质上，从实现办学条件的标准化、教育经费的统一化和师资配备的均等化等基础性办学条件的外延均衡，到教育教学质量、学生学业发展水平的内涵均衡，需要较长时间才能逐步实现。

二、新公共管理理论与义务教育均衡发展

20 世纪 90 年代，西方国家兴起的"新公共管理运动"，强调以绩效管理、顾客至上与服务意识为导向，将竞争与市场机制引入政府管理中的政府改革运动。在教育领域中，基于对教育作为公共产品的属性认识，主张把市场竞争和公平原则引入教育领域，消除政府在公共教育服务中的垄断。

---

① 于发友，赵慧玲，赵承福："县域义务教育均衡发展的指标体系和标准建构"，载《教育研究》2011 年第 4 期。
② 冯建军："义务教育优质均衡发展的理论研究"，载《全球教育展望》2013 年第 1 期。

（一）新公共管理理论源流与主张

新公共管理理论（new public management）缘起于 20 世纪 60 年代的公共选择理论（public choice theory），其代表人物詹姆斯·布坎南（James Buchanan）与戈登·塔洛克（Gordon Tullock）等认为，政府是有其自身利益的组织系统，并不总是公共利益的代言人和维护者，有时候政府的自身利益甚至会与社会的公共利益发生冲突。基于这一认识，该理论主张为公共服务设计多元化的供给途径，从而消除政府在公共服务领域的唯一提供者角色。随着 20 世纪中后期社会发展的快速变化，公众对公共秩序与公民自由的要求越来越高，倡导增强公共事务管理过程的透明性和开放性，以及公民个体的参与性，"新公共管理运动"由此走上学术前台。1991 年，英国公共管理学家胡德（Christoper Hood）在《行政管理》杂志发表《一种普适的公共管理模式》一文，明确提出和使用了这一概念。这之后，弗里德曼和哈耶克的"小政府理论"，哈默和钱皮的"流程再造"理论，霍哲的"政府全面质量管理"理论，以及奥斯本和盖布勒提出的"重塑政府"理论，都被视为"新公共管理"的分支学说。

经合组织（Organization for Economic Co-operation and Development，OECD）在 1995 年度的公共管理报告《转变中的治理：OECD 国家的公共管理改革》中提出，新公共管理是一种更具战略性和结果导向（效率、效果和服务质量）的决策方法，一种取代高度集权等级组织的分权化管理环境，借助获得更多的相关信息和来自顾客及其他利益群体的反馈，寻求公共服务的替代性提供方案，以便产生成本效益更好的政策结果。胡德认为，"新公共管理"包括七个核心要点，包括公共部门实行职业化管理、绩效标准和绩效测量更加明确、高度重视产出控制、公共部门单位分散化、公共部门之间竞争性增强、重视私营部门管理方式的改革、关注资源利用的纪律性和节约性。奥斯本和盖布勒提出，"企业家型政府"有"赖以维系的十根辐条"，分别是起催化作用的政府、社区拥有的政府、竞争性的政府、有使命感的政府、讲究效果的政府、重视顾客反馈的政府、有事业心的政府、有预见的政府、分权的政府、以市场为导向的政府。[①]

新公共管理理论较好地解释了传统政府管理模式中权力结构集中化和治理效果低效化的困境，强调政府管理在把握政治方向与底线的同时，重视市场机制的作用，赋予管理者履行其职责时必需的权力，最终使政府的管理行为法治化、规范化、效益化，提升政府的宏观管理和统筹服务能力。[②]新公共管理理论对于推动政府行政管理体制改革具有参考价值，但由于该理论依然将政府置于其他社会组织之上而遭到质疑，新公共服务理论由此应运而生。与新公共管理理论相比，新公共服务理论更为强调了其他社会组织和公民的权利，将政府的主要职能定位为服务而不是管控，倡导政府要与公民建立积极合作关系，尊重民众诉求与公共利益，回归政府的公共利益体现者与维护者角色。[③]"公共服务型"治理范式意味着参与，不仅是指政府内部不同层次与部门人员参与公共政策制定，关键是政府系统之外的组织团体与个人参与进来，而政府则借助集体购买、特许经营、服务外包、

---

① 陈振明："评西方的'新公共管理'范式"，载《中国社会科学》2000 年第 6 期。
② 黄小勇："新公共管理理论及其借鉴意义"，载《中共中央党校学报》2004 第 3 期。
③ 丁煌："当代西方公共行政理论的新发展——从新公共管理到新公共服务"，载《广东行政学院学报》2005 年第 6 期。

政府补助、服务凭证等方式履行政府职能。

(二)新公共管理理论在教育领域的兴起与影响

公共选择、新公共管理和新公共服务理论自 20 世纪 90 年代被提出以来，成为许多国家教育改革的主导思想，从理论和思想上为世界范围内教育领域的市场化、分权化改革奠定了基础。在弗里德曼(Milton Friedman)和休斯(Jonathan Hughes)等学者的倡导下，教育券制度、择校运动、教育私营化等市场化改革被引入教育，学校被赋予更大的自我管理与运营权限，家长则成为替子女选择学校的消费者。受市场化、分权化思想影响，美国明尼苏达州 1992 年率先颁布了《特许学校法》，英国于 1997 年实施了"教育行动区"计划，思科系统公司(Cisco Systems)、爱迪生学校(Edison Schools)、阿波罗全球管理公司(Apollo Global)等私营化教育公司得到了迅猛发展。市场化、分权化改革为教育发展开辟了新的路径，强化了学校的办学效率和绩效考核意识，拓宽了公民参与公共教育的渠道。

但是教育领域中的市场化、分权化改革也影响了宏观调控的效果，损害了教育的公益性，由此引发了社会各界反思新公共管理理论运用于教育领域的适当性。管理学大师德鲁克(Peter Drucker)认为，公共机构的管理者应该"把他们的使命视为道德上纯粹的事情，不能过多考虑经济利益，关注成本与收益计算。"[①]世界银行的研究报告提出，"在私立部门中用效率作为组织的评价标准是可行的，但是在教育等公共领域却很难被系统量化，因为这些领域没有清晰可见的评价标准。"[②]沃斯利等(Wamsley and Zald)认为，有必要区分公共机构和私人机构的性质，"公共机构依赖于公共资金，享受公共机构服务的人群与投资者并无直接关系，这与私人机构有明确的消费者和服务提供者有所不同。"[③]由于市场化改革与教育公益性之间的矛盾，需要在走出政府垄断型教育服务，重视市场和其他机构作用的同时，发挥好政府在教育公共服务中的统筹角色，从而打破政府与市场、集权与分权的二元对立。

新公共管理理论对当前中国教育改革提供了诸多有价值的启示。第一，新公共管理理论确认了教育的公共产品属性，要求政府的教育决策超越不同主体的个体利益和立场，把教育服务看作公共利益，充分尊重并体现公众诉求，改变政府的官本位立场，建设服务型政府。第二，该理论将市场化、分权化思想引入教育改革中，借鉴企业的绩效管理经验，将教育产业化、学校实体化、教师职业化，以实际业绩来评定学校办学质量和教师工作绩效，更加注重教育结果与成效，有助于改变长期以来存在的人浮于事职责不清的情况，提高教育政策的执行效率。第三，新公共管理理论重视非营利部门的作用，认为非营利部门能够在政府和市场之外，承担如特殊群体的教育关爱、地方教育和学校的特色化发展指导、教师队伍的多样化提供、社会冲突与应急事件中的教育干预等服务，从而弥补政府与市场在教育服务方面的真空地带。第四，该理论对推动教育行政管理体制改革，特别是构建管办评分离教育体制，明确中央和地方教育行政权力，提升政府教育公共服务提供能力提供了方向性指导和方法依据。

---

① Drucker, P. F:"*Innovation and entrepreneurship*", New York: Harper and Row, 1985: 179.
② Bruns Filmer, Patrinos H:"*Making schools work: new evidence on accountability reforms*", World Bank, 2011: xi.
③ Wamsley, G. L., Zald, M. N:"The political economy of public organizations". In R. T. Golembiewski (Ed.). *Approaches to organizing*. Washington, DC: American Society for Public Administratio, 1981:47

(三)新公共管理理论下义务教育均衡发展路向

新公共管理理论在公共选择理论基础上，提出了重新界定政府角色、改善政府运行机制与管理办法、在公共事务中推行绩效管理和尊重顾客选择等主张。在推进义务教育均衡发展进程中，新公共管理倡导的分权化改革、绩效评估、学校选择等主张，具有较强的理念改变和实践指导意义。在义务教育均衡发展理念方面，新公共管理理论有助于形成如下共识。一是服务型政府理念。在义务教育均衡发展过程中，政府的重要角色就是重视并满足公民教育需求，政府已不再是教育事务的统治者和监管者，而是转向公共教育服务的间接提供者和调停者。二是民主型决策理念。义务教育的首要目标是公益性，教育行政部门和各类学校的教育决策，需要尊重各利益相关者的合理诉求，确保公共教育决策的开放性和公正性，义务教育为最广泛的公民服务，从而实现教育的公正与公平。三是绩效至上理念。义务教育均衡发展中的政府不仅要向上级政府负责，更要向宪法和其他法律、其他机构和社会大众负责。同样，学校和教师则要对学生成长负责，以人才培养质量作为衡量学校和教师的终极标准。

新公共管理理论在推进义务教育均衡发展的策略创新上也不乏启示意义。义务教育均衡发展的核心在于资源配置，不管是教育经费、设施设备、教学场地等硬件资源，还是师资团队、管理水平等软件资源，在配置过程中要充分运用市场机制和政府调控的积极作用。一方面，市场力量可以倒逼政府提高管理水平，督促学校提高办学效益，并将有限的教育资源价值最大化。另一方面，在经济欠发达和教育落后地区，政府则是保障教育公平底线，为教育发展"兜底"的最后依靠，离不开政府的宏观统筹与定向帮扶。因此，在推进义务教育均衡发展过程中，要综合考核地区经济发展水平和教育发展水平，在经济水平高、教育相对发达地区，义务教育的资源配置可更多运用市场的方式，比如引入私人资本、引导教师流动、调配教学设施等，以发挥市场在教育资源配置中的基础性作用。在经济欠发达教育落后地区，则需要政府切实担负起教育发展规划、教育经费投入、教师队伍建设等责任，着力提高教育发展水平。与此同时，专业组织、非营利机构则在政府与市场的中间地带提供服务，特别是均衡发展过程中的特色学校发展、教师专业指导、特殊人群教育帮扶等服务，从而构建起立体化的公共教育服务保障体系。

三、公共治理理论与义务教育均衡发展

公共治理理论起源于 20 世纪 90 年代，首先应用于公共事务领域，主张政府等公权力机构，以及企业、民间组织以及公民个人等权利主体，以公开、民主、法治的方式共同参与公共事务。公共治理理论为教育改革引入了新的理念与实践模式，影响着公共教育决策、教育产品供给、学校治理体系等领域变革走向，以及义务教育均衡发展治理体系的构建与实现。

(一)治理与公共治理理论源流与主张

"治理"(governance)一词源于拉丁文和古希腊语，原意为控制、引导和操纵，主要用于涉及公共事务时的国家管理活动和政治活动。20 世纪 90 年代以来，"治理"不再只

适用于政治学领域，逐渐延伸至广阔的社会经济领域。1989 年，世界银行在一份报告中使用了"治理危机"（crisis governance）一词以概括当时非洲的发展状况，并在 1992 年的年度报告中以"治理与发展"为题详细阐述了这一理念。1995 年，全球治理委员会（Commission on Global Governance，CGG）发表了题为《我们的全球伙伴》的研究报告，概括了治理的核心特征。1997 年，联合国教科文组织（United Nations Educational，Scientific and Cultural Organization，UNESCO）发布了名为"治理与联合国教科文组织"的文件，将治理理念引入全球教育问题与解决中。同年，联合国在题为《分权的治理：强化以人民为中心的发展能力》的报告中，概括了 20 世纪 90 年代治理运动所追求的 15 项核心理念，包括公民参与、政府透明性、效益和效率、以社区为基础等。自那以后，治理理论被广泛运用于社会各领域，用鲍勃·杰索普（B.Jessop）的话说，"治理在许多语境中大行其道，以至于成为一个可以指涉任何事物或毫无意义的'时髦词语'"。①

按照全球治理委员会的界定，治理是各种公共的或私人的个人与机构，管理其共同事务的诸多方式的总和，以使相互冲突的或不同的利益得以调和，并且采取联合行动的持续过程，既包括有权迫使人们服从的正式制度和规则，也包括人们同意或认可的各种非正式的制度安排。②这之后，不同领域学者从学理意义上阐述了治理的含义。治理理论的代表性人物罗西瑙（J. N. Rosenau）在其代表作《没有政府的治理》和《21 世纪的治理》等文章中，将治理定义为一系列活动领域里的管理机制，这些机制可能未得到正式授权，却能有效发挥作用。治理是一种由共同的目标支持的活动，这些活动主体并非只有政府，也无须依靠国家强制力量来保障实现。③恩荣格拉-恩塔拉耶（Nzongola-Ntalaja）区分了三种类型的治理。一是政治或公共治理，指政府或公共部门安排相关社会事务并进行自我管理的方式。二是经济治理，指的是私人部门为更好地生产商品或提供服务，而建立的相关政策、程序和组织机制。三是社会治理，包括公民和非营利组织的系列社会行为和公共决策的价值观或信念。④恩塔拉耶认为，这三种治理方式是相互独立又互为依存的，社会治理提供道德基础，经济治理提供物质基础，政治治理确保社会秩序和凝聚力。

时至今日，国内外学者依然缺乏对"治理"及"公共治理"的普遍性界定与阐述，不同国家和地方运用治理理论推动社会改革的方式也不一样，但是就其核心理念而言，公共治理理论在治理理念、主体、对象、方式、机制等方面依然形成了一些广泛共识。一是治理理念的公正化。公共治理不是以社会效率为唯一目标，而是要在实现效率基础上追求公平正义，通过协调各方面利益关系以实现公共利益的最大化。二是治理主体的多元化。公共治理强调由政府单中心向多元化的转变，凡是参与公共事务处理的主体，包括政府、市场化组织、社会中介机构、非营利组织和公民个体都可能成为治理主体。三是治理对象的广泛化，各种公共事务都是治理对象，而不仅指公共权力的运作领域，公共行政决策、公共卫生、社会福利、社会交通、公共教育、公民权利等事务都属于公共治理涵盖的领域。

---

① 鲍勃·杰索普，漆蕪："治理的兴起及其失败的风险：以经济发展为例的论述"，载《国际社会科学杂志（中文版）》1999 年第 1 期。

② The Commission on Global Governance："*Our Global Neighborhood: The Report of the Commission on Global Governance*"，London: Oxford University Press, 1995: 28.

③ [美]詹姆斯·N·罗西瑙：《没有政府的治理》，江西人民出版社 2004 年出版，第 4 页。

④ Nzongola-Ntalaja G："UNDP role in promoting good governance"，Seminar for the International Guests at the Congress of the Labour Party of Norway, Oslo, 2002.

四是治理方式的法治化。所有公共治理主体在法律上都是权利义务相统一、权责一致的，任何组织及个体都要在法律框架内行使公共权力，并承担违法责任。五是治理机制的协作化。政府、社会组织、市场以及公民个人等主体，在共同的目标下共同参与、共筹资源、共担责任、共享成果，最终形成多元参与协同一致的运行机制。

（二）公共治理理论在教育领域的兴起与影响

教育公共治理是将公共治理理论引入教育领域而形成的教育改革思潮与行动，是政府通过体制机制设计和政策制度安排来保障政府、市场、学校、家庭、民间组织、公民个体共同参与教育公共事务，包括相关决策过程及常态管理并承担相应责任，在充分调动不同利益主体积极性的基础上，实现公共利益最大化的过程。布鲁尔（Brewer J）等概括了有效教育治理的五个特征，包括稳定性（stable），治理结构和政策不是频繁变动；责任制（accountable），不同治理部门间的职责清晰，没有重叠；灵活性（flexible），能够对外部环境做出变化；透明度（transparent），决策过程对公众公开，并鼓励公众参与；有效率（efficient），保证决策很快落实。[①]拉森（Ranson S）等概括了当前学校治理的主要模式。一是商业模式（business model）。学校被视同一个企业组织，需要具有商业管理经验的治理团队管理学校。二是执行和利益相关者审查模式（executive and stakeholder scrutiny model）。这是一个混合模式，包括负责日常事务的执行团队，以及广泛的利益者审查群体。三是社区治理模式（community governance model）。管理者协调学校和辖区居民间关系，在社区发展中扮演领导者和推动者角色。[②]

教育公共治理的提出，顺应了国际基础教育改革与发展需要，契合着教育发展的内在规律。综观国际基础教育发展现状，由政府垄断教育供给会导致教育低效和低质，需要将市场的力量吸纳到教育治理系统中。与此同时，市场所具有的趋利性又导致教育公共性的丧失，从而呼唤公民社会的出现。基于这一逻辑，政府、市场和公民社会在教育公共治理体系中结成了共生共荣的关系，市场催生效率，政府兼顾公平，公民社会可以看作是二者平衡的杠杆。联合国教科文组织（UNESCO）在 2009 年的"达喀尔行动框架"（Dakar Framework of Action）中提出，"更优化的教育治理系统，需要体现出效率、责任制、透明度和灵活性等特征，以便能更有效地回应学习者多元化且不断变化的需求。教育管理急切需要改变高度集权化、标准化和指令性模式，转向吸纳公众更多参与决策、实施和监控等事务。"曼拉（Manna P）认为，教育治理正呈现出由科层化组织结构向网络化组织结构转变态势，网络化治理有利于有效利用资源和经验解决多维度的问题，快速对外部环境变化做出反应，有助于教育系统适应瞬息万变的社会变革。[③]

在教育公共治理系统中，有以政府为代表的政策制定者、以教育行政部门为代表的教育管理者、学校和教师等教育服务者，以及公众和家长等利益相关者，他们共同构成了多元化的治理主体。在这个系统中，政府和教育行政部门扮演着掌舵者角色，学校和教师提

---

① Brewer, Dominic J., Smith, Joanna: "A Framework for Understanding Educational Governance: The Case of California", *Education Finance and Policy*, 2008, 3（1）:20-40.

② Ranson, S. and Crouch, C: "*Towards a New Governance of Schools in the Remaking of Civil Society*", CfBT Education Trust: 2009

③ Manna, P: "How governance of K-12 education influences policy outputs and student outcomes in the United States", Annual Meeting of the American Political Science Association, August 31-September 3, 2006.

供教育服务，扮演着划船者角色，而公众和家长扮演着监督者角色。[①]教育公共治理理论指引下的教育领域正呈现出新的发展态势。一是教育领域中公立与私人机构间合作(public-private partnership，PPP)加强。近年来兴起的私人机构管理公共教育(如合约学校、特许学校)，政府从私立机构购买教育服务，家长选择学校(教育券)等，都是这种趋势下的产物。[②]基础教育 PPP 的存在意味着国家不再直接介入教育经营活动，转而通过教育券和补助金等形式支持教育发展，重点放在教育监管和质量评价上。二是教育系统越来越重视对家长和公众的回应。教育系统能否满足公民需求的服务能力，政府是否及时回应公民需求，学校是否履行对家长和公众的责任，越来越受到各方关注。三是在"政府失灵"和"市场失灵"之双重失灵背景下，政府、学校、社会组织、市场主体以及公民个体构建起纵横交错的社会网络组织体系。

(三)公共治理理论下义务教育均衡发展路向

公共教育治理理论下，由于义务教育的公共性程度远高于其他教育领域，要求政府承担义务教育均衡发展主要责任，但是这并不排除学校组织、非政府机构与公民个体推动义务教育均衡发展的责任。麦克罗内(Tami McCrone)等认为，基础教育均衡发展的公共政策，主要有以下三种模式。一是聚合政策流模式(converging policy stream model)，将基础教育均衡治理分为问题、建议、政策三个阶段，多管齐下方式推进教育治理。二是点断平衡模式(punctuated equilibrium model)，认为政策变革是一个长期的问题过程，中间受系统变革影响不时中断，均衡发展也是一个不断反复与曲折的过程。三是历史性政策制度变迁模式(historical policy regime change)，要求各项改革政策顺应历史发展和区域特征，以增强政策与制度变革的适应性。[③]

公共教育治理理论下的义务教育均衡发展，需要聚焦于各级政府，探讨政府、社会、市场、学校与个人等多元治理主体间的权责义务关系，从而提炼行之有效的教育均衡发展公共治理模式。首先，在推进义务教育均衡发展的公共治理目标定位上，以有效发挥政府、社会组织、市场、学校、公民个人等多元主体在教育公共事务中的作用为导向，解决义务教育均衡发展过程中教育资源供给与多元教育需求之间的不匹配问题。其次，在推进义务教育均衡发展的公共治理主体职能划分上，政府要回归义务教育均衡发展规划与政策设计、经费保障与资源配置、质量监控与督导评估等职责，切实保障学校的办学自主权和公众的知情监督权，发挥好专业组织的智力支持作用，构建起"有限的政府、规范的市场、专业的社会、自主的学校、自觉的公民"共同构成的教育公共治理格局。[④]再次，在推进义务教育均衡发展的公共治理结构设计上，不同主体间不再是等级制和科层制关系，而是平等、相互依存的共同体，最后形成多中心、扁平化和网状式组织网络。最后，在推进义务教育均衡发展的公共治理运作机制上，持续完善决策规划机制、资源配置机制、责任落

① Luis Crouch, Donald Winkler, RTI International: *"Governance, Management and Financing of Education for All: Basic Frameworks and Case Studies"*, UNESCO: Education for All Global Monitoring Report, 2008: 10.

② Patrinos, H. et al: *"The Role and Impact of PPPs in Education"*, Washington: World Bank Group, 2009:1.

③ Tami McCrone, Clare Southcott, Nalia George: *"governance models in schools"*, Slough: National Foundation for Educational Research, 2011: 12.

④ 姜美玲：“教育公共治理：内涵、特征与模式”，载《全球教育展望》2009 年第 5 期。

实机制、公众反馈机制和督导评估机制，以保障均衡发展进程中教育公共治理的有效运转。

第二节　县域义务教育均衡发展的整体框架

美国学者布朗芬布伦纳（Urie Bronfenbrenner）在 1979 年出版的《人类发展生态学》一书中，将生态学的知识引入人类行为研究中，从而形成了分析人类行为的新理论模型。布朗芬布伦纳认为，人类的行为不仅受所处环境中生活事件的直接影响，而且也受发生在更大范围的社区、国家、世界中事件的间接影响，要研究个体与社会的发展就必须考察不同社会生态系统的特征。布朗芬布伦纳将生态系统划分为微观系统、中观系统、外层系统和宏观系统，其中微观系统是指参与者直接接触的系统，中观系统是指不同微观系统之间的联系与互动，外观系统是指个体不直接参与但对微观系统有一定影响的外部条件，宏观系统是指上述系统之外的整体社会与文化环境。[①]在此借用社会生态系统理论，从宏观制度政策与社会发展、中观资源配置与办学创新、微观教学与育人活动、外部民间与社会支持等层面构建义务教育均衡发展的公共治理系统框架，梳理县域义务教育均衡发展的实践经验。

一、宏观制度与社会发展：夯实义务教育均衡发展根本

义务教育均衡发展主要是政府责任和政府行为，其根本之道在于政府作为控制社会运行的中枢与公共资源分配的主体，通过制度建设与机制创新，奠定县域内义务教育均衡发展的环境基础。

（一）打破原有制度桎梏，健全均衡发展政策体系

县域义务教育均衡发展的制度建设包括"破"与"立"两方面，"破"的一面表现在改革旧制度中与教育均衡发展不相适应的制度桎梏，包括以"省级统筹、以县为主"取代"乡镇为主"的义务教育管理体制，废除城乡二元户籍制度等。目前各地已基本建立起进城务工人员随迁子女义务教育就近入学制度，随迁子女教育以流入地为主、以公办学校为主的"两为主"政策得到基本落实。其中，安徽省在实行电子学籍的基础上，于 2011 年实施进城务工人员随迁子女电子教育券政策，实现公共教育经费"钱随人走"。据统计，到 2018 年时，全国义务教育阶段在校生中进城务工人员随迁子女共有 1424.04 万人。其中，在小学就读 1048.39 万人，在初中就读 375.65 万人。[②]"立"的一面表现在健全义务教育均衡发展的政策体系上，各地通过出台义务教育均衡发展实施意见、发展规划以及实施方案等政策，统筹指导义务教育均衡发展工作，并通过制定城乡一体公用经费拨款办法、中小学标准化建设、城乡教师均衡配置办法、义务教育均衡发展监测标准、教育均衡发展督导评估办法等版块性文件，细化落实各项政策。

以重庆市为例，围绕建设西部教育高地和长江上游地区教育中心的目标，坚持优先发

[①] Bronfenbrenner Urie：*"The ecology of human development"*，Cambridge：Harvard University Press，1979：21.
[②] 赵秀红：*"70 年来我国教育事业取得巨大成就"*，载《中国教育报》2019 年 9 月 25 日。

展教育,把推进义务教育均衡发展作为最为紧迫的战略任务,深入推进统筹城乡教育改革试验,着力消除义务教育发展不均衡的体制机制障碍。2008 年,重庆市政府与教育部签署《共建国家统筹城乡教育综合改革试验区战略合作协议》。2011 年 3 月,重庆市人民代表大会常务委员会审议通过《重庆市义务教育条例》。2012 年,重庆市人民政府先后发布《重庆市义务教育均衡发展合格区县督导评估方案(试行)》《关于深入推进义务教育均衡发展促进教育公平的意见》,有序推进义务教育均衡发展工作。

为治理择校问题,宁夏回族自治区在 2014 年全面取消民办中小学考试招生入学政策,取而代之的是电脑随机派位与面谈;2015 年全面取消普通高中招生"三限"政策,实行"指标到校+择优"录取;2016 年取消普通初中招收特长生政策,压缩普通高中政策类招生比例;2018 年全面清理、规范中考加分政策;2019 年全面取消民办中小学面谈招生政策,报名人数超过招生计划人数的,全部实施电脑随机录取,彻底斩断民办初中招生利益链条。[①]

(二)落实教育优先战略,形成经费投入保障机制

教育发展优先规划、教育投入优先安排、教育资源优先保障等"三个优先",是国家义务教育均衡发展合格评估的重要内容。一是保障教育经费"三个增长"。尽管这一政策落实情况存在差异,但已基本成为各地的政策共识。北京市海淀区建立了义务教育均衡发展联席会议制度,规定每年新增教育经费的 50%以上投入义务教育,并将来京务工人员随迁子女纳入区域教育整体规划和财政保障体系;成都市则在 2008 年启动全市统一城乡生均公用经费标准改革,之后城乡义务教育生均预算内公用经费基本持平。二是拓宽资金来源渠道。山东省日照市岚山区构建了政策扶持、市场运作、对上争取、社会捐助"四位一体"的多元化投入机制,为教育事业发展提供了坚实的经费保障;福建宁德地区建立了发达区县帮扶贫困区县制度,要求对口帮扶经费的 10%~20%用于义务教育事业。三是建立经费投入问责机制。各级政府通过层层签订责任书,落实教育经费投入主体责任。2006年农村义务教育经费保障机制改革,2008 年全面免除城乡义务教育学生学杂费目标的实现,2012 我国财政性教育经费支出占 GDP 比例 4%里程碑式的突破等,都表明我国义务教育经费投入力度持续增加,这为义务教育均衡发展奠定了较强的财政基础。

各级政府的履责措施使义务教育经费配置的均衡度有较大提升。研究显示,自 2006年实施义务教育经费保障机制改革后,全国各省小学生均预算内教育事业费的差异系数由 2006 年的 0.752 降至 2012 年的 0.503,初中生均预算内教育事业费的差异系数由 2006 年的 0.764 降至 2012 年的 0.529。[②]在教育经费的绝对投入上,对比 2010 年和 2017 年发现,小学生均预算内事业经费支出由 4012.51 元增加到 10199.12 元,增长 154.18%;初中由 5213.91 元增加到 14641.15 元,增长 180.81%。其中,东部、中部、西部小学生均预算内事业性经费支出分别增长 105.36%、163.52%和 139.93%,区域差异系数由 0.19 缩小为 0.09;东部、中部、西部初中生均预算内事业性经费支出分别增长 143.82%、165.95%、170.68%,区域差异系数由 0.19 缩小为 0.13。就生均预算内公用经费支出而言,小学由 929.89 元增

---

① 王家源,梁丹:"加快步伐,全面深化基础教育重大改革",载《中国教育报》2019 年 9 月 2 日。
② 赵永辉:"各级政府在义务教育均衡发展中的责任及履责成效",载《教育学术月刊》2015 年第 7 期。

加到 2732.07 元，增长 193.81%；初中由 1414.33 元增加到 3792.53 元，增长 168.15%。其中，东部、中部、西部小学生均预算内公用经费支出分别增长 154.35%、199.63% 和 185.63%，区域差异系数由 0.09 缩小为 0.02；东部、中部、西部初中生均预算内公用经费支出分别增长 139.97%、165.13%、140.92%，区域差异系数由 0.09 缩小为 0.08。

(三)理清不同主体角色，强化政府宏观管理职能

推进县域义务教育均衡发展，需要理清教育管理、办学、评价的主体与职能边界，形成多元主体共同参与的公共治理体制。这一过程中，关键在于政府让出办学和评学权力，回归政府的教育发展规范、教育政策设计、教育经费投入、教育均衡评估、教育公平保障等职能。[①]一是管理职能回归。如江苏无锡市自 2005 年推出了"管办分离"的教育治理改革，通过组建学校管理中心，将市属学校从教育局划归学校管理中心管理，教育局从此不再直接承担办学职能；上海浦东从 2006 年开始探索教育"管、办、评"联动机制，构建了"政府宏观管理、学校自主办学、中介优质服务"的新格局，而将学校事务委托给专业机构管理。二是管理方式转变。如山东潍坊则在 2008 年成立教育惠民服务中心，促进教育行政部门从管理型向服务型转变；山东全省在"全面改薄"工作中实施"互联网+"工程，运用现代网络信息技术，建立"省-市-县-学校"四级网络化信息管理系统。

政府则集中治理教育领域中的突出问题。随着城镇化进程加快，城区学校大班额问题日趋突出。以河南省为例，该省"大班额"问题在 2013 年达到顶峰。2014 年，河南开始实施扩充城镇义务教育资源五年计划，截至 2019 年 6 月底，河南累计投入近 600 亿元，新建、改扩建学校 3821 所，新增城镇义务教育学校学位 262 万个，义务教育阶段大班额、超大班额已由 2013 年的 26.13%、12.42% 下降至 2018 年底的 13.01%、1.98%。[②]在落实控辍保学方面，四川省确立了 45 个县为控辍保学重点监测县，创新建设使用了民族地区控辍保学动态管理机制，以改善办学条件、完善学生资助体系、提升教育质量等为关键，不断增强学校吸引力。青海加大督导力度，重点跟踪、督办重点县，实行控辍保学安置考核评估，将控辍保学纳入地方政府及其主要领导考核内容，建立控辍保学约谈制度和通报制度。

(四)实施专项支持计划，补齐义务教育均衡短板

为改变偏远农村地区教育落后状况，保障"留守儿童"等弱势群体公平受教育权利问题，各地还实施了一系列专项支持计划，以弥补义务教育均衡发展短板。一是对落后地区进行定点扶持。如石家庄市针对西部山区学校办学条件差、规模小、布局散、质量低等问题，从 2011 年开始实施了"山区教育扶贫工程"，着力改善办学条件与提升教学质量；青海省祁连县、刚察县实施"农牧区教育质量提升工程"，筹集专项教育经费以改善学校办学条件；福建省南靖县以"校安工程"为抓手，切实推进农村义务教育标准化学校建设。二是对弱势群体进行定向帮助。如湖南吉首市 2012 年起实施"一村一学校"工程，逐步恢复农村教学点，让偏远乡村儿童能够就近入学；安徽无为县、云南罗平县、贵州丹寨县等全国多个县市，通过建立"留守儿童之家"，施行"爱心父母""城乡孩子牵手""亲

① 范先佐，郭清扬："当前我国义务教育均衡发展改革的重点和难点"，载《教师教育学报》2016 年第 2 期。
② 王家源，梁丹："加快步伐，全面深化基础教育重大改革"，载《中国教育报》2019 年 9 月 2 日。

情连线"等举措，关爱留守儿童健康成长。

办学条件是学校发展的物质基础，也是衡量义务教育均衡发展的外部指标。1995～2000 年，国家投入专款 39 亿元，实施了第一期"国家贫困地区义务教育工程"，其中 28.49 亿元用于西部地区，一定程度上改善了贫困地区义务教育办学条件。"十五"期间，第二期"国家贫困地区义务教育工程"继续推进，并将校舍改造和建设作为工程重点，在 522 个项目县中新建、改扩建中小学 9827 所，为 6 万余所农村中小学配备信息技术教育和远程教育接收设备，使得我国贫困地区义务教育学校办学条件得到极大改观。① 以甘肃为例，该省依托"全面改薄"项目，2014～2018 年投入 49 亿元改善乡村小规模学校办学条件，为边远农村地区、革命老区、少数民族地区学校购置音体美器材和实验设备 5 万余套，为开足开齐美育、实验实习等课程提供了必要保障。②

二、中观资源配置与办学创新：紧扣义务教育均衡发展抓手

教育资源是教育事业发展的根本保障，从资源的存在形式看，教育资源包括显性和隐性两类。显性资源包括人力资源、物力资源和财力资源，人力资源主要包括学校师资、管理和后勤服务等人员，物力资源包括教学场地、图书资料、实验设备、体育器材等设施，财力资源包括用于日常办公、设备购置、教研教改等公用消费，以及用于教师工资福利和学生奖助学金的人员消费。隐性资源包括区域教育传统、民众教育期待、学校办学声誉等。义务教育均衡发展需要政府运用现代科学技术，基于社会效益最大化原则，对区域内教育资源进行合理配置，以缩小区域、校际、班级和群体间教育差距。

（一）落实学校自主办学权，优化学校内部管理体系

落实学校自主办学权，是建立管办评分离治理体制的关键。优化学校内部管理体系，是提高学校办学质量的重要举措。按照《教育法》和《学校法》的规定，建设现代学校制度，关键是落实和扩大中小学在人事管理、教育教学、资源配置等方面的自主权。一是人事管理上改变当前自上而下的校长任命方式，由政府、教师、家长、社区和学生代表组成委员会选聘校长，并由校长负责组建学校管理团队和聘用教师。近年来山东潍坊试行的"校长职级制"，江苏镇江试行的"校长组阁制"就是这方面的有益探索。山西省晋中市以中小学校长职级制改革为突破，在 2017～2018 年，取消了 8 所处级学校、34 所科级学校的行政级别，摘掉了 34 名处级干部、382 名科级干部的官帽子，克服了学校管理的行政化思维，实现了教育专家办学治校的新突破。与之配套，晋中赋予校长学校内绩效工资分配权等 7 项权利，特别是进一步实施中小学教师"县管校聘"管理改革，促进了学校内部管理的深度变革。③ 二是教育教学方面给予学校校本课程设置、教学模式改革、学生素质考核等自主权，减少各种非教育教学类考核评比活动对学校工作的影响。上海市近年来开展的"新优质学校"建设，就以引导每一所学校创建品牌和特色为追求。三是资源配置方面

① 张辉蓉，盛雅琦，罗敏："我国义务教育均衡发展 40 年：回眸与反思——基于数据分析的视角"，载《西南大学学报（社会科学版）》2019 年第 1 期。
② 王家源，王英桂："跑赢控辍保学和农村学校建设最后一公里"，载《中国教育报》2019 年 5 月 30 日。
③ 王家源，梁丹："加快步伐，全面深化基础教育重大改革"，载《中国教育报》，2019 年 9 月 2 日。

鼓励学校间的横向贯通和学校外的内外联通，充分利用区域内的学校教育资源和社区教育资源。

上海市普陀区为加快推进区域教育治理体系和治理能力现代化，以深化桃浦教育联合体治理体系改革为试点，探索扩大办学自主权和完善学校治理结构改革。在经费投入与管理上，除学校大修工程由区教育局统筹之外，其余工程交由学校自主决定和管理；在师资管理上，研究制定了学区化集团化办学模式下师资流动管理办法，给予桃浦联合体特殊编制政策，入编新教师实行区域共有，跨校兼课的联聘教师身份由"学校人"变为"社区人"；在优质教育资源布局与建设上，优先将国际和市内优质教育资源引入桃浦地区，扩大优质教育资源供给。与此同时，桃浦教育联合体还推动实施了学校内部治理结构改革。以学生科技创新素养培育、国防素养教育、人文素养熏陶、职业素养奠基为主线，开展学生跨校优质培养、跨学段跟踪培养、融入社会体验培养的探索。深化学校横向沟通、学段纵向贯通、教育内外联通的"三通"办学体制，完善教育硬件公有共用、教学资源共建共享机制。

(二)兼并托管集团办学，整体改造城乡薄弱学校

改造薄弱学校是义务教育均衡发展的重要工作，一些地方通过将薄弱学校委托给优质学校或专业教育机构管理，或者依托优质学校建立教育集团，或者由优质学校兼并薄弱学校等方式，整体改造薄弱学校。一是托管模式。如上海市浦东新区在 2005 年将辖区东沟中学委托给上海成功教育管理咨询中心管理，开启学校委托管理先河，目前托管模式已在全国多地广泛采用。二是集团化办学。浙江省杭州市 2004 年开始实施名校集团化战略，以名校为龙头组建若干教育集团，有效缓解了名校择校之风。集团化办学目前也已全面推广，重庆市南岸区通过"一校多点""两校一法人"、大学区等集团化办学模式，成功打造 8 个新型优质办学集团。三是兼并模式。如河北唐山市近年来由一些"名校"兼并薄弱中小学，实施"同一法人、统一管理、师资统一调配"的形式；湖南常德市武陵区对城区学校实行"强弱合并"，发挥区域内品牌学校的辐射带动作用。

集团化办学对缩小区域教育差距发挥了积极作用。以江苏省太仓市为例，该市通过深化集团化办学，有效打破了城乡学校间的藩篱，健全优质学校与相对薄弱学校之间稳定的共建机制，促进优质教育资源共享，缩小城乡教育水平的差距，实现城乡公共教育服务的内涵式均衡发展，推动区域教育质量持续提升。太仓市依托学校发展共同体进行的集团化建设先后经历了四个阶段，其中，在第一阶段(2003—2006 年)统筹组建城乡教育集团，形成了"四位合作—联动增效"的教育集团活动模式。在第二阶段(2007—2011 年)实行委托名校托管农村学校，借鉴企业"输出管理"模式，由市教育部门委托优质学校管理相对薄弱的农村学校。第三阶段(2012—2017 年)城乡教育集团"一体化"提升，组织太仓市 4 所学校参与了城乡学校一体化管理试点。2017 年后，太仓市集团化办学进入第四阶段，即从试点式推进走向区域性推进的关键期，按照"优质学校集团化办学""中小学连片的学区化管理"及"均衡配置资源"的思路，架构了"中小学横向教育联盟"和"幼、小、初、高纵向型教育联盟"相互补充的"三纵九横"教育生态。[1]

---

[1] 教育展台："助推区域教育优质均衡发展——太仓市探索集团化办学模式纪实"，载《中国教育报》2019 年 7 月 24 日。

(三)打造学校发展联盟，整合共享优质教育资源

与兼并托管集团化办学改变学校管理权属不同，建立学校发展联盟或共同体则是在不改变隶属关系前提下，整合区域内优质教育资源的有效方式。一是"学区制"模式，如广州市越秀区的学区管理模式，共享学区教学资源、共享教师人力资源、共享合作发展平台、建立学区管理体系、建立学区评价机制"三个共享、两个建立"。二是"结对帮扶"模式，如成都市的"一对一"教育联盟，福建省莆田市的"百校帮百校"行动计划，通过建立"强校+弱校"的帮扶关系，带动薄弱学校发展。三是组建"城乡教育发展共同体"，如吉林省吉林市龙潭区、广东省佛山市顺德区通过"跨校结对""跨校带教""跨校共研"等形式，在区域内建立中小学校校际共同发展体。北京市海淀区依托高校、教科研院所聚集优势，构建海淀教育"大中小学联动模式"，整合专业力量建立教育发展共同体。

青海省西宁市2016年陆续将27所城区优质学校与15所乡村薄弱校组建为12个城乡义务教育集团，按照管理互融、师资互派、教学互通、文化共育的机制推动乡村学校办学提质。[①]最明显的例子，就是政府在促进城乡教育一体发展之中采取学校捆绑式发展模式。研究表明，城乡学校捆绑发展是很多地区推动城乡教育均衡发展所采取的一种重要政策。推动城乡学校捆绑发展的政策措施在组织形式、交流合作、资源共享等方面具有明显的优势，但其在帮扶组织的形式和权力结构、受援学校的办学自主权以及经费保障等方面也存在一些问题。在城乡学校捆绑发展模式中，教育行政部门应扮演引导和服务的角色而不应直接参与管理。

(四)建设专业师资队伍，推动城乡教师合理流动

师资是最重要的教育资源，师资力量的不均是教育非均衡发展的重要原因。建设专业化师资队伍，推动城乡教师合理流动，成为当前一些地方平衡区域和学校间师资差距的重要举措。一是从源头上为边远地区补充师资。湖南省吉首市等全国多个县市要求新入职教师必须先到偏远乡镇工作一段时间，并通过"特岗计划""免费定向培养师范生"等项目，为教育落后地区补充师资力量。二是强化对现有教师的专业培训，依托"国培计划"等教师培训项目，着力提升农村教师队伍的整体素质。如海南省海口市琼山区以提升校长领导力、中层干部执行力、骨干教师指导力等"三力"为核心开展教师培训，福建三明市实施"送培送教下乡"和优秀教师"手拉手"帮扶培养，都是区域内教师队伍建设的重要举措。三是推动县域内城乡教师交流任职常态化。自浙江省嘉善县于2010年试点城乡校长教师交流任职以来，城乡教师交流任职已在全国广泛推广。

近年来我国教师队伍建设成效显著，专任教师生师比、超出规定学历教师比例以及优质教师比例的区域差距和城乡差距明显缩小，教师资源均衡配置逐步落实。对比2010年和2018年的数据发现，我国东部与中部小学的专任教师生师比差距由1.68缩小到0.018，东部与西部差距由1.05缩小到0.76。同期，东部与中部初中专任教师的生师比差距由0.90缩小到0.75，东部与西部差距则由2.06缩小到1.04。同时期，我国东部与西部小学中，超出规定学历教师比例的差距由4.19%下降到2.29%，中部与西部差距由2.12%下降到

---

① 王家源，王英桂："跑赢控辍保学和农村学校建设最后一公里"，载《中国教育报》2019年5月30日。

0.45%；东部与西部初中超出规定学历教师比例差距由 8.99% 下降到 6.56%，中部与西部差距由 5.37% 下降到 4.17%，教师学历合格率区域差距逐渐缩小。对比 2011 年和 2018 年数据发现，我国城区、镇区、乡村小学专任教师生师比分别降低了 0.24、0.05、1.71，初中分别降低了 1.52、2.04 和 2.53；我国城区与乡村小学超出规定学历教师比例差距由 19.02% 下降到 8.63%；镇区与乡村差距由 11.34% 下降到 5.29%。同期，城区与乡村初中超出规定学历教师比例差距由 23.30% 下降到 14.81%，镇区与乡村差距由 6.20% 下降到 4.42%，城乡教师学历合格率差距有所缩小。

三、微观教学与育人活动：实现义务教育均衡发展的关键

课程建设和教学活动是学校各项教育工作的中心，是实现教育目的、完成教育任务的关键途径，是义务教育均衡发展的核心与落脚点。提升农村学校校本课程开发能力，加强乡土化、本土化、校本化课程资源建设，深化课堂教学改革，打造"互联网+"智慧课堂，改革学业评价体系，是各地在推动均衡发展中总结的经验。

（一）建设和谐校园文化，提升课程资源开发能力

在建设和谐校园文化方面，各地既组织指导学校深入挖掘已有历史文化资源，同时对新建校园和校舍进行科学规划。如福建省漳州市南靖县按照"一校一特色、一生一特长、一个不能少"总体要求，大力推进"一校一品"特色学校创建工作；对于新建校园则对校园功能区布置、校园文化标识等进行科学规划，发挥校园文化的环境育人功能。在开发乡土化、本土化、校本化课程资源方面，各地一是结合课改要求强化薄弱学科资源建设，如吉林省通化市东昌区为推进综合实践活动课程的实施，在 2011 年后的五年内专门建立 5 个综合实践劳动实践基地。二是丰富学校教育内涵，如天津静海区坚持开展诚信教育、责任教育、感恩教育、敬畏教育和荣辱教育"五个教育"系列活动，强化学生品格养成教育。三是开发符合本地本校学生实际的校本课程，如河南省新郑市在 2011～2015 年围绕"多元课程"建设工程，开发校本课程达 300 余项。

为使德育工作实起来、活起来、强起来，福建省出台《关于整体推进大中小学德育一体化建设的实施意见》等系列文件，系统设计了中小学校德育工作的目标任务、内容形式和措施要求，形成了以思政课为核心，以语文课、历史课为骨干，其他各门课为支撑的德育课程体系，并以劳动教育、养成教育、社会实践为抓手，促进知行合一。[1]杭州凯旋教育集团建立了学科教研大组，集团内同学科教师开展教学活动，通过中小学学生共同参加的"凯旋少年才艺汇"艺术、科技活动，开发中小学一体化的"凯旋中小衔接课程"，设立中小学教师共同参加的"凯旋教育发展论坛"等方式，提升推动集团内各校课程开发能力。[2]

（二）深化课堂教学改革，改变师生课堂教学行为

对农村及偏远地区学校而言，在师资条件、硬件设施无法短期内迅速改变的情况下，

---

[1] 王家源，梁丹："加快步伐，全面深化基础教育重大改革"，载《中国教育报》2019 年 9 月 2 日。
[2] 黄忠敬："以共享课程建设推进区域教育优质均衡发展"，载《课程·教材·教法》2016 年第 3 期。

改革教学方式和教学手段是提高学校教学质量的有效途径。一是改变教育落后地区教师教学方式。如"老少边穷库"的国家级贫困县湖南省湘西州泸溪县，通过推进"高效课堂""生本教学"等课改活动，逐步改变教师占主导的灌输式教学。二是发挥名师示范引领作用，通过教学视导、专题研讨、专题培训等方式帮助薄弱学校教师专业提升。如湖南省岳阳县的"学校联管、教师走教"，福建省南靖县的"送教下乡""研训到校"活动，依托区域内名师和教研人员，指导帮助青年教师提高教学技能。三是鼓励探索具有区域特色的教学改革，如广西蒙山县近年来通过打造"自主·合作·探究"生命教育新课堂，初步构建主体多元、快乐开放的课堂模式；甘肃省高台县通过推广"三段六环""一引二导三思"课堂教学，实现了课堂改革和教研改革的"双轮驱动"。

党的十八大以来，各地以立德树人为指导思想，统筹推进区域教学改革。上海市自1988 年推进"一期课改"以来，30 多年始终坚持把立德树人贯穿到日常教学，依托课程改革、教学改革，持续优化教学过程，不断提升育人质量。在推进课堂教学改革上，上海建立了教育行政部门、高等院校、教研部门和基层学校的合作共同体，采取了明确要求、选点试验、提炼规格、编制文本、推广应用的运作机制，确保相应要求在合规、科学的同时，更具可操作性。[1]四川省甘孜、阿坝、凉山三个少数民族自治州在无师资、无教材、少经费的情况下，首创民族地区英语教学法，摒弃传统的课本教学、纸笔考试，以"高兴趣、低难度"和"双师教学"的方式，开展民族地区学生英语启蒙教育，以国内外趣味性强的视频资源、简单易唱的英语歌曲为主要教学材料，设计统一教案，录制了课堂实录，打造了系列"立体式教材"。[2]

(三)改革学业评价模式，切实减轻学生课业负担

减轻中小学生过重课业负担是义务教育均衡合格评估的重要内容，推进"减负"的前提则在于改革学业评价模式。一是改变现有的学校与教师评价政策。如上海市近年来推进"中小学生学业质量绿色指标评价系统"项目，淡化升学率、班级排名、学生成绩的作用，转而重视学生幸福成长指数评价；广东省佛山市顺德区构建了有利于学校内涵提升的评价制度，全面实施学校自主发展评价体系。二是改革中小学招生政策。如全国范围的优质高中招生"指标到校"政策，北京市海淀区的九年一贯对口招生政策，重庆市北碚区的城区"小升初"摇号入学，湖北省宜昌市推行的"学业考试成绩+综合素质评价"等改革，以招生制度改革缓解择校热和过度竞争。三是优化教学过程与环节设计。如上海市近年来开展的提升中小学作业品质项目，通过提高作业效能、控制作业总量、丰富作业形式、加强监督反馈等手段，探索了减轻学生作业负担的有效经验。

2019 年 7 月发布的《中共中央、国务院关于深化教育教学改革全面提高义务教育质量的意见》指出了减轻学业负担的五种途径：一是提高质量。让学生在学校、课堂就能学懂、学好，尽量少留作业。治本之策是提高课堂效率。二是优化课程。严格按照课程标准来教学，不能增加难度、赶超进度。三是规范校外培训。杜绝超前、超标培训行为，防止层层加码。四是科学评价。健全义务教育质量评价标准体系，解决好"指挥棒"的问题。

① 王家源，梁丹："加快步伐，全面深化基础教育重大改革"，载《中国教育报》，2019 年 9 月 2 日。
② 王家源，梁丹："加快步伐，全面深化基础教育重大改革"，载《中国教育报》，2019 年 9 月 2 日。

五是社会协同。通过家校共育，使学校和家庭在减负问题上同向同行，形成合力。在地方，安徽省出台《减轻中小学生过重学业负担实施方案》，从规范办学、教育改革、规范校外培训等多方面着手为中小学生减负。四川省则在 2018 年对全省 183 个县（市、区）全部完成教育部校外培训机构专项治理工作任务，完成整改机构 9112 个，完成率 100%。[①]

(四)依托教育信息技术，打造智慧教育智慧课堂

依托教育信息化共建共享优质教育资源，打造智慧教育智慧课堂，是推进县域义务教育均衡发展的有效捷径。一是加强教育信息化基础设施建设。全国各地加快实施教育信息化工程，完善信息技术基础设施。党的十八大以来，我国加快推进以"三通两平台"为核心的教育信息化建设，顺利完成"教学点数字教育资源全覆盖"项目。全国中小学互联网接入率从 25% 上升到 96%；多媒体教室比例从不到 40% 增加到 92%；国家教育资源公共服务体系已接入上线平台 73 个，其中省级平台 19 个、市级平台 28 个、区县级平台 26 个。[②]随着智慧教育的兴起，安徽省把智慧学校建设的重点落在了基础教育，尤其是乡村中小学上，在 2019 年完成了 50% 的贫困地区教学点智慧课堂、16% 的乡村中小学智慧学校建设任务，建设 1017 个教学点智慧课堂和 1131 所乡村智慧学校。[③]

二是依托信息化推进教育教学改革。如上海市推动"电子书包"和"云计算"辅助教学，促进学生运用信息技术丰富课内外学习和研究；江苏省泰州市打造"泰微课"自主学习平台，实现了优质教育资源全市共享；江西省芦溪县在打造数字化校园的同时，实施网络教研和电子备课，探索以慕课方式推送教育资源。广东狠抓基础教育和信息化融合发展的顶层设计、路径设计，从新学校、新课程、新课堂、新评价等 8 个方面着手，积极构建"广东新时代新教育"体系。[④]三是推动信息技术与课程教学的深度融合，实施中小学教师信息技术全员培训，将翻转课堂、泛在学习、慕课教学等方式引入农村学校，以信息化同步发展缩小城乡教育差距。为扩大优质教育资源覆盖面，教育部 2014 年组织开展了"一师一优课、一课一名师"活动，截至 2018 年 9 月，全国中小学教师共有 1400 万余人次报名参加活动，共计晒课 1290 多万堂，推出省级"优课"近 17.5 万堂，部级"优课"近 6 万堂，生成性资源达 2800 多万条，累计独立访客数达 1.7 亿。[⑤]

四、外部民间与社会支持：提供义务教育均衡发展助力

教育均衡发展需要社会各界的支持，以此构成均衡发展的外层支持系统。家长、社区、非营利组织、公民团体等各种社会力量是义务教育均衡发展进程中的教育服务提供者、教育治理参与者、均衡发展评估者。社会力量参与公共治理，是保障公共教育服务有效供给，推进义务教育均衡发展的重要条件。

---

① 鲁磊，倪秀，何文鑫："四川打好中小学生减负'组合拳'"，载《中国教育报》2019 年 5 月 25 日。
② 丁雅诵："一根网线，串起城乡课堂"，载《人民日报》2019 年 4 月 3 日。
③ 鲁磊："四川：民族地区小学启动英语课程"，载《中国教育报》2019 年 9 月 2 日。
④ 王家源，梁丹："加快步伐，全面深化基础教育重大改革"，载《中国教育报》2019 年 9 月 2 日。
⑤ 丁雅诵："一根网线，串起城乡课堂"，载《人民日报》2019 年 4 月 3 日。

(一)鼓励民众参与治理，构建社区综合教育系统

一是组建家长委员会、社区理事会等组织，承担支持教育教学工作、参与和监督学校管理、促进学校与家庭沟通合作等职责，以建议建言、提供咨询、表达民意、参与讨论等方式，介入学校事务的决策与实施过程。自山东省从 2009 年开始在省域内推进中小学家长委员会建设，教育部 2012 年出台《关于建立中小学幼儿园家长委员会的指导意见》后，家长委员会制度如今已在全国中小学基本建立。以山东省为例，该省作为全国省级家庭教育实验区，在全省范围内探索建立了政府统筹、部门协作、社会参与、学校主导、家庭主体的家校工作机制。截至 2019 年 6 月，全省 92.39%的中小学(幼儿园)成立了校、级、班三级家长委员会，并纳入日常管理，依托中小学(幼儿园)设立了 23989 个家长学校(课堂)，中小学(幼儿园)覆盖率达 90.78%。[①]

二是争取家长委员会、社区教育委员会等团体对学校的支持，营造义务教育均衡发展的良好外部环境，尤其是农村外出务工人群对子女教育的支持，合力解决农村留守儿童教育等均衡发展难题。近年来湖北、江西等地通过成立家长学校，山东潍坊市、天津静海区通过"社区-学校"联席会制度，合力构建学校、家庭、社区立体教育系统。江苏省海门市依托"新教育共同体"改革，在各实验学校组建包括当地政府、教育行政部门、教师培训部门、社会组织(高校、企业、社区)、学校等各方成员广泛参与的理事会，在学校办学理念、领导班子建设、教师评聘等方面向学校提出建议。三是发挥媒体和公众的舆论监督作用，除了通过主流媒体积极报道义务教育均衡发展政策与动态外，还通过均衡发展评估公告公示等措施，营造义务教育均衡发展的舆论氛围。

(二)吸纳民间社会资本，拓展义务教育办学资源

民间志愿团体、教育中介机构、教育服务公司等社会力量，可以通过提供专门师资和资金、提供专业化的办学咨询、开展公益性的助学活动等方式，直接介入义务教育均衡发展进程。《中华人民共和国义务教育法》第四十八条规定：国家鼓励社会组织和个人向义务教育捐赠，鼓励按照国家有关基金会管理的规定设立义务教育基金。2002 年颁布的《中华人民共和国民办教育促进法》中规定：国家对民办教育实行积极鼓励、大力支持、正确引导、依法管理的方针。因此，在法律的条框下，国家应该制定政策吸引非政府机构参与办学，促进义务教育办学主体的多元化发展。

在具体实施方式上，一是引入社会资金支持义务教育均衡发展。如山东省日照市岚山区通过公开拍卖或土地置换的方式处置教育资源，所获得资金再用于学校建设；福建省泉州市丰泽区则引入匹克集团基金会等社会团体开展助学活动。二是依托社会机构进行师资培训和课程改革。重庆市 2010 年开始与上海方略教育集团合作，实施了旨在推进课堂教学改革、校本课程建设、学生养成教育、校园文化建设的"农村中小学领雁工程"；云南省则与该机构合作，实施了"现代教育示范校建设工程"。三是吸纳公益组织参与支教活动。近年来，中国支教联盟、美丽中国、绿之叶等公益组织，为偏远农村地区选派了数以万计的支教教师，对弥补当地师资短缺、提高教育质量发挥了一定作用。

[①] 王家源，梁丹："加快步伐，全面深化基础教育重大改革"，载《中国教育报》，2019 年 9 月 2 日。

(三)整合专业学术力量，提供均衡发展智力支持

部分县市整合区域教育规划专家、专业教育科研人员、一线教学名师，成立义务教育均衡发展专家智库、学校改进委员会、教师发展指导、课程开发等专业团队，为义务教育均衡发展提供智力支持。一是组建专家团队指导均衡发展工作。如海南省海口市琼山区通过组建专家团队，开展义务教育均衡发展全面调研，并就如何推进义务教育均衡发展提出政策建议，为科学决策提供智力支撑。江苏海门市实施的"新教育共同体"改革试验，各学校在成立理事会之外，还设立了"管理指导委员会""教学指导委员会""课程审核与评估委员会""教育教学质量评估委员会"等专业机构，专事教学评比、科研立项、课程审核、教育督导、质量评估、学校发展建议等工作，对各校进行非行政化的管理和指导。二是借助专业学术机构指导区域教育发展。如上海市闵行区、吉林省长春市、重庆市渝中区等地分别依托华东师范大学、东北师范大学、西南大学等高校力量，以"基础教育实验园区""UGS 教育实验区""教师教育创新试验区"等方式，在学校规划、课程建设、教学改革等领域展开深度合作，探索义务教育内涵式均衡发展路径。重庆市南岸区、成都市锦江区等 12 个实验区(实验基地)在教育部基础教育课程教材发展中心的指导下，以"课程领导力建设项目"为突破口，聚焦区域教育综合改革，推进教育质量优质均衡发展，打造教育综合改革示范实验区。中国教育科学研究院与北京房山区、重庆九龙坡区、沈阳沈河区、深圳南山区、广州荔湾区、深圳福田区、成都青羊区、杭州下城区合作打造"教育综合改革实验区"，八大实验区依托中国教育科学研究院专家资源，整体推进区域教育综合改革与教育现代化建设。

(四)调动各类社会力量，参与均衡发展督导评价

社会力量参与义务教育均衡发展评价，是构建管办评分离治理体制的迫切需要。社会力量对义务教育均衡发展的评价主要包括三方面。一是对政府"管学"能力的评价，主要包括政府对履行经费投入、学校规划布局、均衡资源配置、落实简政放权、服务学校工作等情况进行评估。如陕西西安市聘请陕西省高级人才事务所有限公司作为第三方机构，对2011 年以来推出的"大学区管理制""小升初"改革等措施进行评估。二是对学校办学行为的评价。如厦门市委托第三方对学校办学行为和学生课业负担情况进行调查，涉及学校课程开设与执行、阳光体育活动、学生作息与课业负担等方面，督促学校落实立德树人根本要求。三是对学生学业水平的评价，主要包括学生学业水平、素质发展状况、道德行为认知等方面。如北京师范大学基础教育质量监测中心对基础教育阶段学生学习质量和身心健康水平开展的测评活动，对推动各地义务教育均衡发展发挥了积极作用。

第三节　义务教育均衡发展中的政府职能与细化

政府在义务教育均衡发展中的责任是指各级政府根据国家法律法规要求，在政府教育管理职责范围内，不断提高义务教育公共服务提供质量和水平，使适龄儿童少年接受更加公平、更高质量的义务教育。我国共有五级政府设置(中央、省、地市、县、乡镇)，但各

级政府的权力范围、管理职能、财政能力、社会福利、公共教育服务等方面存在差异，相应各级政府在义务教育均衡发展中所扮演的角色也不相同。推进义务教育持续深入均衡发展，需要合理划分各级政府的权力边界和责任范围，有利于各级政府增强责任意识，提升履责能力，创新履责方式，为深入推进义务教育均衡发展创造良好的工作机制。

一、义务教育均衡发展中政府的职能定位

我国政府的性质、宗旨和职能决定了政府在调控教育事业发展中的地位和作用。被誉为现代财政学之父的理查德·马斯格雷夫（Richard A. Musgrave）认为，现代政府主要承担资源配置、稳定经济和收入再分配三大职能。其中，资源配置职能需要政府熟悉当地民众基本情况，了解当地群众爱好，因此一般由地方政府承担，而稳定经济和收入再分配职能多是由掌握着更广泛的财政和政策工具的中央政府行使。[①] 就推进义务教育均衡发展而言，政府主要承担发展规划与政策设计职能、经费投入与资源保障职能、政策落实与过程推进职能、督导评估与反馈修正职能。

（一）发展规划与政策设计职能

政府的义务教育均衡发展规范职能，指的是政府统筹制定国家和区域内义务教育均衡发展的总体目标和路线图，同时给予各地各校因地制宜落实规划的弹性空间，义务教育的公共性决定了政府需承担这一职能。教育规划是为使教育更加有效地满足学生与社会需求而进行的宏观管理和决策的过程，主要包括有关教育事业的发展目标、规模、速度，以及实现目标的步骤与措施。[②] 义务教育发展规划不仅是国家或地方在较长时期发展义务教育事业的依据，也是该时期国民经济和社会发展的保证。教育均衡发展规划可以让教育发展战略与步骤更加明晰具体，整体设计教育均衡发展的最佳途径，进而提高教育发展整体效益。改革开放以来，国家层面的规划性文本，包括《中国教育改革和发展纲要》（1993）、《21世纪教育振兴行动计划》（1999）、《2003～2007年教育行动计划》（2003）、《国家中长期教育改革和发展规划纲要（2010—2020年）》（2010）、《中国教育现代化2035》（2019）等，对引领全国义务教育发展发挥了重要作用，全国各省级行政区，以及地级、县级地区在不同时期都出台了教育发展整体规划，在顶层设计上形成了全国一盘棋和地方具体落实的局面。

政府的义务教育均衡发展政策设计职能，指的是政府系统建立教育资源均衡配置办法，完善学校管理、教育投入、师资队伍、质量监控等制度和政策安排。就县域义务教育均衡发展而言，政府的制度设计与政策保障职能首先体现在建立和完善义务教育均衡发展的制度政策体系上。在制度和政策创新上，政府是实现制度创新的唯一主体。回顾近年来各级政府在义务教育均衡发展方面的制度改革，包括义务教育投入和经费分配制度、校长和教师队伍建设制度、学校布局调整和标准化建设制度、校舍和设备等硬件和软件建设、教育质量监控和问责制度，处境不利群体的救助制度等，对清除义务教育均衡发展的制度

---

① 陶勇：《地方财政学》，上海财经大学出版社2006年出版，第17页。
② 王晓辉："论教育规划"，载《教育研究》2002年第10期。

障碍发挥了重要作用。在政策跟进方面，2005 年《教育部关于进一步推进义务教育均衡发展的若干意见》作为第一个全面阐述义务教育均衡发展的国家级政府性文件颁布后，截至 2019 年国家层面颁布的与之密切相关的文件就达 20 余部，涉及经费保障、教师交流任职、减轻学业负担、农村小规模学校和寄宿制学校建设、推动管办评分离等内容，有效发挥了公共政策引领带动教育发展与改革的作用。

(二)经费投入与资源保障职能

政府承担义务教育经费投入职能，是由义务教育的公共性和政府职能的公益性决定的。尽管当前出现了义务教育经费供给多样化趋势，但政府仍然是公共财政承担义务教育经费投入的主体。义务教育是社会各项事业发展的基础性、奠基性工程，是推动和维护民主政治，消除种族和阶层隔阂，促进经济社会经济发展的重要条件，是一项兼具政治性、经济性和社会性的事业，具有完全公共产品的属性。作为公共产品的义务教育，虽然个人也是受益者，但它攸关国家富强和民族素质，并因此最终造福整个社会，具有利益的外溢性质，就应由政府借助公共财政的力量向国民免费提供。因此，《义务教育法》第四十二条规定，"国家将义务教育全面纳入财政保障范围，义务教育经费由国务院和地方各级人民政府依照本法规定予以保障。"2015 年国务院印发《关于进一步完善城乡义务教育经费保障机制的通知》提出，"建立统一的中央和地方分项目、按比例分担的城乡义务教育经费保障机制"，明确了各级政府的财政责任。尽管当前一些私人和民间团队也在出资兴办学校，使得义务教育经费供给呈现出多样化趋势，但并不能改变政府作为义务教育经费投入第一责任人的角色。

政府的资源保障职能是指政府应综合运用行政、市场、统筹等手段，为义务教育均衡发展提供所需的人力、物力和财力等资源保障。在人力资源方面，除了满足义务教育阶段学校教师数量需要外，还应致力于改进教师供给结构，提高教师学历和专业水平等方面，满足学生和社会对教师的质量需求。近年来国家层面的公费师范生培养和地方层面的定向教师培养，以及"特岗计划""国培计划""乡村教师培养计划"等措施，就是从数量和质量两方面强化教师资源保障的举措。在物力资源方面，需要政府根据需要新建教学和体育活动场所，进行校舍维修和危房改造，持续改善学校的功能教室、图书、计算机、实验用品等教学条件。在财力资源方面，要求各级政府除了加大对义务教育的财政支持力度，更应着力向农村贫困地区倾斜，采取对学校、教师和学生专项补助等方式，保障偏远落后地区教育发展和贫困孩子的受教育权利。总之，政府的义务教育均衡发展资源保障职能，应以提供均等化的义务教育为导向，为不同区域、不同阶层、不同种族、不同性别的适龄儿童提供公平且优质的教育服务。

(三)政策落实与工作推进职能

政府的义务教育均衡发展政策落实责任，是指各级政府应按照相关法律法规要求，采取切实措施保障政策不折不扣地被执行。我国义务教育均衡发展的主要推动力量来自政府，这种自上而下的外部推动，能够在短期内起到立竿见影的效果，并主要通过逐级制定和落实政策来实现。具体而言，中央政府居于领导地位，主要是制定全国性的义务教育均衡发展法规政策，通过转移支付方式为义务教育均衡发展兜底。省级政府居于统筹地位，除了制定本区域教育均衡发展规划，指导评估县域教育均衡发展水平外，近年来也被赋予了越来越多的教育经费资助者角色。县级政府作为义务教育均衡发展的主要承担者和执行者，全面负责本地区义务教育发展布局、资源调配、队伍建设、规范办学等职责。需要明确的是，政府过多介入教育事务，虽有助于短期内推动教育发展，但也使得义务教育管办评分离体制难以建立，如何恰当定位政府的推进者角色，将是义务教育均衡发展进程中有待深入探讨的话题。从基本公共服务均等化的视角看，回归政府的公共服务购买者与管理者角色，将成为下阶段义务教育优质均衡可持续发展的主流趋势。

法律法规也要求政府切实推动义务教育均衡进程。2006 年修订的《义务教育法》第七条明确提出，"义务教育实行国务院领导，省、自治区、直辖市人民政府统筹规划实施，县级人民政府为主管理的体制"。2005 年《教育部关于进一步推进义务教育均衡发展的若干意见》要求各级教育行政部门"把推进义务教育均衡发展摆上重要位置"，"通过制定和完善各项教育政策措施，努力推进义务教育均衡发展"。《国家中长期教育改革和发展规划纲要(2010—2020 年)》提出，各级政府要"建立健全义务教育均衡发展保障机制，推进义务教育学校标准化建设，均衡配置教师、设备、图书、校舍等资源。"2012 年《国务院关于深入推进义务教育均衡发展的意见》提出"加强省级政府统筹，强化以县为主管理，建立健全义务教育均衡发展责任制"，并就淡化升学率等事项做出具体部署。2013 年《中共中央关于全面深化改革若干重大问题的决定》指出，"政府大力促进教育公平……，逐步缩小区域、城乡、校际差距。"2016 年《国务院关于统筹推进县域内城乡义务教育一体化改革发展的若干意见》提出，政府要"努力办好乡村教育，推进学校标准化建设，统筹城乡师资配置。"由此可见，政府本身就是义务教育均衡发展中的重要主体，需要参与推动这一进程。

(四)督导评估与反馈修正职能

政府的均衡发展督导评估与反馈职能，是指政府需要出台义务教育均衡发展标准与评估办法，建立政府主导、多方参与、评估与考核挂钩的监测体系，健全义务教育均衡发展问责制度，以评估为导向促进县域义务教育均衡发展目标实现。对义务教育均衡发展的督导评估工作，既包括考察城乡、校际间义务教育教师、教学设备、图书资料、校舍场馆等资源配置状况，还包括综合评估地方政府保障入学机会、保障经费投入以及治理教育热点难点问题的效果，同时倾听当地民众和教育工作者的反馈意见。当前均衡发展督导评估尚存在有待解决的问题：一是评估主体问题。现阶段的教育评估主要是由政府和教育行政部门主导，采取的是"自上而下"检查模式，在吸纳民间及第三方专业力量方面存在明显不足。二是评估对象问题。2013 年启动的义务教育均衡发展督导评估工作是以县级政府为对象，尽管县级政府是义务教育均衡发展的第一责任方，但并非完全责任主体，缺乏对省级、地市级政府责任承担情况的评估。①三是评估内容和方式的科学性问题，现阶段的评价体系主要是以外显的可客观化的基础性办学条件为主要对象，对影响人才培养质量至为

---

① 田汉族，戚瑜杰："政府在义务教育均衡发展中的责任及其限度"，载《湖南师范大学教育科学学报》2016 年第 5 期。

关键的教育教学过程缺乏考虑。

各级政府开展的教育均衡发展督导评估对推动事业发展的作用是毋庸置疑的。以教育部教育督导办公室组织开展的义务教育均衡督导评估为例，2012 年 1 月，教育部印发《县域义务教育均衡发展督导评估暂行办法》。《办法》分总则、评估内容和评估标准、评估认定程序、表彰与处罚、附则共 5 章 15 条，为各地推进义务教育均衡发展工作提供了方向性指导。2013 年，教育部正式启动了全国义务教育发展基本均衡县督导评估认定工作。截至 2018 年，全国教育督导部门累计共组织督学和专家 4000 多人次，进行了 149 次督导评估，检查学校 2.5 万所，召开座谈会约 1 万次，对 140 万人次进行问卷调查，反馈意见逐县列出问题清单 1 万余条。督促各地加大工作力度，安排用于推进义务教育均衡发展累计资金 4.18 万亿元，新建改扩建学校约 30 万所，增加 3000 万个学位，补充教师 193 万人，参与交流的校长和教师达 280 万人次。[①]各级政府部门还结合该项工作，分层次分批次分类型开展均衡发展预评估和跟踪评估等工作，有效发挥了"以评促建、以评促改"的作用。

二、义务教育均衡发展中不同政府职能的分层落实

合理划分政府责任既是促进政府在义务教育均衡发展中进行有效职能转换的需要，也是整合各级政府作用、发挥政府治理协同作用和提高义务教育均衡发展水平的需要。我国行政管理有五级政府，分别为中央、省、市、县、乡镇，在义务教育均衡发展的责任落实上，主要是教育事务举办权和教育财政支出责任两方面，并因各级政府的权力和能力差异承担不同的具体责任。[②]基于行政分层落实理论，结合《义务教育法》《县域义务教育均衡发展督导评估暂行办法》《对省级人民政府履行教育职责的评价办法》《教育领域中央与地方财政事权和支出责任划分改革方案》等文件规定，探讨不同层级政府的具体责任。

（一）中央政府的义务教育均衡发展责任

在推进义务教育均衡发展进程中，中央政府主要承担义务教育均衡发展相关政策法规和标准体系的制定，通过设立面向农村贫困地区的专项补助资金，保障教育公平和总体均衡。一是完善法律法规和标准体系。首先，21 世纪以来，国家层面修订了《义务教育法》，以法律形式明确了各级政府的义务教育举办责任，并将义务教育均衡发展写入法律条款。其次，国家层面还先后颁布了系列义务教育均衡发展政策文件，如《国务院关于深化农村义务教育经费保障机制改革的通知》《国务院关于深入推进义务教育均衡发展的意见》《国务院关于进一步完善城乡义务教育经费保障机制的通知》《国务院关于统筹推进县域内城乡义务教育一体化改革发展的若干意见》等，这些政策文件明确了义务教育均衡发展的指导思想、基本目标、主要任务、重点工程、责任落实等内容，为各地推进义务教育均衡发展指明了努力方向与工作重点。最后，教育部还于 2012 年、2017 年先后颁布《县域义务教育均衡发展督导评估暂行办法》《县域义务教育优质均衡发展督导评估办法》，为开展

---

① 田祖荫："推进义务教育均衡发展：我国当代教育改革发展的重大战略"，载《中国民族教育》2019 年第 1 期。
② 李振宇，王骏："中央与地方教育财政事权与支出责任的划分研究"，载《清华大学教育研究》2017 第 5 期。

义务教育基本均衡和优质均衡督导评估工作明确工作程序及认定细则。

二是提供财政支持和专项资助。首先，中央政府牵头制定完善了全国义务教育财政投入政策，基本思路是建立起中央和地方分项目、按比例分担城乡义务教育经费保障机制。为此，2015 年国务院印发的《关于进一步完善城乡义务教育经费保障机制的通知》、2019年 6 月国务院办公厅印发的《教育领域中央与地方财政事权和支出责任划分改革方案》，都对此提出了明确的方案。根据方案，涉及义务教育阶段的经费有公用经费、家庭经济困难学生生活补助、校舍安全保障、贫困地区学生营养膳食补助等费用，其中经常性事项所需经费由中央与地方财政分档负担，阶段性任务和专项性工作则通过转移支付予以统筹支持。以公用经费保障为例，将全国分为五档地区，第一档地区中央财政分担 80%，第二档地区中央财政分担 60%，第三、四、五档地区中央财政分担 50%。其次，组织实施了系列专项资助计划，近年来中央财政先后实施了"农村中小学危房改造工程""农村中小学现代远程教育工程""西部地区农村寄宿制学校建设工程""农村义务教育薄弱学校改造计划"等多项计划，着力改善偏远落后地区义务教育学校办学条件，缩小区域、城乡、校际间办学条件差距。

三是加强薄弱环节能力建设，保障教育公平底线。首先，中央政府近年来对重点地区进行了重点帮扶，建立起对贫困、边远、民族地区等义务教育均衡发展的专项支持与转移支付制度。2019 年 7 月发布的《关于切实做好义务教育薄弱环节改善与能力提升工作的意见》还指出，中央财政的义务教育经费将重点向基础薄弱、财力困难的省份特别是"三区三州"等深度贫困地区倾斜。其次是着力推动教师队伍均衡化配置。通过"农村义务教育阶段学校教师特设岗位计划""公费师范生培养计划""中小学教师国家级培训计划""中小学教师校长交流轮岗计划""乡村教师支持计划"等方式，以完善农村教师补充机制，均衡城乡教师资源，提高农村中小学教师素质和福利待遇。最后，保障特殊群体平等接受义务教育，如提出"以流入地政府为主、以公办中小学为主"解决进城务工人员子女就学问题，建立多方参与的留守儿童关爱和教育体系，加强特殊教育学校发展和特教教师培养等，保障特殊群体平等接受义务教育。

此外，中央政府还承担监督指导地方义务教育均衡发展，评估各地义务教育均衡发展水平，检查接受中央转移支付的地方财政配套情况，以及省级人民政府履行教育职责等责任。

(二)省地级政府的义务教育均衡发展责任

省级政府除制订本地区义务教育均衡发展规划和标准外，还应加大教育专项转移支付，统筹教育资源配置和均衡发展评估工作。由于地市级政府不直接承担义务教育举办责任，位于义务教育发展中省级政府和县级政府的承上启下阶段，主要承担统筹和指导本地区义务教育均衡发展工作。一是区域规划与统筹责任。包括制定本地区义务教育均衡发展规划、义务教育学校基本办学标准、薄弱地区义务教育均衡发展支持措施、义务教育师资队伍建设规划等职责。对于省级政府的义务教育均衡发展统筹规划职责，2012 年《国务院关于深入推进义务教育均衡发展的意见》中予以了明确。2017 年，国务院办公厅出台《对省级人民政府履行教育职责的评价办法》，围绕"省级人民政府贯彻执行党的教育方针情况，落实教育法律、法规、规章和政策情况，各级各类教育发展情况，统筹推进本行政区域教育工作情况，加强教育保障情况，学校规范办学行为情况"六方面评价省级人民政府教育职责履行情况，明确将"促进义务教育均衡发展"作为"统筹推进教育工作情况"的重要内容。

二是财政投入与保障责任。一方面，建立本省义务教育财政投入与绩效反馈系统，加大省级财政的义务教育投入份额，同时按比例筹集中央转移支付中需要省级财政配套的资金。总体看，近年来各省都在加大对义务教育的财政投入。以西部贫困省份贵州省为例，该省在 2017～2019 年，全省财政教育总投入 2805.77 亿元，全省财政教育支出占一般公共预算支出的比例年均达 20.02%，其中省财政共统筹中央和省级城乡义务教育补助资金323.13 亿元，用于推进农村义务教育学校标准化建设工程、改造农村学校和教学点，支持城乡义务教育均衡提质发展。[①]但是，依然有省级政府存在配套资金落实不到位和截留中央财政资金情况。审计署 2007 年的一次审计显示，在被审计的 16 个省中，3 个省未按照规定的分担比例落实资金，6 个省存在滞留中央"两免一补"专项经费情况。[②]另一方面，省级政府还应统筹区域教育资源，着力改善义务教育办学条件，包括在学校用地面积、校舍面积、教学设施配置、教师资源调配、教育教学规范化管理、图书与音体美器材等方面在区域内进行统筹与调配。

三是区域评价与质量监管责任。首先是依据义务教育学校办学条件基本标准，制定本区域均衡发展督导评估办法和标准，评估县域义务教育学校办学基本条件达标和校际间均衡状况。其次是督促各地扎实推进义务教育均衡发展工作，按照国家相关文件要求，"把工作的着力点放在推进县（市、区）域内义务教育均衡发展上来""把提高农村学校教育质量和改造城镇薄弱学校放在更加重要的位置"，督促省域内市县两级政府和教育行政部门切实履行义务教育均衡发展职责，发挥立法监督部门以及专家和专业机构在督导评估中的作用，畅通公众在绩效评估中的信息反馈渠道，公开相关信息并回应社会公众关切。再次，根据《县域义务教育均衡发展督导评估暂行办法》，义务教育发展基本均衡县的评估认定，按照省级评估、国家认定的原则进行。同时，《办法》要求建立义务教育均衡发展监测和复查制度，对通过县域义务教育均衡发展评估认定的县进行复查。因此，省级政府以及教育行政部门还负有所在区域内县级义务教育均衡发展审查和复查责任。

（三）基层政府的义务教育均衡发展责任

基层政府包括县级政府和乡镇政府两级，按照《国务院关于基础教育改革与发展的决定》和《义务教育法》相关规定，义务教育首要举办责任者是县级政府，乡镇政府主要负责督促适龄儿童按时入学，因此本研究中的基层政府主要指县级政府。《义务教育法》第六条"国务院和县级以上地方人民政府应当合理配置教育资源，促进义务教育均衡发展，改善薄弱学校的办学条件，并采取措施，保障农村地区、民族地区实施义务教育，保障家庭经济困难的和残疾的适龄儿童、少年接受义务教育"、第二十二条"县级以上人民政府及其教育行政部门应当促进学校均衡发展，缩小学校之间办学条件的差距，不得将学校分为重点学校和非重点学校"，将保障义务教育的均衡发展上升到了法律层次。作为义务教

---

① 袁航："贵州近三年财政教育总投入超 2805 亿元"，载《贵州日报》2019 年 11 月 19 日。
② 熊丙奇："让教育经费审计促进教育制度改革"，载《现代教育报》2008 年 9 月 23 日。

育均衡发展的主要推进者和执行者,县级政府主要承担保障教育经费投入,改善学校办学条件,合理配置教育资源,加强教师队伍建设,提高薄弱学校教育质量,监测和分析县域内教育差距等责任。

根据《义务教育法》规定,县级政府在义务教育发展方面,一是承担保障、督促适龄学生上学责任,第十三条"县级人民政府教育行政部门和乡镇人民政府组织和督促适龄儿童、少年入学,帮助解决适龄儿童、少年接受义务教育的困难,采取措施防止适龄儿童、少年辍学"予以明确。

二是设置和维护学校责任,第十五条"县级以上地方人民政府……,按照国家有关规定,制定、调整学校设置规划"、第十七条"县级人民政府根据需要设置寄宿制学校"、第十九条"县级以上地方人民政府根据需要设置相应的实施特殊教育的学校(班)"、第二十四条"县级以上地方人民政府定期对学校校舍安全进行检查;对需要维修、改造的,及时予以维修、改造"予以明确。

三是教师待遇和教师队伍建设责任,第三十一条"各级人民政府保障教师工资福利和社会保险待遇,改善教师工作和生活条件;完善农村教师工资经费保障机制"、第三十二条"县级以上人民政府应当加强教师培养工作,采取措施发展教师教育。县级人民政府教育行政部门应当均衡配置本行政区域内学校师资力量,组织校长、教师的培训和流动,加强对薄弱学校的建设"予以明确。

四是教育经费与财政责任,第四十二条"国家将义务教育全面纳入财政保障范围,义务教育经费由国务院和地方各级人民政府依照本法规定予以保障。国务院和地方各级人民政府将义务教育经费纳入财政预算,按照教职工编制标准、工资标准和学校建设标准、学生人均公用经费标准等,及时足额拨付义务教育经费,确保学校的正常运转和校舍安全,确保教职工工资按照规定发放",第四十五条"县级人民政府编制预算,除向农村地区学校和薄弱学校倾斜外,应当均衡安排义务教育经费",第四十七条"国务院和县级以上地方人民政府根据实际需要,设立专项资金,扶持农村地区、民族地区实施义务教育"予以明确。

五是教育督导与监管责任,第五十七条规定了县级人民政府教育行政部门责令学校限期改正的事项,包括"(一)拒绝接收具有接受普通教育能力的残疾适龄儿童、少年随班就读的;(二)分设重点班和非重点班的;(三)违反本法规定开除学生的;(四)选用未经审定的教科书的。"

教育部《县域义务教育均衡发展督导评估暂行办法》从入学机会、保障机制、教师队伍、质量与管理四方面,提出了县级人民政府推进义务教育均衡发展工作评估指标及要求,可看作是对县级政府义务教育均衡发展治理责任的进一步细化(表2-1)。

表 2-1　县级政府义务教育均衡发展责任

一级指标	二级指标
入学机会	1. 将进城务工人员随迁子女就学纳入当地教育发展规划,纳入财政保障体系。 2. 建立以政府为主导、社会各方面广泛参与的留守儿童关爱体系。 3. 三类残疾儿童少年入学率不低于80%。 4. 优质普通高中招生名额分配到县域内初中的比例逐步提高。

一级指标	二级指标
保障机制	1. 建立义务教育均衡发展责任、监督和问责机制。 2. 义务教育经费在财政预算中单列，近三年教育经费做到"三个增长"。 3. 推进学校标准化建设，制定并有效实施了薄弱学校改造计划，财政性教育经费向薄弱学校倾斜。 4. 农村税费改革转移支付资金用于义务教育的比例达到省级规定要求。
教师队伍	1. 全面实施义务教育绩效工资制度。 2. 义务教育学校学科教师配备合理，生师比达到省定编制标准。 3. 建立并有效实施了县域内义务教育学校校长和教师定期交流制度。 4. 落实教师培训经费，加强教师培训。
质量与管理	1. 按照国家规定的义务教育课程方案开齐开足课程。 2. 小学、初中巩固率达到省级规定标准。 3. 小学、初中学生体质健康及格率达到省级规定标准。 4. 义务教育阶段不存在重点学校和重点班，公办义务教育择校现象得到基本遏制。 5. 中小学生过重的课业负担得到有效减轻。

三、义务教育均衡发展的公共治理运行机制

按照《辞海》的解释，"机制"(mechanism)原指机器的构造和运作原理，借指事物的内在工作方式。义务教育均衡发展的政策落实与目标实现，关键在于各主体间通过建章立制和协商联动，形成治理过程全覆盖、治理主体间协同、治理工具互促进的运行机制。

(一)规范与创新统一的教育规划决策机制

规范与创新统一的教育规划决策机制是教育公共治理有效运转的基础，体现在教育规划与决策的制定过程中，以及教育规划与决策的内容规定上。理想的教育宏观决策过程应该是高度科学化与民主化的，决策部门需要综合考虑多方建议，建立各方利益主体参与的有效机制。在规划决策的制定方面，一是依托已初步建立的全国性基础教育质量监测系统，深入挖掘义务教育均衡发展的信息数据，为规划决策提供科学证据；二是发挥各类教育智库和专家学者的作用，广泛征求公众和社会各界建议，完善公众参与、专家论证、风险评估等决策程序。在规划决策的内容方面，国家在提出义务教育均衡发展的总体目标、阶段任务、标准体系、评估办法等指导性意见外，还应鼓励地方自主探索均衡发展道路，既防止各地为追求快速达标而冒进，又利于调动基层政府和中小学校的创新活力。

(二)分权与集权衔接的治理责任落实机制

集权与分权的平衡是当前各国教育管理体制改革的共同趋势，中央集权国家正赋予地方更多教育管理权力，地方分权国家则在加大国家层面的宏观调控职能。教育均衡发展的公共治理主体是多元的，内部组织结构也是合作伙伴式的，相应治理责任的落实则需要有效地协调主体间责任，最终实现系统内各要素良性互动，共同解决所面临的公共教育问题。强调宏观管理是中国义务教育的优势，在推进义务教育均衡发展的过程中，离不开中央政府强有力的宏观管理。在构建现代教育治理体系的背景下，应以推进管办评分离和分权为核心，建立起多主体互补的教育公共治理格局。一是向下级政府分权，通过"清单式"管理方式，减少对下级政府的行政审批。二是向中小学分权，减少对学校办学行为的行政干预，通过法律、政策和规划等方式引导学校办学，切实保障中小学办学自主权。三是向社

会分权，发挥教育中介组织、公民社会团体以及民办教育机构的作用。

（三）整合与共享同步的教育资源调配机制

整合优质教育资源并推动合理流动，是推动义务教育均衡发展的重要途径。推进义务教育均衡发展，需要合理配置教育资源，包括各种显性和隐性的硬件与软件资源，构建优质教育资源的共享平台。一是通过校际交流和优秀教师下乡支教，带动薄弱学校教师专业成长。湖南、北京等地开展的"学校联管、教师走教""名师驻校工作室"等措施就是有益探索。二是借助信息化手段共建共享教学资源和平台，近年来江苏、浙江等地区基于"MOOC-Ed"构建区域网络教育共同体，为其他地区实现优质教育资源最大化提供了经验。三是通过捆绑发展、集团化办学等方式整合学校品牌、管理制度、教学文化等隐性资源。四是通过政府购买教育服务、委托管理等方式，整合民间及社会教育资源。五是通过设立农村教育发展基金等方式，集中力量改善薄弱学校办学条件，促进区域教育均衡发展。

（四）均衡与优质并重的价值导向引领机制

公平与卓越是当今各国教育改革与发展的指导思想。以美国为例，在民权运动、反种族隔离和教育公平运动的影响下，美国国会于 1965 年通过了《联邦初等和中等教育法案》（ESEA），主旨是向贫困和落后地区、残疾和其他处境不利儿童提供特别资助，保障教育公平。与此同时，政府也通过出台课程标准和强化绩效考核的方式提高教育质量。从《国防教育法》到《2000 年教育目标法》，再到奥巴马政府的"力争上游计划"（RTTT），都是追求卓越教育理念引导下的政策改革。[1]义务教育均衡发展不是"削峰填谷"的平均发展，而是"抬谷造峰"的优质均衡。要以均衡与优质并重为指导思想，在保障教育公平、缩小教育差距的同时，努力办好每一所学校，实现义务教育的高水平均衡发展。

（五）事权与财权对等的教育经费保障机制

任何教育政策落实都要有相应的行动措施，而这些行动措施能够落到实处，离不开各类支持与保障系统，其中经费保障是义务教育均衡发展的第一保障。自 2001 年实行"以县为主"基础教育管理体制后，县级政府成为义务教育财政支出的主体。由于我国地区经济发展差距大，欠发达地区县级政府财力有限，加上"分税制"改革后财政收入向中央和省级政府集中，这些地区难以保障教育投入。以 2006 年教育事业费支出为例（2006 年后的公开数据没有细分五级政府的教育事业费支出），当年中央、省级、地市、县级、乡镇五级政府的支出比例分别为 6.18%、15.01%、17.83%、50.67%、10.32%，我国中央和省级政府的支出比例远远低于 OECD 国家同级政府投入比例。[2]除了加大中央和省级政府的教育专项转移支付力度外，还应根据地区差异明确中央、省级和地方政府的教育投入结构和比例，建立起事权与财权对等的教育经费保障机制。

---

① 王正青，徐辉："当前美国基础教育质量现状与改进趋势——'追求卓越'理念引领下的实践"，载《教育研究》2014年第9期。
② 李世刚，尹恒："县级基础教育财政支出的外部性分析——兼论'以县为主'体制的有效性"，载《中国社会科学》2012年第11期。

（六）平台与渠道健全的意见表达申诉机制

教育公共治理的最大特征就是治理主体的多元化和治理过程的民主化。罗伯茨（Roberts Nancy）认为，与私立机构的决策相比，公共机构的决策需要更多考虑参与者的利益，所有利益相关者对最后的决策都应有发言权。[①]一是健全保障公众表达意见的法律体系，把现有民众参与的条例、规定、政策上升为法律条款。二是搭建公众意见表达的社会平台，强化教师公会、家长委员会、公民团体、民间组织的作用，健全政府和学校事务公示制度。三是创新公众意见表达的方式途径，除了座谈会、论证会、听证会等传统方式外，应特别重视互联网在反映民众意见、汇聚民众智慧、强化民众监督方面的作用。四是建立个人利益受侵害的申诉救济制度，为公平受教育等权利受侵害者提供法律援助。

（七）评估与绩效挂钩的均衡发展问责机制

现代教育治理除了决策与实施外，还需要对整个教育系统进行监测与评估，以便为衡量教育系统的质量效益提供有说服力的证据基础。建立教育均衡发展的评估监测系统，并将评估结果与绩效考核挂钩，也是当前各国的共同选择。美国的"不让一个孩子掉队法"（no child left behind，NCLB）要求地方为学校设定"年度进步目标"（adequate yearly progress，AYP），不能达到年度进步目标的学校将被界定为薄弱学校，并进行相应的整改、重组、接管乃至关闭。英国"教育标准局"（Qualifications and Curriculum Authority，QCA）则根据考试成绩、辍学率、升学率、学校设备等指标界定薄弱学校，并将之列入整改学校名单。因此，应在政府管学、学校办学评价外，建立起明确规范的均衡发展责任追究机制。一是将评估结果作为地方政府及官员的工作业绩考核指标，追究在教育均衡发展中责任履行不到位的部门与人员责任。二是把学校规范办学和进步情况纳入校长任期目标和学校发展考核，建立公告、约谈、奖惩、整改和复查等制度。

① Roberts Nancy: "Public deliberation: An alternative approach to crafting policy and setting direction", *Public Administration Review*, 1997, 57 (2): 124-132.

第三章 县级义务教育发展水平的区域间
差异实证研究

2013 年国家启动了义务教育均衡发展基本均衡县(市、区)督导评估认定工作后，截至 2018 年全国已有 90% 以上的县通过督导评估认定，中国义务教育均衡发展工作取得重要成效。开展县域义务教育均衡发展督导评估以来，各地也结合区域实际实施了系列行之有效的措施，但义务教育均衡发展总体水平如何，不同地区间和区域内部义务教育均衡发展是否存在差异，尤其在事关义务教育均衡发展能否持续的基础性办学条件方面，尚缺乏实证性的数据支撑。基于此，本研究收集了中华人民共和国教育部门户网站公布的国家教育督导检查组对各地区的义务教育均衡发展督导检查的反馈意见，旨在对当前义务教育均衡发展进程中各区域办学条件差异进行实证分析。同时，以重庆市为案例，基于该市教育年鉴统计数据，分析省域内义务教育发展差距。

第一节 区域间基础性办学条件差异

中国地域辽阔，自然环境和社会经济发展的区域差异显著，地区之间经济社会发展的不平衡，造成教育领域东中西部差距较大。尤其是教学场地、教学设施、教师队伍等基础性办学条件，是提高义务教育发展质量、维系地区教育持续发展的关键性要素。探讨不同区域间基础性办学条件差异，对下阶段完善国家教育整体规划具有重要作用。

一、数据来源与处理

(一)数据来源与指标构成

本研究的数据来源于国家教育督导检查组汇总的各地区义务教育均衡发展督导检查数据，数据包括生均教学及辅助用房面积、生均体育运动场馆面积、生均教学仪器设备值、每百名学生拥有计算机台数、生均图书册数、师生比、生均高于规定学历教师数、生均中级及以上专业技术职务教师数八项指标，每个指标的小学、初中全县平均值及其对应的差异系数，以及小学、初中的综合差异系数，其中综合差异系数是八项指标差异系数的平均值。本研究认为，这八项指标涵盖了学校场地、教学设施、师资条件等教育均衡发展的基础性指标，是义务教育持续性均衡发展的关键要素。该指标由中国教育科学研究院"义务教育均衡发展标准研究"课题组设计，经过了大量的调研和测算，评估标准具有较强的科学性。数据的收集经历了区县自下而上提交、专家组实地审查核实、督导组官网公开信息等过程，数据来源具有较高的可信度。

(二)层次分析法确定指标权重

层次分析法(analytic hierarchy process，AHP)是美国运筹学家萨蒂教授(T.L.Saaty)在20世纪70年代初期提出的一种定性与定量相结合的多目标决策分析方法，它能把定性因素定量化，从而使评价趋于量化。通过把复杂问题分解成多个组成因素，又将这些因素按支配关系分组形成递阶层次结构，然后用两两比较的方式确定层次中诸因素的相对重要性，最后综合决策者的判断，确定决策方案相对重要性的总排序。用AHP判断指标权重的基本思想就是将组成复杂问题的多个元素权重的整体判断转变为对这些元素进行两两比较，然后再转化为对这些元素的整体权重进行排序判断，最后确定各元素的权重。

为准确计算八大区域义务教育均衡发展综合指数，本研究采用层次分析法(AHP)，建立了如图3-1所示的层次模型，基于152位高校教师、中小学校长、教科研机构研究人员对八项指标的调查，采用Yaahp软件对八项指标的重要程度赋值，统计得出各指标权重如下：生均教学及辅助用房面积权重12.80%、生均运动场馆面积权重5.40%、生均教学仪器设备值权重6.30%、每百名学生拥有计算机台数权重5.70%、生均图书册数权重7.90%、师生比权重25.80%、生均高于规定学历教师数权重18.30%、生均中级及以上专业技术职务教师数权重17.80%。本研究将各子指标差异系数与权重相乘，从而得到该指标经赋值后的均衡指数，最后将相关指标汇总，得出八大区域的学校场地、教学设施、师资三大维度综合指数。

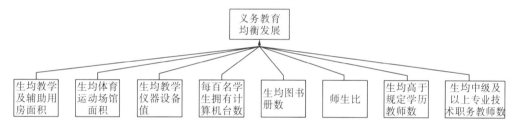

图3-1　义务教育均衡发展层次模型

(三)数据处理

截至2016年，通过均衡督导检查的1824个县级单位中，32个区县的反馈意见没有公布在国家教育督导办公室官方网站，除去小学、初中全县均值和差异系数等四类数据不完整的区县，共有1670个数据完整区县。由于国家教育督导检查组在公布上述四类数据时，没有同步公布各区县参与均衡检查涉及的学生数量，无法通过以各区县平均值乘学生数量这一权重方式计算八大区域各类指标加权值，只能通过四类数据总和与参加均衡检查区县数计算八大区域各类指标算术平均值。

以2013年福建省福州市罗源县与福清市两县(市)为例，表3-1是罗源县和福清市初中校际差异系数的原始数据，可以看出两县(市)几乎每一个指标的差异系数都存在较大差距，但综合差异系数的差距却很小，得出的结论是罗源县与福清市初中的基础性办学条件差异不大，并且罗源县的均衡程度略高于福清市。表3-2是将每一个指标的差异系数与对应的权重相乘得到这个指标的均衡指数，最后将每一个指标的均衡指数相加得到最终的基础性均衡指数。例如，罗源县的生均教学及辅助用房面积的差异系数为 0.35，需用 0.35 与生均教学及辅助用房面积的权重 12.80%相乘，得出生均教学及辅助用房面积的均衡指数 0.045。从表 3-2 可以看出，罗源县与福清市的基础性均衡指数分别为 0.434 和 0.354，表明罗源县与福清市初中基础性办学条件存在差异，并且福清市的均衡程度明显优于罗源县。由此可见，直接将差异系数平均处理得出综合差异系数和采用 AHP 对指标赋权计算出基础性均衡指数这两种方法得出的结论相差很大，义务教育均衡发展中基础性办学条件中的场地、设备、师资的重要程度存在差异，应该划分权重对其进行体现，才能更准确地描述均衡现状。

表 3-1　罗源县与福清市初中校际差异系数

	生均教学及辅助用房面积（m²）	生均体育运动场馆面积(m²)	生均教学仪器设备值（元）	每百名学生拥有计算机台数	生均图书册数	师生比	生均高于规定学历教师数	生均中级及以上专业技术职务教师数	综合差异系数
罗源县	0.35	0.81	0.53	0.31	0.47	0.43	0.34	0.47	0.46
福清市	0.44	0.88	0.88	0.51	0.44	0.18	0.2	0.27	0.47

表 3-2　罗源县与福清市初中基础性均衡指数

	生均教学及辅助用房面积（m²）	生均体育运动场馆面积(m²)	生均教学仪器设备值（元）	每百名学生拥有计算机台数	生均图书册数	师生比	生均高于规定学历教师数	生均中级及以上专业技术职务教师数	基础性均衡指数
罗源县	0.045	0.044	0.033	0.018	0.037	0.111	0.062	0.084	0.434
福清市	0.056	0.048	0.055	0.029	0.035	0.046	0.037	0.048	0.354

（四）区域划分

本研究采用《国民经济和社会发展第十一个五年规划纲要》提出的区域划分办法，将我国大陆划分为八大综合经济区，即东北综合经济区、北部沿海综合经济区、东部沿海综合经济区、南部沿海综合经济区、黄河中游综合经济区、长江中游综合经济区、大西南综合经济区、大西北综合经济区(以下分别简称东北地区、北部沿海、东部沿海、南部沿海、黄河中游、长江中游、西南地区、西北地区)。其中，东北地区包括黑龙江、吉林、辽宁三省，北部沿海包括北京、天津、河北、山东四省/市，东部沿海包括江苏、浙江、上海三省/市，南部沿海包括福建、广东、海南三省，黄河中游包括陕西、山西、河南、内蒙古四省/区，长江中游包括湖北、湖南、江西、安徽四省，西南地区包括云南、贵州、四川、重庆、广西五省(区/市)，西北地区包括甘肃、宁夏、西藏、新疆、青海五省/区，八大区域样本区县分别为 143、204、195、221、281、299、215、112 个，合计 1670 个。

二、研究结果与发现

（一）八大经济区域间场地条件的差异分析

场地条件包括生均教学及辅助用房面积、生均体育运动场馆面积(以下分别简称教学及辅助用房面积、运动场馆面积)两个指标。统计发现，各地区教学及辅助用房面积的差异系数均低于运动场馆面积，表明各地区教学及辅助用房面积的均衡程度高于运动场馆面积的均衡程度。分地区分学段来看，西北地区小学、初中教学及辅助用房面积，以及初中运动场馆面积三个指标的差异系数均为最低，分别是 0.453、0.312、0.431；东部沿海地区小学运动场馆差异系数最低 0.602；北部沿海小学、初中教学及辅助用房面积，以及小学、初中运动场馆面积四个差异系数均为最高，分别是 0.509、0.433、0.737、0.593。从场地条件的综合均衡指数看，西北地区小学、初中的场地条件均衡指数均为最低，分别是 0.093和 0.064，北部沿海小学、初中的场地条件均衡指数均为最高，分别为 0.106 和 0.088，各地区之间的场地条件均衡指数差异并不大。

表 3-3 不同区域场地条件差异系数与绝对值

区域	生均教学及辅助用房差异系数与面积/m²		生均体育运动场馆差异系数与面积/m²		场地条件(综合指数)	
	小学	初中	小学	初中	小学	初中
东北综合经济区	0.489	0.393	0.687	0.523	0.100	0.080
	4.186	5.001	12.538	15.913		
北部沿海综合经济区	0.509	0.433	0.737	0.593	0.106	0.088
	3.877	4.825	9.820	11.468		
东部沿海综合经济区	0.476	0.430	0.602	0.539	0.094	0.085
	4.363	6.428	7.459	12.182		
南部沿海综合经济区	0.497	0.390	0.647	0.524	0.099	0.079
	4.304	5.732	7.738	10.528		
黄河中游综合经济区	0.506	0.378	0.674	0.507	0.102	0.077
	4.251	5.111	7.866	9.742		
长江中游综合经济区	0.504	0.409	0.644	0.501	0.100	0.080
	4.191	5.473	6.746	9.640		
大西南综合经济区	0.458	0.344	0.633	0.451	0.094	0.069
	4.357	4.739	8.012	9.490		
大西北综合经济区	0.453	0.312	0.631	0.431	0.093	0.064
	4.738	5.232	11.514	11.528		
全国平均	0.490	0.390	0.657	0.511	0.099	0.078
	4.255	5.328	8.506	10.942		

注：场地条件两个维度四列数据中，每个区域每项数据横向上分为两行，第一行为差异系数，第二行为绝对平均值。

从表 3-3 可以看出，八大经济区场地条件各指标的绝对平均值存在明显差异。教学及辅助用房面积方面，小学最低是北部沿海 3.877m²，最高是西北地区 4.738m²，东北地区、北部沿海、黄河中游、长江中游低于全国平均值；初中最低的是西南地区 4.739m²，最高是东部沿海 6.428m²，东北地区、北部沿海、黄河中游、西南地区、西北地区低于全国平均值。运动场馆面积方面，小学最低的是长江中游 6.746m²，最高是东北地区 12.538m²，东部沿海、南部沿海、黄河中游、长江中游、西南地区低于全国平均值；初中最低的是西南地区 9.490m²，最高的是东北地区 15.913m²，南部沿海、黄河中游、长江中游、西南地区低于全国平均值。

综合均衡指数和绝对平均值可以发现,对于场地条件而言,小学学段西北绝对值高且均衡,东部沿海和西南地区绝对值低但均衡,东北地区绝对值高但均衡程度低,长江中游、北部沿海、南部沿海、黄河中游绝对值低且均衡程度低;初中学段西北地区绝对值高且均衡,西南地区、南部沿海、黄河中游绝对值低但均衡,东部沿海、东北地区绝对值高但均衡程度低,北部沿海、长江中游绝对值低且均衡程度低。

从现实发展情况看,中国各区域办学场地条件得到极大改善。基于《中国教育统计年鉴》统计发现,2008~2018年,我国东部、中部、西部小学生生均校舍面积分别增长15.66%、28.22%、34.76%,初中生均校舍面积则分别增长58.49%、63.54%、78.41%。生均教学及辅助用房面积方面,小学分别增长9.95%、19.96%、21.45%,初中分别增长54.27%、58.56%、70.30%。从城区、镇区、乡村三类地区看,2011~2018年,小学的生均校舍面积分别增长16.34%、27.25%、48.65%,小学生均教学及辅助用房面积分别增长18.55%、32.12%、34.69%,初中生均校舍面积分别增长44.62%、54.83%、70.62%,初中生均教学及辅助用房面积分别增长39.67%、43.28%、60.56%。[①]可见,我国生均校舍面积增长明显,且西部地区增长速度高于中部和东部地区,乡村地区增速明显大于城区和镇区,区域和城乡差距有所缩小。

(二)八大经济区域间设施条件的差异分析

设施条件包括生均教学仪器设备值、每百名学生拥有计算机台数、生均图书册数(以下分别简称设备值、计算机台数、图书册数)三个指标。统计发现,各地区图书册数的差异系数是设施条件三个指标中最低的,设备值的差异系数最高,表明各地区图书册数的均衡程度高于计算机台数和设备值的均衡程度。分地区分学段来看,西北地区小学、初中设备值的差异系数均为最低,分别是0.432和0.331,小学设备值差异系数最高的是黄河中游0.533,初中设备值差异系数最高的是东部沿海0.438;小学计算机台数差异系数最低的是东部沿海,最高的是长江中游,初中计算机台数差异系数最低的是西北地区,最高的是南部沿海;小学图书册数的差异系数最低的是北部沿海,最高的是东部沿海,初中图书册数的差异系数最低的是西北地区,最高的是东部沿海。从设施条件的综合均衡指数看,东北地区小学、西北地区初中的设施条件均衡指数最低,分别是0.071和0.050,黄河中游小学、南部沿海初中的设施条件均衡指数最高,分别是0.082和0.071,各地区间设施条件均衡指数差异并不大。

表3-4 不同区域设施条件差异系数与绝对值

区域	生均教学仪器差异系数与设备值(元)		百名学生拥有计算机差异系数与台数		生均图书差异系数与册数		设施条件(综合指数)	
	小学	初中	小学	初中	小学	初中	小学	初中
东北综合经济区	0.444	0.386	0.370	0.301	0.263	0.233	0.071	0.061
	1772.977	2301.408	13.006	15.453	30.161	37.554		

[①] 由于《中国教育统计年鉴》自2011年起采用新的城乡划分标准,因此只分析2011~2018年城区、镇区、乡村的发展情况。

续表

区域	生均教学仪器差异系数与设备值(元)		百名学生拥有计算机差异系数与台数		生均图书差异系数与册数		设施条件(综合指数)	
	小学	初中	小学	初中	小学	初中	小学	初中
北部沿海综合经济区	0.526	0.404	0.409	0.304	0.223	0.215	0.075	0.061
	992.718	1387.884	13.082	13.930	29.983	41.244		
东部沿海综合经济区	0.474	0.438	0.289	0.313	0.302	0.307	0.072	0.070
	1878.137	2476.027	14.654	19.066	28.891	41.064		
南部沿海综合经济区	0.484	0.416	0.458	0.382	0.292	0.284	0.080	0.071
	1159.288	1720.846	10.459	13.067	25.432	35.194		
黄河中游综合经济区	0.533	0.408	0.423	0.333	0.288	0.257	0.082	0.067
	1159.208	1626.803	11.149	13.014	25.029	35.424		
长江中游综合经济区	0.513	0.418	0.460	0.369	0.275	0.254	0.081	0.069
	932.018	1355.639	9.211	11.057	23.787	32.764		
大西南综合经济区	0.514	0.404	0.405	0.272	0.276	0.194	0.079	0.058
	1260.234	1615.240	8.933	10.959	23.738	32.024		
大西北综合经济区	0.432	0.331	0.402	0.242	0.263	0.182	0.072	0.050
	1747.116	2076.582	12.443	13.351	23.958	30.543		
全国平均	0.498	0.406	0.408	0.323	0.275	0.246	0.078	0.065
	1264.324	1747.730	11.320	13.460	26.121	35.708		

注：设施条件三个维度六列数据中，每个区域每项数据横向上分为两行，第一行为差异系数，第二行为绝对平均值。

从表 3-4 可以看出，八大经济区设施条件各指标的绝对平均值存在明显差异。生均教学仪器设备值方面，小学最低是长江中游 932.018 元，最高是东部沿海 1878.137 元，北部沿海、南部沿海、黄河中游、长江中游、西南地区低于全国平均值；初中最低是长江中游 1355.639 元，最高是东部沿海 2476.027 元，北部沿海、南部沿海、黄河中游、长江中游、西南地区低于全国平均值。每百名学生拥有计算机台数方面，小学最低是西南地区 8.933 台，最高是东部沿海 14.654 台，南部沿海、黄河中游、长江中游、西南地区低于全国平均值；初中最低是西南地区 10.959 台，最高是东部沿海 19.066 台，南部沿海、黄河中游、长江中游、西南地区、西北地区低于全国平均值。生均图书册数方面，小学最低是西南地区 23.738 册，最高是东北地区 30.161 册，南部沿海、黄河中游、长江中游、西南地区、西北地区低于全国平均值；初中最低是西北地区 30.543 册，最高是北部沿海 41.244 册，南部沿海、黄河中游、长江中游、西南地区、西北地区低于全国平均值。

综合均衡指数和绝对平均值可以发现，对于设施条件而言，小学学段东部沿海、东北地区、西北地区绝对值高且均衡，北部沿海绝对值低但均衡，长江中游、南部沿海、黄河中游、西南地区绝对值低且均衡程度低；初中学段西北地区、东北地区绝对值高且均衡，西南地区、北部沿海绝对值低但均衡，东部沿海绝对值高但均衡程度低，长江中游、南部沿海、黄河中游绝对值低且均衡程度低。

从近年来义务教育发展实际看，随着近年来系列义务教育重大工程的实施，东中西部教育差距有所缩小，农村学校的教育教学条件得到迅速改变。有研究显示，各省初中生均仪器设备值的差异系数由 2006 年的 1.016 降至 2012 年的 0.811。[①]本研究通过《中国教育统计年鉴》发现，2008~2018 年，中国区域间办学条件的差异快速缩小。其中，东部、中部、西部生均固定资产值方面，2018 年小学生均固定资产值相比 2008 年分别增长 90.16%、65.88%、177.55%，初中生均固定资产值分别增长 165.31%、188.64%、232.31%。从城区、镇区、乡村三类地区看，2011~2018 年，小学生均固定资产值分别增长 60.48%、86.75%、133.96%，初中生均固定资产值则分别增长 96.63%、137.35%、183.65%，城区与乡村的小学生均固定资产值差距由 1763.61 元缩小到 265.55 元，初中生均固定资产值差距则由 2684.52 元缩小到 377.62 元。表明这期间我们区域、城乡间设施设备条件明显改善，且西部地区改善速度高于中部和东部地区，区域和城乡差距进一步缩小。

(三)八大经济区域间师资条件的差异分析

师资条件包括师生比、生均高于规定学历教师数(以下简称高学历教师数)、生均中级及以上专业技术职务教师数(以下简称专业教师数)三个指标。统计发现，各地区专业教师数的差异系数是师资条件三个指标中最高的，各地区师生比、高学历教师数这两个指标的差异系数相差不大。分学段分地区来看，东部沿海小学、西南地区初中师生比差异系数最低，分别为 0.218、0.242，小学和初中师生比差异系数最高的均为东北地区，分别为 0.475、0.365；东部沿海小学、初中生均高于规定学历教师数的差异系数均为最低，分别是 0.212 和 0.234，东北地区小学、初中高学历教师数的差异系数均为最高，分别是 0.463 和 0.363；东部沿海小学和初中专业教师数的差异系数均为最低，分别为 0.309 和 0.280，东北地区小学、长江中游初中专业教师数的差异系数最高。从师资条件的综合均衡指数看，东部沿海小学、初中师资条件均衡指数均为最低，分别是 0.150 和 0.155，东北地区小学、初中师资条件均衡指数均为最高，分别是 0.300 和 0.228，各地区间的师资条件均衡指数差异比较大。

表 3-5　不同区域师资条件差异系数与绝对值

区域	师生比差异系数与比值		生均高于规定学历教师差异系数与数量		生均中级及以上专业技术职务教师差异系数与数量		师资条件(综合指数)	
	小学	初中	小学	初中	小学	初中	小学	初中
东北综合经济区	0.475	0.365	0.463	0.363	0.519	0.375	0.300	0.228
	0.086	0.113	0.081	0.096	0.059	0.082		
北部沿海综合经济区	0.324	0.294	0.322	0.292	0.462	0.347	0.224	0.191
	0.063	0.086	0.057	0.073	0.034	0.056		
东部沿海综合经济区	0.218	0.243	0.212	0.234	0.309	0.280	0.150	0.155
	0.060	0.090	0.056	0.084	0.040	0.066		
南部沿海综合经济区	0.310	0.274	0.292	0.281	0.382	0.335	0.202	0.182
	0.059	0.086	0.053	0.070	0.043	0.060		

[①] 赵永辉："各级政府在义务教育均衡发展中的责任及履责成效"，载《教育学术月刊》2015 年第 7 期。

续表

区域	师生比差异系数与比值		生均高于规定学历教师差异系数与数量		生均中级及以上专业技术职务教师差异系数与数量		师资条件（综合指数）	
	小学	初中	小学	初中	小学	初中	小学	初中
黄河中游综合经济区	0.442	0.345	0.429	0.345	0.518	0.376	0.286	0.220
	0.071	0.096	0.067	0.078	0.035	0.052		
长江中游综合经济区	0.363	0.341	0.348	0.341	0.454	0.378	0.238	0.218
	0.058	0.090	0.051	0.066	0.037	0.063		
大西南综合经济区	0.310	0.242	0.303	0.245	0.419	0.311	0.212	0.163
	0.061	0.078	0.056	0.062	0.033	0.047		
大西北综合经济区	0.393	0.268	0.375	0.270	0.483	0.334	0.257	0.179
	0.073	0.087	0.068	0.070	0.036	0.048		
全国平均	0.352	0.300	0.341	0.300	0.442	0.345	0.233	0.194
	0.065	0.090	0.060	0.074	0.039	0.059		

注：师资条件三个维度六列数据中，每个区域每项数据横向上分为两行，第一行为差异系数，第二行为绝对平均值。

从表3-5可以看出，八大经济区师资条件各指标的绝对平均值存在明显差异。师生比方面，小学最低的是长江中游0.058，最高是东北地区0.086，北部沿海、东部沿海、南部沿海、长江中游、西南地区低于全国平均值；初中最低的是西南地区0.078，最高是东北地区0.113，北部沿海、南部沿海、西南地区、西北地区低于全国平均值。生均高于规定学历教师方面，小学最低是长江中游0.051人，最高是东北地区0.081人，北部沿海、东部沿海、南部沿海、长江中游、西南地区低于全国平均值；初中最低是西南地区0.062人，最高是东北地区0.096人，北部沿海、南部沿海、长江中游、西南地区、西北地区低于全国平均值。生均中级及以上专业技术职务教师方面，小学最低是西南地区0.033人，最高是东北地区0.059人，北部沿海、黄河中游、长江中游、西南地区、西北地区低于全国平均值；初中最低是西南地区0.047人，最高是东北地区0.082人，北部沿海、黄河中游、西南地区、西北地区低于全国平均值。

综合均衡指数和绝对值可以发现，对于师资条件而言，小学学段西北地区绝对值高且均衡，东部沿海、南部沿海、西南地区绝对值低但均衡，东北地区、黄河中游绝对值高但均衡程度低，北部沿海、长江中游绝对值低且均衡程度低；初中学段东部沿海绝对值高且均衡，西南地区、西北地区、南部沿海、北部沿海绝对值低但均衡，东北地区、黄河中游绝对值高但均衡程度低，长江中游绝对值低且均衡程度低。

从现实发展情况看，中国各区域师资条件得到极大改善。在大班额治理上，全国小学55人以上大班占班级总数的比例，从2008年的14.28%，降至2017年的6.71%，初中55人以上大班占班级总数的比例，从2008年的42.60%，降至2017年的12.25%。在师生比方面，按照新教师编制标准(小学生师比19：1、初中生师比13.5：1)，全国小学生师比2008年为19.85：1，2017年时降至16.98：1；全国初中生师比2008年为16.07：1，2017年时降至12.52：1，均优于教育部的标准，越来越多的省份按规定标准为义务教育学校配齐教师。[①]专任教师学历合格率方面,2008 年小学专业教师合格率为 99.27%,2013 年、2018 年时增至 99.83%、99.97%,同一时期初中专业教师合格率分别为 97.79%、99.28%、99.86%,教师学历与专业水平的持续提高,对促进教育质量发挥了重要作用。

(四)八大区域义务教育基础性均衡发展的综合分析

本研究采用层次分析法,通过专家调查得出八项指标的权重值,并求出不同区域小学、初中基础性办学条件均衡发展的综合差异系数。总体看,各地区初中基础性均衡发展综合差异系数均低于小学,表明各地区初中办学条件均衡程度高于小学。分地区分学段来看,小学综合差异系数最低是东部沿海区 0.369,最高是黄河中游区 0.493;初中综合差异系数最低是西北地区 0.300,最高是长江中游区 0.390,各地区小学综合差异系数大于初中。表明在小学学段东部沿海义务教育办学条件均衡程度最高,黄河中游均衡程度最低;初中学段西北地区均衡程度最高,长江中游均衡程度最低,各区域间小学义务教育办学条件的均衡程度差异大于初中。

三、研究结论

本研究聚焦义务教育基础性办学条件的区域间均衡差异。研究发现,初中阶段基础性办学条件总体均衡程度高于小学,并且在场地、设施、师资三个子维度上均衡程度都高于小学,其中东部沿海小学和初中之间的均衡程度相差最小。西北地区小学的基础性办学条件平均值高且均衡程度高,长江中游小学、初中的基础性办学条件平均值低且均衡程度低。东北地区小学、初中设施条件的平均值低但均衡,场地条件和师资条件的平均值高但均衡程度低。西南地区、黄河中游、北部沿海、南部沿海四类地区的小学、初中各类指数平均值都较低,且均衡程度相差较大。需要指出的是,本研究涵盖的通过督导评估的区县中,西北地区中有 43 个区县只有一所初中参加抽检,且纳入本研究的样本数量最少;东北地区有 16 个区县只有一所初中参加抽检,南部沿海和长江中游地区分别有 5 个区县只有一所初中参加抽检,北部沿海和黄河中游地区分别有 2 个区县只有一所初中参加抽检,西南地区有 1 个县只有一所初中参加抽检。各地区通过均衡检查的合格区县数量,参加均衡检查区县的样本学校数量都会对最后结果产生影响,其中对西北地区、东北地区、长江中游的影响尤为明显。而沿海地区部分区县因其发展水平较高而“免检”,未参加均衡合格检查,势必又会降低该地区在本研究中的整体得分。

从场地、设施、师资条件三个子维度看,各区域间场地条件的均衡程度差异不大,各地区教学及辅助用房面积的差异系数均低于运动场馆面积,表明各地区教学及辅助用房面积的均衡程度高于运动场馆面积的均衡程度,且运动场馆面积的地区内部差异要大于教学及辅助用房面积的地区内部差异。各区域设施条件的均衡程度差异也不大,各地区图书册数的差异系数是设施条件三个指标中最低的,设备值的差异系数最高,表明各地区图书册数的均衡程度高于计算机台数和设备值的均衡程度,而设备值的地区内部差异也大于计算机台数和图书册数的地区内部差异,可见国家在教育财政方面的宏观调控还是卓有成效的,

---

① 筱叶:“中小学‘生师比’达历史最好水平”,载《北京日报》2019 年 5 月 15 日。

但教学仪器设备值上还需进一步统筹。从师资条件来看，各区域师资条件的均衡程度差异比较大，尤其在专业教师数方面的差异非常显著，专业教师数的地区内部差异也很大。由此可见，即使是已经通过义务教育督导评估的区县，师资配置不均衡的现象仍然普遍存在。

第二节　区域内基础性办学条件差异研究

本研究同样采用2013～2016年间通过国家义务教育均衡督导检查的1670个区县的完整数据，研究八大经济区域间的内部差异，数据处理方式与区域间比较研究相同，区别在于研究对象改为省域，以省域为单位研究各经济区域内部差异。同时，本研究采用《义务教育均衡发展报告 2010》中使用的倍率方法，分析八大经济区域内的义务教育均衡发展基础性办学条件差异，即将某一地区内的各区县平均值按指标值排序，再按区县数平均分为 5 组，每组占 20%，用最高组和最低组的各指标平均值之比来反映地区内差距。

一、场地条件的区域内差异

从表 3-6 可以看出，小学和初中在场地条件上的区域内部差异不大，生均体育运动场馆面积的区域内差距大于生均教学及辅助用房面积区域内差距。

表 3-6　场地条件不同区域内部差异

区域		生均教学及辅助用房面积(m²)		生均体育运动场馆面积(m²)	
		小学	初中	小学	初中
东北综合经济区	下 20%	2.706	3.281	6.185	8.397
	上 20%	6.529	9.512	25.247	29.533
	倍率	2.41	2.90	4.08	3.52
北部沿海综合经济区	下 20%	2.873	3.478	5.745	6.668
	上 20%	5.128	7.075	15.056	17.565
	倍率	1.78	2.03	2.62	2.63
东部沿海综合经济区	下 20%	3.267	4.507	4.768	7.335
	上 20%	5.961	10.167	10.337	19.051
	倍率	1.82	2.26	2.17	2.60
南部沿海综合经济区	下 20%	2.879	3.875	3.958	5.491
	上 20%	6.434	7.994	13.275	17.697
	倍率	2.23	2.06	3.35	3.22
黄河中游综合经济区	下 20%	2.805	3.345	3.838	5.173
	上 20%	6.751	8.253	17.652	24.243
	倍率	2.41	2.47	4.60	4.69
长江中游综合经济区	下 20%	2.956	3.737	3.893	5.375
	上 20%	5.918	8.384	11.030	17.047
	倍率	2.00	2.24	2.83	3.17

区域		生均教学及辅助用房面积(m²)		生均体育运动场馆面积(m²)	
		小学	初中	小学	初中
大西南综合经济区	下20%	3.231	3.379	5.055	6.505
	上20%	6.176	6.886	12.604	14.035
	倍率	1.91	2.04	2.49	2.16
大西北综合经济区	下20%	3.104	3.563	5.279	5.921
	上20%	8.400	8.475	26.085	22.322
	倍率	2.71	2.38	4.94	3.77

（一）生均教学及辅助用房面积

不同地区内部生均教学及辅助用房面积的差距比较小，倍率为 1.7～3 倍，除南部沿海综合经济区和大西北综合经济区外，其余六大经济区都是初中差距大于小学。西北综合经济区小学内部差异最大，最高组县与最低组县的差距为 2.71 倍；东北综合经济区初中内部差距最大，最高组县与最低组县的差距为 2.90 倍；北部沿海综合经济区小学、初中内部差距最小，最高组县与最低组县的差距分别为 1.78 倍、2.03 倍（图 3-2）。

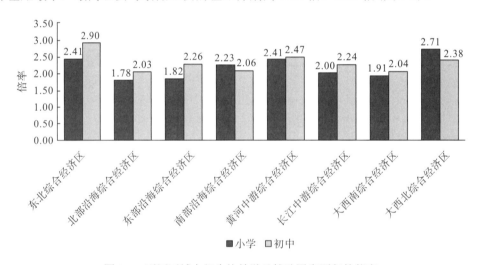

图 3-2　不同区域内部生均教学及辅助用房面积的倍率

（二）生均体育运动场馆面积

不同地区内部生均体育运动场馆面积的差距比生均教学及辅助用房面积明显，倍率为 2.1～5 倍。东北综合经济区、黄河中游综合经济区、大西北综合经济区三个地区的小学、初中内部差距都比较大，小学最高组县与最低组县的差距分别为 4.08 倍、4.60 倍、4.94 倍，初中最高组县与最低组县的差距分别为 3.52 倍、4.69 倍、3.77 倍（图 3-3）。

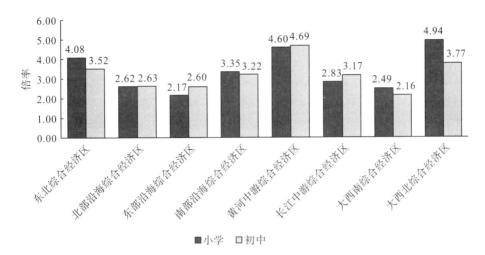

图 3-3 不同区域内生均体育运动场馆面积的倍率

二、设施条件的区域内差异

从表 3-7 可以看出，小学和初中在设备条件上的区域内部存在一定差异，但差异不大，生均教学仪器设备值的区域内部差异明显高于每百名学生拥有计算机台数和生均图书册数。

表 3-7 设备条件不同区域内部差异

区域		生均教学仪器设备值/元		每百名学生拥有计算机台数		生均图书册数	
		小学	初中	小学	初中	小学	初中
东北综合经济区	下 20%	762.284	1018.148	6.677	8.413	17.945	22.324
	上 20%	3546.067	4897.902	19.599	25.253	41.502	51.968
	倍率	4.65	4.81	2.94	3.00	2.31	2.33
北部沿海综合经济区	下 20%	476.578	804.813	9.187	9.769	24.343	31.202
	上 20%	1922.858	2636.551	17.983	20.313	35.299	50.567
	倍率	4.03	3.28	1.96	2.08	1.45	1.62
东部沿海综合经济区	下 20%	888.086	1294.337	8.573	10.794	22.673	32.500
	上 20%	3925.315	5359.560	21.817	29.146	39.334	54.769
	倍率	4.42	4.14	2.54	2.70	1.73	1.69
南部沿海综合经济区	下 20%	682.732	1005.395	6.959	8.406	18.707	26.317
	上 20%	2502.438	3446.468	16.459	20.038	33.166	47.130
	倍率	3.67	3.43	2.37	2.38	1.77	1.79
黄河中游综合经济区	下 20%	393.033	592.976	4.429	6.692	16.262	23.754
	上 20%	3174.310	4198.159	18.570	20.522	40.330	54.382
	倍率	8.08	7.08	4.19	3.07	2.48	2.29
长江中游综合经济区	下 20%	414.768	668.329	4.245	6.818	15.101	21.614
	上 20%	1689.147	2659.968	14.572	18.251	34.225	46.595
	倍率	4.07	3.98	3.43	2.68	2.27	2.16

续表

区域		生均教学仪器设备值/元		每百名学生拥有计算机台数		生均图书册数	
		小学	初中	小学	初中	小学	初中
大西南综合经济区	下20%	558.111	726.628	5.450	8.083	16.758	23.096
	上20%	2375.245	3071.449	14.941	16.368	34.502	44.898
	倍率	4.26	4.23	2.74	2.02	2.06	1.94
大西北综合经济区	下20%	730.924	929.386	8.839	7.966	15.585	21.534
	上20%	3519.652	3700.481	25.377	22.246	38.063	41.513
	倍率	4.82	3.98	2.87	2.79	2.44	1.93

(一)生均教学仪器设备值

不同地区内部生均教学仪器设备值的差距都比较大，倍率为3.2～8.1倍，并且大部分地区的倍率都是在4倍以上，其中黄河中游综合经济区内部小学、初中的差距最为明显，最高组县与最低组县的差距分别为8.08倍、7.08倍(图3-4)。

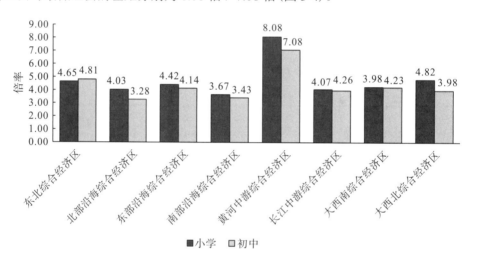

图3-4　不同区域生均教学仪器设备值的倍率

(二)每百名学生拥有计算机台数

不同地区内部每百名学生拥有计算机台数存在一定的差距，倍率为1.9～4.2倍。黄河中游综合经济区小学、初中内部差异均为最大，最高组县与最低组县的差距分别为4.19倍、3.07倍；北部沿海综合经济区小学内部差异最小，最高组县与最低组县的差距为1.96倍；西南综合经济区初中内部差异最小，最高组县与最低组县的差距为2.02倍(图3-5)。

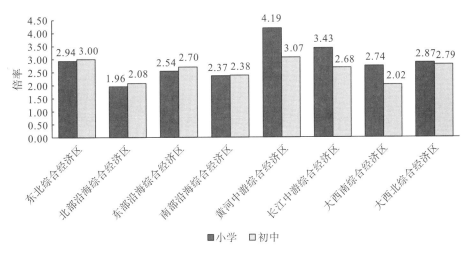

图 3-5　不同区域每百名学生拥有计算机台数的倍率

（三）生均图书册数

不同地区内部生均图书册数的差距比较小，倍率在 1.4～2.5 倍之间，并且小学、初中之间的差距不大。黄河中游综合经济区小学内部差异最大，最高组县与最低组县的差距为 2.48；东北综合经济区初中内部差距最大，最高组县与最低组县的差距为 2.33 倍；北部沿海综合经济区小学、初中内部差距最小，最高组县与最低组县的差距分别为 1.45 倍、1.62 倍（图 3-6）。

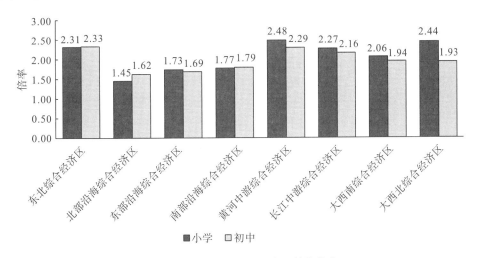

图 3-6　不同区域生均图书册数的倍率

三、师资条件的区域内差异

从表 3-8 可以看出，区域内部的小学和初中在师资条件上存在一定差异，但差异不大，师生比与生均高于规定学历教师数的区域内部差异要略低于生均中级及以上专业技术职务教师数。

表 3-8　师资条件不同区域内部差异

区域		师生比		生均高于规定学历教师数		生均中级及以上专业技术职务教师数	
		小学	初中	小学	初中	小学	初中
东北综合经济区	下 20%	0.060	0.086	0.057	0.069	0.040	0.057
	上 20%	0.160	0.200	0.151	0.161	0.111	0.152
	倍率	2.65	2.32	2.64	2.34	2.76	2.68
北部沿海综合经济区	下 20%	0.048	0.065	0.044	0.054	0.022	0.037
	上 20%	0.089	0.120	0.081	0.102	0.057	0.087
	倍率	1.86	1.85	1.84	1.90	2.59	2.33
东部沿海综合经济区	下 20%	0.047	0.070	0.046	0.066	0.027	0.047
	上 20%	0.077	0.126	0.111	0.156	0.076	0.116
	倍率	1.62	1.80	2.42	2.35	2.85	2.48
南部沿海综合经济区	下 20%	0.046	0.066	0.042	0.050	0.024	0.036
	上 20%	0.079	0.120	0.067	0.099	0.061	0.089
	倍率	1.71	1.82	1.62	1.97	2.52	2.48
黄河中游综合经济区	下 20%	0.047	0.066	0.045	0.049	0.021	0.033
	上 20%	0.117	0.149	0.111	0.121	0.078	0.094
	倍率	2.48	2.25	2.47	2.44	3.65	2.84
长江中游综合经济区	下 20%	0.044	0.065	0.038	0.044	0.023	0.041
	上 20%	0.081	0.128	0.069	0.095	0.059	0.096
	倍率	1.82	1.97	1.80	2.15	2.54	2.31
大西南综合经济区	下 20%	0.049	0.061	0.044	0.044	0.022	0.031
	上 20%	0.096	0.111	0.087	0.084	0.055	0.069
	倍率	1.98	1.80	1.96	1.91	2.50	2.23
大西北综合经济区	下 20%	0.052	0.065	0.050	0.049	0.018	0.024
	上 20%	0.115	0.135	0.114	0.108	0.069	0.085
	倍率	2.20	2.09	2.26	2.18	3.89	3.58

(一)师生比

不同地区内部师生比的差距比较小,倍率在 1.6~2.7 倍之间,并且小学、初中之间的差距很小。东北综合经济区小学、初中内部差异均为最大,最高组县与最低组县的差距分别为 2.65 倍、2.32 倍;东部沿海综合经济区小学、初中内部差距均为最小,最高组县与最低组县的差距分别为 1.62 倍、1.80 倍(图 3-7)。

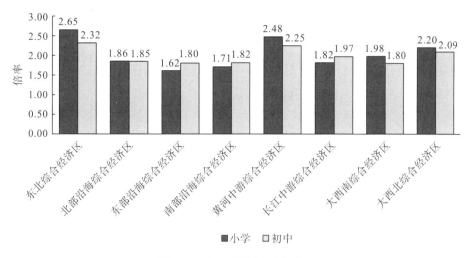

图 3-7　不同区域师生比的倍率

（二）生均高于规定学历教师数

不同地区内部生均高于规定学历教师数的差距也比较小，倍率在 1.6～2.7 倍之间，并且小学、初中之间的差距不大。东北综合经济区小学内部差异最大，最高组县与最低组县的差距为 2.64 倍；南部沿海综合经济区小学内部差距最小，最高组县与最低组县的差距为 1.62 倍；黄河中游综合经济区初中内部差距最大，最高组县与最低组县的差距为 2.44 倍；北部沿海综合经济区初中内部差距最小，最高组县与最低组县的差距为 1.90 倍（图 3-8）。

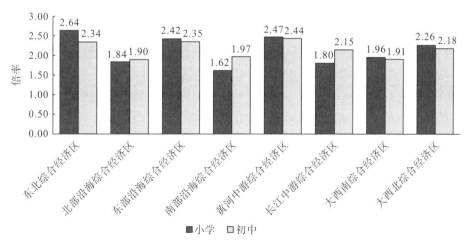

图 3-8　不同区域生均高于规定学历教师数的倍率

（三）生均中级及以上专业技术职务教师数

不同地区内部生均中级及以上专业技术职务教师数的差距较大，倍率在 2.2～3.9 倍之间，但是小学、初中之间的差距不大，如图 3-9 所示。西北综合经济区小学、初中内部差异均为最大，最高组县与最低组县的差距分别为 3.89 倍、3.58 倍；西南综合经济区小学、初中内部差异均为最小，最高组县与最低组县的差距分别为 2.50 倍、2.23 倍。

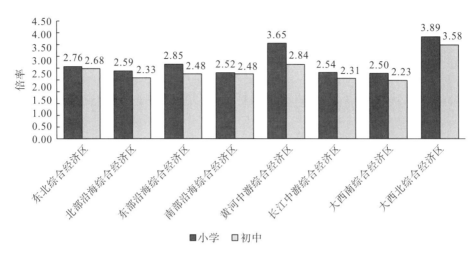

图 3-9　不同区域生均中级及以上专业技术职务教师数

四、研究结论

本研究以 2013 年国家启动义务教育均衡发展督导评估开始,至 2016 年通过督导评估的 1824 个县级单位为对象,分析八大经济区域内部的基础性办学条件差异。从场地条件的均衡指数来看,区域内部场地条件的均衡程度差异并不大,生均体育运动场馆面积的地区内部差异要大于生均教学及辅助用房面积的地区内部差异。从设备条件看,生均教学仪器设备值的地区内部差异要大于每百名学生拥有计算机台数和生均图书册数的地区内部差异。可见国家在教育财政方面的宏观调控还是卓有成效,但在教学仪器设备值方面的分配不够均衡。从师资条件的均衡指数来看,各区域师资条件的均衡程度差异比较大,生均中级及以上专业技术职务教师数的区域内部差异要大于师生比和生均高于规定学历教师数的区域内部差异。由此可见,即使是已经通过义务教育督导评估的区县,师资配置不均衡的现象仍然存在。师资配置均衡一直是义务教育均衡发展的重难点,尽管国家已经采取多项举措予以调控,但师资均衡依然任重道远。

第三节　省域内义务教育发展差异研究

自 2013 年初启动全国义务教育发展基本均衡县督导评估认定工作以来,截至 2018 年,全国已有 2717 个县通过督导评估认定,占全国总县数的 92.7%,北京等 16 个省(区、市)整体通过评估认定。[①]县域义务教育均衡发展取得了历史性成效,而省域和区域内教育均衡发展势将成为下阶段义务教育发展的重要目标。评估省域内义务教育发展水平,研判区域间教育均衡差异度,成为制定下阶段教育发展路线图的先决条件。作为国家统筹城乡教育发展实验区,重庆市的城乡二元结构极为典型,重庆市委、市政府根据国家所出台的相关政策,出台《重庆市中长期城乡教育改革和发展规划纲要(2010—2020 年)》(以下简

---

① 王家源,徐光明,甘甜:"两千七百一十七个县实现义务教育基本均衡发展",载《中国教育报》2019 年 3 月 27。

称《纲要》），力求全面推进重庆市义务教育均衡发展。《纲要》指出要促进区域内教育的协调发展，针对不同地区现状要做到区别对待，如针对教育相对落后的渝东南地区要全面推进其义务教育发展水平，而针对渝东北地区要在现有基础上推进其义务教育持续健康的发展，对主城和周边地区义务教育发展较好地区主要采取促进其与周边地区义务教育相协调发展。实证分析重庆市下辖区县义务教育整体差异，以及区域间、区域内发展差异，既可为开展区域义务教育差异研究提供借鉴，又可为义务教育行政决策提供参考。

一、数据来源与处理

（一）数据来源

本研究数据来源于《重庆教育年鉴（2017）》中重庆市各区县2016年的义务教育数据，包括各区县小学入学率、初中入学率、小学生均校舍面积、初中生均校舍面积、小学生均运动场面积、初中生均运动场面积、小学生均教学仪器设备值、初中生均教学仪器设备值、小学百名学生平均计算机数、初中百名学生平均计算机数、小学生均图书量、初中生均图书量、小学生均教育事业费、初中生均教育事业费、小学生均公用经费、初中生均公用经费、小学师生比、初中师生比、小学专任教师比、初中专任教师比、升学率等21项数据，通过对数据的归类处理，本研究将上述指标整合为教育机会、办学条件、教育经费投入、教师资源、教育结果等五个一级指标。

重庆是一个大城市、大农村、大库区、大山区并存，城乡二元结构非常典型的直辖市，区域间教育发展水平差异明显。例如，教育经费总收入最高的区县是最低区县的6倍以上，生均预算内公用经费最高与最低更是相差19倍。为研判重庆市不同区域义务教育发展差异，本研究基于重庆市当前区域规划，将所辖40个区县分为四大片区，其中主城片区下辖渝中区、大渡口区、江北区、沙坪坝区、九龙坡区、南岸区、北碚区、渝北区、巴南区、北部新区①等10个区县，渝西片区下辖涪陵区、长寿区、江津区、合川区、永川区、南川区、綦江区、大足区、璧山区、铜梁区、潼南区、荣昌区和万盛经开区等13个区县，渝东北片区下辖万州区、开州区、梁平区、城口县、丰都县、垫江县、忠县、云阳县、奉节县、巫山县、巫溪县等11个区县，渝东南片区下辖黔江区、武隆区、石柱县、秀山县、酉阳县、彭水县等6个区县。

（二）数据处理

由于不同指标存在统计口径上的标准差异，不能直接运用各数据研究重庆市各区县教育发展水平，本研究因此采用综合评价方法对其进行标准化处理，基于熵权法建立综合评价模型。信息论认为，熵是对不确定性的一种度量，即信息熵度量了一个指标的随机性或无序性，也即是其离散程度。熵的特性决定可以通过计算熵值来判断某个指标的随机性及无序程度，信息量越小，指标的离散程度越大，熵也就越大，就意味着该指标对综合评价的影响（权重）就越大。因此本研究将基于熵权法建立综合评价模型，用以对重庆市各区县的义务教育均衡发展水平进行比较。

---

① 北部新区于2016年2月被撤销并划归两江新区，本书沿用当年统计年鉴中的提法。

　　具体操作上，本研究首先对 21 个原始指标进行同一化处理，即把指标的绝对值转化为相对值，在不改变原始数据结构前提下，解决不同质指标的同质化问题。本研究采用极差标准化变换，以消除量纲的影响。之后，根据信息熵的定义计算出每个指标所对应的信息熵，进而计算出其对应的冗余度，在归一化处理后即得到每个指标的组合权重。经过上述处理，本研究得出了义务教育发展水平各指标权重，包括 5 个一级指标、11 个二级指标和 21 个三级指标，各指标权重见表 3-9。

表 3-9　义务教育发展水平各指标权重

一级指标	二级指标	三级指标	组合权重
教育机会 (0.0308)	入学率 (1)	小学入学率(0.2532)	0.0078
		初中入学率(0.7468)	0.023
教育水平	生均校舍面积 (0.1333)	小学生均校舍面积(0.5698)	0.0404
		初中生均校舍面积(0.4302)	0.0305
	生均运动场面积 (0.1512)	小学生均运动场面积(0.4441)	0.0357
		初中生均运动场面积(0.5559)	0.0447
办学条件 (0.5317)	生均教学仪器设备值 (0.3335)	小学生均教学仪器设备值(0.4117)	0.073
		初中生均教学仪器设备值(0.5883)	0.1043
	百名学生计算机数 (0.2223)	小学百生计算机数(0.4755)	0.0562
		初中百生计算机数(0.5245)	0.062
	生均图书量(0.1597)	小学生均图书量(0.4900)	0.0416
		初中生均图书量(0.5100)	0.0433
	生均事业性经费支出 (0.4428)	小学生均教育事业费(0.4832)	0.0617
		初中生均教育事业费(0.5168)	0.066
教育经费 投入(0.2884)	生均公用经费 (0.5572)	小学生均公用经费(0.4816)	0.0774
		初中生均公用经费(0.5184)	0.0833
	师生比 (0.7554)	小学师生比(0.6033)	0.0587
		初中师生比(0.3967)	0.0386
教师资源 (0.1288)	专任教师比 (0.2446)	小学专任教师比(0.4095)	0.0129
		初中专任教师比(0.5905)	0.0186
教育结果 (0.0203)	升学率(1)	升学率(1)	0.0203

　　从表 3-9 可以看出，教育机会、办学条件、教育经费投入、教师资源、教育结果各占 0.03、0.53、0.28、0.13 和 0.02 权重。各二级指标中组合权重较高的有生均教学仪器设备值、百名学生计算机数、生均事业性经费支出、生师比等，以上指标作为教育发展的基础性条件，其重要性显著高于其他指标。

二、研究结果与发现

(一)重庆市各区县义务教育发展水平总体排名

根据 $Y_j = \sum_{i=1}^{m} \omega_i x_{ij}$ 计算模型，m 等于三级指标数 21，Y_j 代表第 j 个地区的综合得分，ω_i 等于第 i 个指标的组合权重，x_{ij} 代表第 j 个地区的第 i 个指标的标准化数据。根据以上公式，将每个样本的各指标标准化数据与其对应的组合权重相乘并求和，即得到该样本区县的综合评价得分，最后形成重庆市 40 个区县义务教育发展水平综合排名表(表 3-10)。

表 3-10　重庆市各区县义务教育发展水平综合排名

地区	综合得分	排名	地区	综合得分	排名
北部新区	0.622347	1	璧山区	0.366826	21
南岸区	0.579718	2	潼南区	0.357965	22
江北区	0.579444	3	奉节县	0.353013	23
万盛经开区	0.525806	4	北碚区	0.352834	24
沙坪坝区	0.501136	5	石柱县	0.340501	25
渝中区	0.488179	6	荣昌区	0.337672	26
巴南区	0.487787	7	綦江区	0.337539	27
大足区	0.477534	8	西阳县	0.330599	28
九龙坡区	0.460232	9	开州区	0.32694	29
渝北区	0.443837	10	秀山县	0.319019	30
南川区	0.429232	11	武隆区	0.315706	31
涪陵区	0.425465	12	巫山县	0.312555	32
长寿区	0.421505	13	合川区	0.308922	33
江津区	0.405021	14	城口县	0.305739	34
巫溪县	0.396905	15	永川区	0.294282	35
大渡口区	0.389218	16	忠县	0.270936	36
黔江区	0.380587	17	万州区	0.270431	37
梁平区	0.375965	18	丰都县	0.268928	38
铜梁区	0.372408	19	彭水县	0.240606	39
云阳县	0.367214	20	垫江县	0.196782	40

本研究将重庆市 40 个区县义务教育发展水平分为 5 个等级，即义务教育发展高水平区县、义务教育发展较高水平区县、义务教育发展中等水平区县、义务教育中下水平区县、义务教育发展低水平区县。通过对表 3-10 得分进行聚类分析，形成重庆市 40 个区县义务教育发展水平分层结果(见表 3-11)。

表 3-11　重庆市各区县义务教育发展水平分层结果

分级	区县
义务教育发展高水平区县	北部新区、南岸区、江北区
义务教育发展较高水平区县	万盛经开区、沙坪坝区、渝中区、巴南区、大足区、九龙坡区、渝北区
义务教育发展中等水平区县	南川区、涪陵区、长寿区、江津区、巫溪县、大渡口区、黔江区、梁平县、铜梁县、云阳县、璧山区、潼南区、奉节县、北碚区
义务教育发展中下水平区县	石柱县、荣昌区、綦江区、酉阳县、开州区、秀山县、武隆县、巫山县、合川区、城口县、永川区、忠县、万州区、丰都县
义务教育发展低水平区县	彭水县、垫江县

由表 3-11 可以发现，共有 10 个区县列入义务教育发展高水平和较高水平区县，除渝西片区的万盛经开区和大足区外，其余 8 个区全部来自主城片区。列入义务教育发展中等水平的 14 个区县中，7 个区县来自渝西片区，另有来自主城区的大渡口区和北碚区，以及渝东北片区的巫溪县、梁平县、云阳县、奉节县，渝东南片区的黔江区。列入义务教育发展中下水平和低水平的 16 个区县中，除来自渝西片区的荣昌区、綦江区、合川区、永川区外，其余 12 个区县全部来自渝东北和渝东南片区。

（二）重庆市义务教育发展水平片区间差异分析

根据重庆市最新区域规划，本研究把重庆市分为主城区、渝西片区、渝东北片区、渝东南片区四个区域。统计计算各片区一级指标（表 3-12）发现，渝东北和渝东南两个片区在办学条件和教育经费投入两项指标上的贡献率较低。根据对义务教育发展水平各指标权重的研究，办学条件和教育经费投入对义务教育发展水平和各区县排名具有显著影响，据此可以发现，渝东北和渝东南两地义务教育低发展水平的主要症结在于办学条件和教育经费投入的不足。

表 3-12　重庆市不同片区一级指标均值

片区	教育机会	办学条件	教育经费投入	教师资源	教育结果
主城区	0.994	0.437845	0.415419	0.513369	0.88349
渝西片区	0.871483	0.359027	0.227407	0.542301	0.823315
渝东北片区	0.825797	0.266708	0.171213	0.479131	0.803345
渝东南片区	0.740467	0.275417	0.185135	0.565525	0.506617

为检验重庆市各个片区间义务教育发展水平是否存在显著性差异，本研究采用方差分析方法，从均值来判断各片区间差异。本研究引入了 F 分布的检验统计量，并与 95% 置信区间的临界值相比较，形成各片区间各一级指标值的方差分析结果。从表 3-13 我们发现，在 95% 的置信水平上，四个片区间教育机会、办学条件、教育经费投入、教育结果这 4 项指标上均存在显著性差异，而教师资源无显著差异。我们认为，各片区间教师资源无显著差异的原因在于近年来国家对农村地区教师队伍建设的重视，通过实施国培计划、乡

村教师支持计划、城乡教师交流等教师教育供给侧结构性改革措施，缩小了不同片区间的教师资源差异。综合各指标整体值，可以发现重庆市四个片区中，义务教育发展水平由高到低分别是主城片区、渝西片区、渝东北片区和渝东南片区。

表 3-13　各片区以及指标方差分析结果

指标		平方和	df	均方	F	显著性
教育机会	组间	0.276	3	0.092	2.974	0.044
	组内	1.113	36	0.031		
	总数	1.389	39			
办学条件	组间	0.185	3	0.062	7.769	0.000
	组内	0.285	36	0.008		
	总数	0.470	39			
教育经费投入	组间	0.374	3	0.125	7.224	0.001
	组内	0.620	36	0.017		
	总数	0.994	39			
教师资源	组间	0.038	3	0.013	.755	0.527
	组内	0.599	36	0.017		
	总数	0.636	39			
教育结果	组间	0.585	3	0.195	6.563	0.001
	组内	1.069	36	0.030		
	总数	1.654	39			

（三）重庆市义务教育发展水平区域内区县间差异分析

本研究进一步对各片区区县间差异进行分析。从图 3-10 可以看出，主城片区义务教育发展水平整体较高，但是在办学条件、教育经费投入和教师资源等方面也存在显著差异。在教育机会和教育结果方面，片区内没有较大差异，且都保持较高水准。办学条件方面，北部新区综合水平最高，北碚区相对滞后。教育经费投入方面，区域内投入最高的江北区该指标得分值达到 1，最低的北碚区仅为 0.2 左右，这与当前各地经济发展水平密切相关。教师资源方面，渝中区综合水平最高，南岸区相对滞后。总体而言，近几年经济发展较快的江北区、北部新区、渝北区在教育经费投入和办学条件等方面水平较高，渝中区、沙坪坝区、北碚区等传统教育强区在教师资源方面积淀深厚。

图 3-11 呈现了渝西片区各区县义务教育发展一级指标水平。整体而言，渝西片区除了在教师资源上差异较显著外，其他方面都比较均衡，特别是教育机会和教育结果方面，都达到了较高水平。其中万盛经开区义务教育发展水平整体在区域内是最高的，在教师资源上遥遥领先于其他区县，在办学条件上也有领先优势。大足区在教育经费投入和教师资源方面也排名靠前，而这两个区也与其他主城区进入到义务教育发展较高水平层次中。永川区、合川区、綦江区、荣昌区在各项指标上都偏低，这四个区也被归入义务教育发展中下水平区县中。

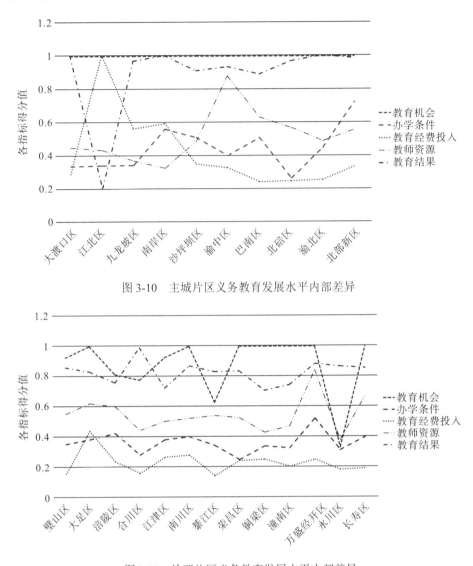

图 3-10　主城片区义务教育发展水平内部差异

图 3-11　渝西片区义务教育发展水平内部差异

图 3-12 呈现了渝东北各区县义务教育发展各一级指标水平，相比主城和渝西片区，渝东北整体义务教育发展水平较低。值得关注的是，巫溪县在办学条件高于其他区县情况下，教育结果却较低，说明义务教育发展水平除了受教育投入等因素影响外，还受到政府治理能力以及长期教育发展积淀的影响，改变教育落后状况绝非一时之功。在教育经费投入、教师资源、教育结果等指标上，梁平区、奉节县、云阳县等地综合表现相对较好，列入义务教育发展中等水平区县中。

图 3-13 呈现了渝东南各区县义务教育发展各一级指标水平，渝东南片区义务教育发展水平整体较低，其中办学条件和教育经费投入得分值均在 0.2～0.4。该地区属于民族地区，教育发展历史欠账较多，这一区域内区县基本上归为义务教育发展中下水平，只有黔江区位列义务教育发展中等水平区县。需要注意的是，这一区域在教育机会和教育结果上存在较明显的不均衡，区县间起伏波动明显。出现这种现象的原因估计与经济发展落后，

以及民众教育观念落后有关，认为教育投入大回报小，甚至产生了"教育无用论"思想，部分适龄学生放弃教育机会选择辍学，需要加大力度营造重视教育的积极社会氛围。

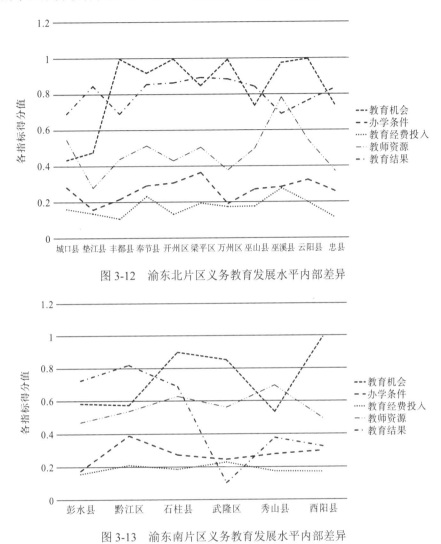

图 3-12　渝东北片区义务教育发展水平内部差异

图 3-13　渝东南片区义务教育发展水平内部差异

三、研究结论

本研究基于《重庆教育年鉴》提供的重庆市各区县义务教育发展数据，实证分析重庆市下辖 40 个区县整体间以及不同区域内的义务教育发展水平差异，得出如下结论。

(一)义务教育发展水平与经济社会发展水平总体同步

主城区 10 个区中有 8 个区列入义务教育发展高水平和较高水平，渝西片区 13 个区县中有 9 个区县属于较高水平和中等水平，渝东北片区、渝东南片区多数属于义务教育发展中下水平和低水平。上述结果与当前重庆市各区域经济社会发展水平基本一致。重庆市 2018 年各区县经济运行情况显示，GDP 总量排名前十名的区县中，渝北区、九龙坡区、渝中区、江北区、沙坪坝区、巴南区等 6 个区县被列为义务教育发展较高水平和高水平区县，入选率为 60%。与此相应，GDP 总量排名后十名的区县中，丰都县、秀山县、武隆区、石柱县、彭水县、酉阳县、巫山县、城口县被列为义务教育发展中下水平和低水平区县，入选率为 80%。

(二)办学条件和教育经费投入对义务教育发展水平有明显影响

在对 21 个原始指标进行标准化处理，从而最终形成 5 个一级指标的权重后发现，办学条件和教育经费投入对义务教育发展水平影响最大，其次是教师资源，而教育机会和教育结果影响甚微。这也证明各地义务教育已经普及，适龄儿童基本都能公平接受义务教育。事实上，随着"两免一补"政策实施和贫困学生资助体系的日益完善，实现了城乡义务教育适龄儿童免试就近入学，小学学龄儿童净入学率和初中毛入学率分别由 2008 年的 99.31%、97.24% 升至 2018 年的 99.97%、102.32%，进城务工人员随迁子女在公办学校接受义务教育比例，义务教育学校"择校生"比例均逐年下降。[①] 同时，重庆市实施营养改善计划，覆盖全市 40 个县 4900 多所义务教育学校，受益学生 177.4 万人，针对贫困学生的生活补助惠及学生 309 万人。[②]

(三)五个一级指标在四个片区间的差异显著度不一致

对重庆市四个片区进行差异分析，结果显示除教师资源无显著差异外，教育机会、教育结果、办学条件和教育经费投入均有显著差异，尤其以办学条件差异最为显著。本研究认为，出现这种情况的原因，一是经济发展水平高的地区能够为教育提供充足的物质保障，直接导致其能够有充足的经费投入教育领域，为学生购置图书、电脑和其他教学仪器，如江北区、渝北区等经济高收入地区基本都处于义务教育均衡发展高水平地区和较高水平地区。二是社会文化氛围好的区域，教育观念更先进，对通过教育进行人才培养的重视程度更高，如沙坪坝区、渝中区等。从教师资源看，片区间教师资源差异并不显著，但片区内教师资源差异却十分显著，这与区域内教师的待遇和对教师的专业发展支持有很大关系，导致在区域内教师扎堆到教师待遇较高地区。

(四)片区间和片区内的教育机会和教育结果均有较大差异

通过对四个片区间和四个片区内的差异分析可以得知，其教育机会和教育结果差异都十分显著。这恰恰说明在基本实现义务教育全覆盖的现阶段，仍有部分区域的适龄儿童失去了应有的受教育机会，更加说明我们在攻克这些"深水区"的重要性和必要性。本研究认为，出现这种情况的原因在于推进义务教育均衡发展任务重、周期长、困难大，从义务教育全面普及到义务教育基本均衡再到义务教育优质均衡需要一个长期漫长的过程，在推进义务教育更好更快发展的同时，需要强化政府在保障社会运行和对公共资源进行分配的主体责任，简化明确各级政府部门的职责范围与权限要求，把缩小受教育群体之间的差距作为首要目的。

---

① 对比《重庆教育年鉴》得出。
② 教育部："国家教育督导检查组对重庆市义务教育均衡发展督导检查反馈意见"，引自：http://www.moe.gov.cn/jyb_xwfb/gzdt_gzdt/s5987/202001/t20200116_415701.html。

第四章　县级政府履行义务教育均衡发展治理责任调查

推动义务教育均衡发展已成为全社会的广泛共识，各级政府为此出台了大量政策，实施了一系列改革举措。这一过程中，除了客观办学条件的改善，通过国家教育督导评估等硬性要求外，民众对政府履行义务教育均衡发展治理责任是否满意也是衡量义务教育发展水平的重要指标。作为政府提供教育产品的服务对象，民众在享受服务的同时也有权根据真实的直观感受和经验对服务质量和服务水平做出评价，也是督促政府提高执政能力和执政水平的有效方式。相较于其他社会群体而言，教师群体是教育系统的直接相关者，从事教育教学一线工作，密切关注教育动态，了解国家教育方针政策，践行教育政策规范要求，紧跟教育改革前进步伐，对地区义务教育均衡发展的实际情况最具有发言权。基于此，本研究以国家统筹城乡教育发展实验区的重庆市为对象，探讨在这样一个大城市、大农村、大库区、大山区并存，城乡二元结构非常典型的直辖市中，教师群体对政府履行义务教育均衡发展治理责任的总体满意度情况与个体差异，既可为开展教育发展公众满意度研究提供借鉴，又可为下阶段推进义务教育由县域均衡向省域均衡、由基本均衡向优质均衡发展提供决策参考。

第一节　指标构建与数据收集

在前期文献研究的基础上，本研究立足义务教育均衡发展这一教育热点问题，探讨教师对政府推进义务教育均衡发展工作的满意度，从而揭示重庆市义务教育均衡发展工作成效，检验政府教育治理能力和教育公共服务水平。

一、指标构建与信效度检验

依照奥斯邦(David Osborne、Ted Gaebler)等的观点，在公共管理领域，公众满意是指公众在获取政府提供的公共服务的过程中，使用前的期望与使用后的感受一致，由此产生的满意或认可等心理状态。[①]可见，对政府义务教育均衡发展治理责任的满意度也是一种心理状态和主观感受，表示的是公众对于政府提供服务的满意程度。

(一)指标体系构建

部分学者对义务教育均衡发展满意度进行了实证研究。宋农村基于"投入—管理—成

---

① Weimer D L: "Reinventing government: How the entrepreneurial spirit is transforming the public sector", *Journal of Policy Analysis & Management*, 2010, 13(1):187-192.

效"的逻辑,将政府教育政绩的评价指标分为教育投入、教育资源、教师队伍、教育普及率和教育服务品质五个维度。[1]戚晓明在农村义务教育家长满意度的研究中将办学条件、师资队伍、学校管理、教育教学、教育均衡五项内容作为农村义务教育家长满意度的一级指标,下设 21 个二级指标。[2]武苗在《政府基础教育资源配置公平性和公众满意度研究》一文中,对公众满意度测量的评价指标包括横向教育投入、纵向教育投入、学校师资设施投入、感知质量、教育公平程度感知、公众期望、公众满意、政府形象、公众信任 9 个一级维度,25 个二级维度。[3]

　　本研究测量教师对县级政府履行义务教育均衡发展治理责任的满意度。研究初期建立满意度评价指标是一项多层次、多维度的复杂工作。2012 年初,教育部印发《县域义务教育均衡发展督导评估暂行办法》,明确了县级人民政府推进义务教育均衡发展工作评估指标及要求,包括入学机会、保障机制、教师队伍、质量与管理四个维度。2012 年 9 月,重庆市颁布了《重庆市义务教育发展基本均衡区县督导评估实施办法(试行)》。本研究在参考前人已有研究的基础上,结合国家出台的政策文本和重庆市区县(自治县)人民政府推进义务教育均衡发展工作督导评估指标,从而构建教师对县级政府履行义务教育均衡发展治理责任满意度评价体系。该指标体系共包括一级指标 5 个,二级指标 11 个,三级指标39 个。表 4-1 是指标划分及构成。

表 4-1　教师满意度评价指标体系

一级指标	二级指标	三级指标
入学机会	关爱机制	进城务工人员随迁子女就学情况;留守儿童关爱体系;保障贫困家庭子女入学
	招生制度	三类残疾儿童少年入学率;优质普通高中招生名额分配到县域内初中;划片招生就近入学
	办学规模	中小学校规模;中小学班额;中小学大班额占比
体制机制	体制制度	区县政府专题研究解决义务教育均衡发展中的重大问题;义务教育均衡发展责任、监督和问责机制;教育督导机构建设;督学责任区建立;教育科研工作
	规划布局	义务教育均衡发展专项规划;学校布局结构调整规划;薄弱学校改造和村点校建设规划;城镇新区开发建设与学校建设同步情况
教育投入	财政拨款	教育经费"三个增长"情况;财政性教育经费向薄弱学校倾斜;农村税费改革转移支付资金用于义务教育
教师队伍	教师待遇	义务教育绩效工资制度;边远艰苦地区农村教师补贴;边远艰苦地区农村教师周转房建设试点
	教师配备	生师比;教师编制;高、中级教师结构
	培训交流	学校校长定期交流;学校教师定期交流;教师培训经费

(二)信度与效度检验

　　本研究采用自编问卷进行,问卷由 9 项基本信息及 63 道客观题组成(见附录 2),其中基本信息主要为人口学变量,客观题下设入学机会、体制机制、教育投入、教师队伍、

---

[1] 宋农村:"县级政府教育政绩评价指标体系的构建——基于'投入—管理—成效'评估模型的视角",载《当代教育科学》2011 第 23 期。
[2] 戚晓明:"基于因子分析的农村义务教育家长满意度研究——以江苏省为例",载《江苏社会科学》2015 年第 5 期。
[3] 武苗:"政府基础教育资源配置公平性和公众满意度研究",山西师范大学 2013 年硕士学位论文。

质量与管理五个维度。问卷客观题采用 Likert 五点量表作答。为保证问卷质量，需要对量表的信度和效度进行检验。其中，信度(reliability)即问卷的可靠性程度。根据克隆巴赫系数测得教师对政府推进义务教育均衡发展工作满意度量表的信度为 0.988，信度良好。效度(validity)即有效性，检验测量结果与考察的内容的吻合程度。经过 KMO 和 Bartlett 的球形度检验，量表的适切性量数为 0.982，问卷效度良好，适合做因子分析，见表 4-2。

表 4-2　问卷的 KMO 和 Bartlett 检验

KMO 取样适切性量数		0.982
Bartlett 的球形度检验	上次读取的卡方	69981.511
	自由度	1891
	显著性	0.000

(三)满意度模型构建与验证

为验证教师对县级政府义务教育均衡发展治理责任测评指标的结构效度，本研究选用 AMOS22.0 对量表的结构模型进行构建和验证。将入学机会、体制机制、教育投入、教师队伍、质量与管理五个一级指标作为潜变量，关爱机制、招生制度、办学规模等 11 个二级指标作为观测变量，建立在非标准化下的教师满意度测评因素分析图，得到如图 4-1 所示的结果。

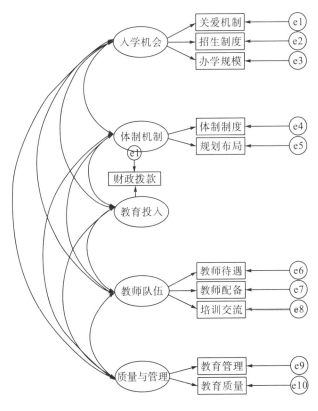

图 4-1　教师满意度测评因素分析图

利用结构方程评价模型度的好坏,需要观测的指标主要有:①卡方值与自由度的比值(χ^2/df)在 1～5 之间,数值越小,模型拟合越好。②良适性适配指标(GFI)在 0.9 以上时,即模型与数据适配度较好。③增值适配度指标(NFI、TLI)大于 0.9 即模型适配度良好。④渐进残差均方和平方根(RMSEA)须小于 0.1,小于 0.05 时表示适配度非常好。结果如表 4-3 所示:

表 4-3　问卷结构效度分析

拟合度指标	χ^2/df	CFI	NFI	TLI	RMSEA
	2.514	0.961	0.938	0.955	0.066

从表 4-3 可知:χ^2/df=2.514,CFI=0.961,TLI=0.955,NFI=0.938,RMSEA=0.066,这些模型拟合度指数均符合标准,说明问卷有良好的结构效度,拟合度较好,可以选用以上因子进行深入研究。

二、调查对象与数据收集

本研究采用线上调研的方式,通过网络发放问卷,共有 1184 人次参与调查,其中有效问卷 961 份,问卷回收率达 81.17%。问卷发放范围遍及重庆市 40 个区县,并按照地理区位将重庆所有区县分为主城区、渝西、渝东北、渝东南四大片区,在保证统计数据样本量的同时,便于客观反映重庆市地区间教师群体对政府推进义务教育均衡发展的满意情况。在对问卷进行回收并筛查后,将漏填、错填和存在明显瑕疵的问卷剔除,得到剩余有效问卷。其中主城区 188 份,渝西 310 份,渝东北 368 份,渝东南 95 份,共计 961 份。

该问卷的调查对象为重庆市各区县在职中小学教师。考虑到教师群体自身在性别、年龄、教龄等方面存在内部差异,加之任教年级、是否担任管理职务、所在学校类型等外部环境的差异,均会对研究结果产生影响,因此研究对象的选择要兼顾不同教育层次、不同职业类型的中小学教师,便于探究教师群体中人口学变量对政府义务教育推进工作满意度的影响因素。本研究的调查对象具体信息如表 4-4 所示。

表 4-4　参与调查教师基本信息统计

变量	类别	频率(N)	百分比(%)
性别	男	374	38.9
	女	587	61.1
年龄	25 岁以下	52	5.4
	25～35 岁	216	22.5
	35～45 岁	398	41.4
	45 岁以上	295	30.7
教龄	3 年以下	73	7.6

续表

变量	类别	频率(N)	百分比(%)
教龄	3～8 年	97	10.1
	9～20 年	344	35.8
	20 年以上	447	46.5
学历	研究生及以上	43	4.5
	本科	767	79.8
	专科	139	14.5
	中师或中专	12	1.2
所在学校类型	城区优质中学	113	11.8
	城区普通中学	196	20.4
	乡镇农村中学	265	27.6
	城区优质小学	109	11.3
	城区普通小学	152	15.8
	乡镇农村小学	126	13.1
任教年级	小学初段	138	14.4
	小学中段	105	10.9
	小学高段	167	17.4
	初中	551	57.3
职称	中学高级教师	130	13.5
	中学一级教师(小学高级教师)	401	41.7
	中学二级教师(小学一级教师)	268	27.9
	中学三级教师(小学二级教师)	108	11.2
	小学三级教师	4	0.4
	暂无职称	50	5.2
职务	校级领导	51	5.3
	学校中层管理者	119	12.4
	教研或年级组长	120	12.5
	普通教师	671	69.8
是否担任班主任	是	477	49.6
	否	484	50.4

从表 4-4 可以发现，从样本的地区分布看，调研的样本涉及重庆市所有区县，五大片区内样本数量均满足分析需要。样本的选取兼顾了教师自身和内外部等多种影响因素的考虑。所调研的教师群体以普通教师和女教师居多，绝大多数学历为本科学历，35 岁以上的教师超过 70%，在所在学校类型、任教年级以及是否担任班主任上样本分布较为均匀。性别分布上，男性教师 374 名(占比 38.9%)，女性教师 587 名(占比 61.1%)。年龄分布上，25 岁以下教师 52 人(占比 5.4%)，25～35 岁教师 216 人(占比 22.5%)，35～45 岁教师 398 人(占比 41.4%)，45 岁以上教师 295 人(占比 30.7%)。任职学校类型上，城区优质中学教师 113

人(占比 11.8%)，城区普通中学教师 196 人(占比 20.4%)，乡镇农村中学教师 265 人(占比 27.6%)，城区优质小学教师 109 人(占比 11.3%)，城区普通小学教师 152 人(占比 15.8%)，乡镇农村小学教师 126 人(占比 13.1%)。任教年级分布上，小学初段教师 138 人(占比 14.4%)，小学中段教师 105 人(占比 10.9%)，小学初高段教师 167 人(占比 17.4%)，初中教师 551 人(占比 57.3%)。样本整体上具有随机性和普遍性，符合进一步进行数据分析的前提。

第二节　调查结果与发现

本研究利用 SPSS22.0 对初测问卷进行信效度检验，修改题项后形成正式问卷。回收正式问卷后再利用软件对有效问卷进行求和、平均、百分比等常规数理统计，同时采用独立样本 T 检验、差异性检验等数理统计方法进一步进行数据分析，以测量一线教师对重庆市各区县政府履行义务教育均衡发展治理责任的满意度，对比各片区间的满意度差异，探究影响教师对政府推进义务教育均衡发展工作满意度的多重因素。

一、教师对县级政府责任履行情况的整体满意度

教育质量的提升一方面反映在大数据下各项指标、数值的增长，另一方面则取决于公众内心对于义务教育均衡发展程度的衡量。教师群体的满意度是县级政府推进义务教育均衡发展工作的有益补充。教师对县级政府履行义务教育均衡发展治理责任情况的总体满意度，包括教师整体上对各一级指标满意度情况，以及各片区整体满意情况。

(一)一级指标满意度情况

教师整体满意度主要通过描述性统计分析和单样本 T 检验构成。由表 4-5 可知，一线教师对县级政府履行义务教育均衡发展治理责任的一级维度满意度分值在 3.5~3.8 之间，处于中等偏上水平，可见教师群体总体上比较满意各县级政府的责任履行情况，其中"入学机会"维度满意分值最高(3.794)，"教师队伍"维度满意分值最低(3.539)。采用单样本 T 检验，将"教师队伍"维度的满意度分值作为检验值，与其他维度的满意度分值进行比较发现，其余三个维度与"教师队伍"维度的分值均有显著差异($p=0.000<0.05$，$p=0.008<0.05$)，教师群体对县级政府在"教师队伍"维度的满意度分值显著低于其他维度。各维度满意度分值综合比较看，教师满意度较高的是"入学机会""教育投入"两项指标，"体制机制""质量与管理"次之，"教师队伍"维度满意度分值最低。从满意度的分值体现出教师队伍的建设仍存在一定的欠缺。

表 4-5　教师对义务教育均衡发展治理责任各一级指标满意度情况的描述性统计分析

指标	N	平均值(E)	标准偏差	t 值	p
入学机会	961	3.7944	0.81124	9.778**	0.000
体制机制	961	3.6693	0.96934	4.184**	0.000
教育投入	961	3.7555	0.99172	6.782**	0.000

续表

指标	N	平均值(E)	标准偏差	t 值	p
教师队伍	961	3.5385	0.95274	0.000	1.000
质量与管理	961	3.6194	0.94035	2.666**	0.008

为深度揭示教师群体对县级政府履行义务教育均衡发展治理责任的满意度,选用单样本 T 检验,将总体满意度均值(X=3.675)作为检验值,与其他二级维度的满意度分值进行比较研究发现,除体制制度和教育管理两个维度外,其余各维度均与平均值有显著差异,其中,关爱机制、招生制度、规划布局、财政拨款、教师待遇的满意度显著高于平均值,办学规模、教师配备、培训交流、教育质量四项的满意度显著低于平均值。进一步观察各二级维度的平均值可以发现,教师对财政拨款、关爱机制、招生制度的满意度较高,而对教师配备、培训交流的满意度较低(表 4-6)。

表 4-6　县级政府履行义务教育均衡发展治理责任各二级指标的教师满意度情况

指标	N	平均值(M)	标准偏差	t 值	p
关爱机制	961	3.954	0.868	9.948**	0.000
招生制度	961	3.934	0.843	9.522**	0.000
办学规模	961	3.381	1.185	-7.697**	0.000
体制制度	961	3.611	1.017	-1.953	0.051
规划布局	961	3.747	0.985	2.270*	0.023
财政拨款	961	4.624	1.237	23.793**	0.000
教师待遇	961	3.788	0.944	3.708**	0.000
教师配备	961	3.390	1.068	-8.275**	0.000
培训交流	961	3.512	1.060	-4.766**	0.000
教育管理	961	3.625	0.984	-1.571	0.116
教育质量	961	3.613	0.968	-1.994*	0.046

说明:*表示 P 值小于 0.05;**表示 P 值小于 0.01

本研究与国家对重庆市各区县义务教育均衡发展督导检查结果基本吻合。国家教育督导检查组在 2013~2018 年间对重庆市 38 个区县进行了义务教育均衡发展检查,受检各区县的公众满意度水平均在 85%以上,佐证了教师群体对县级政府推进义务教育均衡发展工作的认可。在入学机会方面,重庆市政府近年来高度重视特殊群体的就学,对随迁子女、留守儿童、贫困学生、特殊儿童四类学生群体予以全面的关怀和保护,保障流动人口随迁子女接受义务教育。在财政拨款方面,重庆市加大对农村、边远、贫困和民族地区教育投入,"十二五"期间市级投入到 20 个贫困区县基础教育专项资金达 85.06 亿元。[①]在教师待遇和配备方面,重庆市在 2016~2018 年间建成农村教师周转房 1.53 万套,市级财政投入 13.3 亿元落实乡村教师岗位生活补助政策,推进中小学校长和教师交流轮岗工作,交流比例分别达到 28.6%、17.5%,师资配置均衡程度不断提高。[②]

---

① 王强,等:"重庆:优质均衡这碗水越端越平",载《中国教育报》2017 年 9 月 24 日。
② 重庆市人民政府:"重庆市坚持'六个一体化'均衡发展城乡义务教育",引自:http://ekail.cq.gov.cn/zqfz/shfz/jy/content_258815。

（二）片区内整体满意度情况

本研究采用单样本 T 检验，判断教师群体对区县政府推进义务教育均衡发展工作满意度情况，对各区县的满意度均值与"一般"水平的满意度最高分进行比较。通过表 4-7 可以看出：重庆市四大片区内，教师对区县政府推进义务教育均衡发展工作的满意度的分值在 3.68～3.85，显著性 p=0.000<0.05。由此可以判断，四大片区内教师对县级政府履行义务教育均衡发展治理责任的满意度处于基本满意水平。

表 4-7　不同片区教师整体满意度的单样本 T 检验

所在的片区	N	平均值（E）	标准偏差	t 值	p
主城区	189	3.85	0.962	6.460**	0.000
渝西	309	3.77	1.085	5.997**	0.000
渝东北	368	3.68	1.117	4.845**	0.000
渝东南	95	3.76	1.059	3.294**	0.000

说明：*表示 P 值小于 0.05；**表示 P 值小于 0.01

二、教师对县级政府责任履行情况满意度的片区间差异

教师作为社会群体成员对政府的工作依法享有批评建议权，教师群体对义务教育均衡发展的评价客观反映着教育系统内外部条件的改善情况和问题。从国家管理的角度来看，教师对义务教育均衡发展的满意程度代表着教师群体的教育诉求，是对政府教育政策制定和执行的问责方式之一，有利于形成良好的反馈与问责机制；是公众与政府之间进行良性互动的有益形式，有利于落实民主政治，提升公民参与公共事务的意识和能力。为检验重庆市各片区间教师满意度是否存在差异，本研究选用单因素方差分析探究主城区、渝西片区、渝东北片区、渝东南片区四大片区的教师满意度差异情况。

（一）片区间整体满意度的差异情况

如表 4-7、表 4-8 所示，对四大片区教师满意度进行方差分析后发现，四大片区教师对所在县级政府推进义务教育均衡发展整体的满意度均值虽有所不同，但在统计意义上 p=0.349>0.05，即不同片区的教师对义务教育均衡发展整体的满意度不存在显著差异。在一定程度上反映出各地整体的义务教育均衡发展程度相当，另外，也能够体现出各区县政府对义务教育均衡发展推进工作的重视和落实程度。

表 4-8　不同片区教师整体满意度上的方差分析摘要表

		平方和（SS）	自由度（df）	均方	F	显著性
	组之间	3.790	3	1.263	1.099	0.349
整体满意度	组内	1099.771	957	1.149		
	总计	1103.561	960			

（二）片区间各维度满意度的差异情况

仅仅得到不同片区教师群体对义务教育均衡发展整体情况的满意度还不能够说明片区间各个维度下教师对义务教育均衡发展的满意度情况，更不能从侧面反映出义务教育各维度的均衡发展情况。因此，本研究选用单因素方差分析进一步探究四大片区间教师对区县政府履行义务教育均衡发展治理责任各维度的满意度情况。

根据表4-9可知，在体制机制上 $p=0.047<0.05$，在教育投入上 $p=0.038<0.05$，四大片区存在显著差异。通过事后比较可进一步得知，主城区教师在体制机制上的满意度显著高于渝东北片区的教师；主城区教师和渝西片区的教师在教育投入上的满意度显著高于渝东北地区。考虑到主城区是重庆市政治、经济、文化的中心所在，各方面教育资源都更占优势，因此教师的满意度相对较高。而渝西片区是距离主城最近的片区，经济社会发展基础较好，教育政策的落实也为渝西片区的义务教育均衡发展注入了动力。

表4-9　不同片区教师在义务教育均衡治理责任一级维度上的满意度方差分析摘要表

		平方和	df	均方	F	显著性	事后比较LSD法
体制机制	组之间	4.877	3	1.626	2.734	0.047	A>C
	组内	897.165	957	0.937			
	总计	902.042	960				
教育投入	组之间	6.996	3	2.332	3.381	0.038	A>C
	组内	937.163	957	0.979			B>C
	总计	944.159	960				

尽管在入学机会、教师队伍、质量与管理三个一级维度上，四大片区不存在显著差异，但仍不能排除片区间在三个一级维度下某些二级指标存在差异的现象。根据这一假设，对11个二级维度与四个片区教师满意度的结果进行检验，检验结果如表4-10所示。

表4-10　不同片区教师在义务教育均衡治理责任二级维度上满意度的描述性统计量

		N	平均值	标准偏差
办学规模	主城区（A）	189	3.5146	1.11362
	渝西（B）	309	3.4337	1.19389
	渝东北（C）	368	3.2221	1.18477
	渝东南（D）	95	3.5579	1.23526

表4-11　不同片区教师在义务教育均衡治理责任二级维度上满意度的方差分析摘要表

		平方和	df	均方	F	显著性	事后比较LSD法
办学规模	组之间	16.487	3	5.496	3.952	0.008	A>C
	组内	1330.746	957	1.391			B>C
	总计	1347.233	960				D>C

由表 4-11 数据可知，在 11 个二级维度上除去体制机制和教育投入对应的三个二级维度，剩余 8 个二级维度。其中，办学规模与各个片区教师的满意度存在显著差异（$p=0.008<0.05$），通过事后比较进一步发现，渝东北片区教师的满意度显著低于其他三个片区教师的满意度。除此之外，在其余 7 个二级维度上，各个片区间的教师满意度不存在显著差异，反映出渝东北片区的教师对于区县政府推进义务教育均衡发展的某方面工作满意度相较于其他地区而言分值较低。我们推断，一方面渝东北地区据重庆市中心更为偏远，难以充分享受到市中心的辐射带动作用，另一方面渝东北与少数民族较多的渝东南相比受到的扶持力度不足，与教师的期望值产生了较大差距，因此满意度较低。

三、教师对县级政府责任履行情况满意度的人口学差异

除片区间义务教育均衡发展水平不同会导致教师的满意度存在差异以外，教师自身的内在特质和外部客观因素也会影响教师对义务教育均衡发展情况的评价。为了探究其中的关系，本研究选用百分比同质性检验，探究各类别教师作为自变量在因变量满意度上反应次数的百分比是否有显著差异。

（一）教师性别对义务教育均衡发展满意度的差异

在教师性别对区县政府推进义务教育均衡发展满意度是否存在差异的百分比同质性检验中，共测验了教师性别在入学机会、体制机制、教育投入、教师队伍、质量与管理五个维度的满意度上是否存在差异，上述五个一级指标的 Pearson 卡方值分别为 $\chi^2=27.522$、$\chi^2=16.625$、$\chi^2=28.197$、$\chi^2=24.238^*$、$\chi^2=12.956$，显著性概率值分别为 0.007、0.002、0.000、0.004、0.011 均小于 0.05，达到显著水平，表示男教师与女教师在入学机会、体制机制、教育投入、教师队伍、质量与管理五个层面的义务教育均衡发展满意度情况上均存在显著差异。同时选用单因素方差分析考察教师在二级维度上的满意度情况发现，男女教师在体制制度、规划布局、财政拨款、教师配备、培训交流上均存在显著差异。通过表 4-12、表 4-13 中的数据可知，在以上各维度的满意度数据中，男教师勾选不满意、不太满意的次数显著高于女教师。这一现状不仅体现出男性教师对教师职业的诸多不满，同时也从侧面证实公众对教师行业的刻板印象导致男性教师在教育行业难以获得成就感。

表 4-12　不同性别教师对区县政府推进义务教育均衡发展各一级维度意度

			性别						性别		
			男（A）	女（B）	事后比较				男（A）	女（B）	事后比较
入学机会	不太满意	计数	39	32	A>B	体制机制	不满意	计数	23	14	A>B
		百分比	4.10%	3.30%				百分比	2.40%	1.50%	
	基本满意	计数	111	222	B>A		不太满意	计数	43	43	A>B
		百分比	11.60%	23.10%				百分比	4.50%	4.50%	
	$\chi^2=27.522^*$						基本满意	计数	100	198	B>A
教师队伍	不满意	计数	20	14	A>B			百分比	10.40%	20.60%	
		百分比	2.1%	1.5%			$\chi^2=16.625^*$				

续表

			性别						性别		
			男(A)	女(B)	事后比较				男(A)	女(B)	事后比较
质量与管理	不太满意	计数	62	61	A>B	教育投入	不满意	计数	29	17	A>B
		百分比	6.50%	6.30%				百分比	3.00%	1.80%	
		χ^2=24.238*					不太满意	计数	35	23	A>B
	不满意	计数	18	11	A>B			百分比	3.60%	2.40%	
		百分比	1.90%	1.10%			基本满意	计数	104	203	B>A
		χ^2=12.956*						百分比	10.80%	21.10%	
								χ^2=28.197***			

表4-13 教师性别与各二级维度满意度均值的差异检验摘要表

	男性教师		女性教师		F	p
	M	SD	M	SD		
体制制度	3.515	1.115	3.672	0.945	5.438	0.020
规划布局	3.665	1.062	3.800	0.930	4.281	0.039
财政拨款	4.515	1.360	4.694	1.147	4.830	0.028
教师配备	3.284	1.107	3.457	1.038	6.011	0.014
培训交流	3.390	1.149	3.589	0.993	8.110	0.004

(二)教师年龄对义务教育均衡发展满意度的差异

在教师年龄对区县政府推进义务教育均衡发展满意度是否存在差异的百分比同质性检验中，在体制机制和教育投入两个层面，Pearson 卡方值分别为χ^2=22.193、χ^2=29.203，显著性概率值 p=0.035、p=0.004，均小于 0.05，达到显著水平，表示 25 岁以下、25～35岁、36～45 岁、45 岁以上的教师在体制机制满意度五个反映变量上，至少有一个选项选择次数的百分比有显著差异。进一步观察表格数据可以得知，45 岁以上教师在体制机制和教育投入维度勾选"基本满意"的百分比(4.10%，AR=3.1；3.00%，AR=3.3)显著高于25～35 岁的教师勾选此选项的百分比(4.10%，AR=-2.3；0.70%，AR=-2.0)，即 45 岁以上教师在体制机制和教育投入上的基本满意程度显著高于 25～35 岁的教师。透过数据反映出的是新入职教师与中年教师在满意度上的差异，相比而言，新教师可能存在期望值过高的情况，而中年教师长期以来在教学一线对教育体制和教育投入都有了更为客观和冷静的认识(表 4-14)。

表4-14 不同年龄教师对区县政府推进义务教育均衡发展各一级维度满意度情况表

			教师年龄				事后比较
			25 岁以下	25～35 岁	36～45 岁	45 岁以上	
体制机制	基本满意	计数	1	11	35	39	D>B
		百分比	0.10%	1.10%	3.60%	4.10%	
		χ^2=22.193*					

			教师年龄				事后比较
			25 岁以下	25～35 岁	36～45 岁	45 岁以上	
教育投入	基本满意	计数	0	7	22	29	D>B
		百分比	0.00%	0.70%	2.30%	3.00%	
		χ^2=29.203*					

（三）不同任教年级教师对义务教育均衡发展满意度的差异

在不同任教年级教师对区县政府推进义务教育均衡发展满意度是否存在差异的百分比同质性检验中，在体制机制和教育投入和教师队伍三个维度中，Pearson 卡方值为显著性概率值分别为 χ^2=24.049、χ^2=22.429、χ^2=23.029，p=0.02、p=0.033、p=0.027，均小于0.05，达到显著水平，表示小学初段、小学中段、小学高段、初中四类教师，至少有一个选项选择次数的百分比间有显著差异。进一步观察表格数据得知，初中教师在体制机制维度勾选"满意"的百分比（15.20%，AR=-2.7)显著高于小学初段教师勾选此选项的百分比（5.80%，AR=2.9)；初中教师在教育投入维度勾选"满意"的百分比（17.20%，AR=-2.4)显著高于小学初段教师勾选此选项的百分比（17.20%，AR=2.6)；初中教师在教师队伍维度勾选"不太满意"的百分比（8.50%，AR=2.2)显著高于小学初段教师勾选此选项的百分比（17.20%，AR=-3.2)。即初中教师在体制机制和教育投入上的基本满意程度显著高于小学初段的教师，而在教师队伍的建设上初中教师满意度显著低于小学初段教师（表4-15)。

表 4-15　不同任教年级教师对区县政府推进义务教育均衡发展各一级维度满意度

			任教年级				事后比较
			小学初段	小学中段	小学高段	初中	
体制机制	满意	计数	56	32	54	146	D>A
		百分比	5.80%	3.30%	5.60%	15.20%	
χ^2=24.049*							
教育投入	满意	计数	59	35	59	165	D>A
		百分比	17.20%	3.60%	6.10%	17.20%	
χ^2=22.429*							
教师队伍	不太满意	计数	6	17	18	82	D>A
		百分比	0.60%	1.80%	1.90%	8.50%	
χ^2=23.029*							

进一步分析不同任教年级教师在二级维度上的满意度差异发现（见表4-16)，小学初段教师在各维度上的满意度均显著高于初中教师；小学高段教师在体制制度、教师待遇、教育质量三项上的满意度显著高于初中教师。

表 4-16 教师任教年级与各二级维度满意度均值的差异检验摘要表

	小学初段(A)		小学中段(B)		小学高段(C)		初中(D)		F	p	事后比较(LSD)
	M	SD	M	SD	M	SD	M	SD			
体制制度	3.925	0.889	3.601	1.002	3.695	1.010	3.509	1.035	6.753	0.000	A>B/C/D; C>D
规划布局	4.060	0.815	3.729	1.003	3.813	0.987	3.652	1.005	6.739	0.000	A>B/C/D
财政拨款	5.000	1.094	4.690	1.181	4.653	1.289	4.509	1.248	6.062	0.000	A>B/C/D
教师待遇	4.056	0.868	3.795	0.985	3.867	0.881	3.696	0.961	5.948	0.001	A>B/C/D; C>D
教师配备	3.693	1.002	3.411	1.102	3.371	1.036	3.315	1.077	4.685	0.003	A>B/C/D
培训交流	3.826	0.937	3.583	1.043	3.545	1.042	3.410	1.083	6.051	0.000	A>B/C/D
教育管理	3.972	0.857	3.661	0.962	3.744	0.925	3.495	1.011	10.041	0.000	A>B/C/D
教育质量	3.910	0.889	3.610	0.959	3.678	0.958	3.519	0.977	6.408	0.000	A>B/C/D; C>D

(四)不同学校类型教师对义务教育均衡发展满意度的差异

在教师工作学校类型对县级政府履行义务教育均衡发展治理责任的满意度是否存在差异的百分比同质性检验中，在教育投入、教师队伍和质量与管理三个层面，Pearson 卡方值分别为 χ^2=39.448、χ^2=35.813、χ^2=36.634，显著性概率值 p=0.06、p=0.016、p=0.013，均小于 0.05，达到显著水平，表示六种学校类型的教师，至少有一个选项选择次数的百分比之间存在显著差异。进一步观察表格数据可以得知，城区普通小学的教师在教育投入维度勾选"基本满意"的百分比(6.90%，AR=3.3)显著高于乡镇农村小学教师勾选此选项的百分比(3.10%，AR=-2.1)；乡镇农村小学教师在教师队伍维度勾选"满意"的百分比(4.70%，AR=3.1)显著高于城区普通中学教师勾选此选项的百分比(3.40%，AR=-2.9)；乡镇农村小学教师在质量与管理维度勾选"满意"的百分比(5.00%，AR=3.3)显著高于城区普通中学教师勾选此选项的百分比(3.50%，AR=-3.1)。即乡镇农村小学教师在体制机制和教育投入上的满意度显著高于城区普通中学教师，而在教育投入上城区普通小学教师的满意度显著高于乡镇农村小学教师(表 4-17)。

表 4-17 不同学校类型教师对区县政府推进义务教育均衡发展各一级维度满意度

			所在学校类型						事后比较
			城区优质中学	城区普通中学	乡镇农村中学	城区优质小学	城区普通小学	乡镇农村小学	
教育投入	基本满意	计数	40	57	81	33	66	30	E>F
		百分比	4.20%	5.90%	8.40%	3.40%	6.90%	3.10%	
			χ^2=39.448*						
教师队伍	满意	计数	30	33	69	24	37	45	F>B
		百分比	3.10%	3.40%	7.20%	2.50%	3.90%	4.70%	
			χ^2=35.813*						
质量与管理	满意	计数	27	34	67	31	42	48	F>B
		百分比	2.80%	3.50%	7.00%	3.20%	4.40%	5.00%	
			χ^2=36.634*						

    通过单因素方差分析深度解析不同学校类型的教师在教育投入和教师队伍各二级维度的满意度，见表4-18。对比城乡学校发现，乡镇农村小学教师在各维度上的满意度均高于城区学校教师；对比中小学校的教师满意度发现，城区普通中学教师在各二级维度上的满意度均显著低于其他学校类型的教师，乡镇农村小学教师的满意度显著高于乡镇中学教师。根据这一结果可以推断，无论是城区还是乡镇农村中学教师对自己的职业规划，对现有教育资源配备及教育质量都尚未达到期望值。综合城区小学教师的满意度来看，义务教育均衡发展的差异不仅存在于城乡之间，同样存在于初中和小学不同学段间。

表4-18   所在学校类型与部分二级维度满意度均值的差异检验摘要表

		财政拨款	教师待遇	教师配备	培训交流
城区优质中学	M	4.679	3.792	3.423	3.5
	SD	1.209	0.968	1.087	1.097
城区普通中学	M	4.365	3.642	3.144	3.31
	SD	1.242	0.926	1.071	1.105
乡镇农村中学	M	4.567	3.717	3.409	3.465
	SD	1.273	0.999	1.084	1.077
城区优质小学	M	4.603	3.819	3.436	3.61
	SD	1.305	0.932	1.048	1.009
城区普通小学	M	4.727	3.898	3.417	3.628
	SD	1.036	0.803	1.007	0.932
乡镇农村小学	M	4.994	4.002	3.631	3.71
	SD	1.255	0.965	1.048	1.069
F		4.429	3.002	3.509	2.994
p		0.001	0.011	0.004	0.011
事后比较(LSD)		F>A/B/C/D B<A/E	B<E/F C<F	B<A/C/D/E/F	B<D/E/F C<F

第三节　调查结论与分析

    本研究基于自编问卷，对重庆市40个区县的1100余名教师进行了在线调查，探讨一线教师对县级政府履行义务教育均衡发展治理责任的总体满意度情况，以及不同性别、年龄、任教年级和工作学校教师的满意度差异。研究发现，一线教师基本满意县级政府的义务教育均衡发展治理工作，教师对县级政府加强教师队伍建设成效情况的满意度较低，不同年龄和不同任教年级教师的满意度存在显著差异，初中教师在体制机制和教育投入上的满意度显著高于小学初段的教师，而在教师队伍的建设上低于小学初段教师。同时，不同学校类型教师在体制机制、教育投入、教师队伍等维度上的满意度均存在差异，男性教师在各维度上的满意度均低于女性教师。

一、教师基本满意县级政府义务教育均衡发展工作

"发展公平而有质量的教育"是近年来教育发展的核心主题，教育质量的提升一方面反映在教育发展各项指标、数值的增长，另一方面则取决于公众内心对于义务教育均衡发展程度的衡量。区县政府是具体落实义务教育均衡发展各项政策的主要推动者，教师的满意度在一定程度上折射出区县政府在推进义务教育均衡发展上的工作成效。本研究调查的数据显示，教师群体在入学机会、体制机制、教育投入、教师队伍、质量与管理五个方面对政府工作的满意度分值分别为 3.79、3.67、3.76、3.54、3.62，均处于基本满意水平，这一调研结果与国家教育督导检查组对重庆市各区县义务教育均衡发展公众满意度的督导检查结果不谋而合，侧面反映了教师群体对区县政府推进义务教育均衡发展工作的认可。

调查结果显示，在入学机会、体制机制、教育投入、教师队伍、质量与管理五个方面，教师群体对于区县政府保障入学机会和教育投入这两个一级维度的满意度分值较高。进一步了解发现，近年来重庆市政府为推动义务教育均衡发展，着力从政策保障、财政经费、师资配备、教学硬件设施建设等方面入手。2011 年起，重庆市政府在 14 个区县为农村义务教育阶段的学生提供免费的牛奶、鸡蛋并供应免费午餐。自那以后，重庆市多次上调贫困生的生活补助，并特别规定了接受补助的对象，有效缓解了农村贫困家庭义务教育学生入学负担。在教育投入方面，重庆市政府出台了义务教育学校办学条件基本标准，从 2014 年启动 "全面改善农村义务教育薄弱学校基本办学条件工程"，到 2016 年 10 月底，重庆市新改扩建校舍类开工面积 183.1 万平方米；改造运动场地开工面积 250.1 万平方米，D级危房消除率、课桌椅配齐率、寄宿学生床位率、旗杆旗台设置率等 4 项均达到 100%，全市义务教育校舍标准化覆盖率达到 84%，比 2010 年提高 19 个百分点。[①]统计显示，2016～2018 年重庆市一般公共预算教育经费分别为 565.3 亿元、614.5 亿元、678.8 亿元，占一般公共预算支出比例分别为 14.1%、14.2%、15.0%。其中，义务教育总投入分别为 436.4 亿元、482.8 亿元、526.2 亿元，实现了逐年增长。[②]

在保障特殊群体受教育权方面，重庆市政府近年来高度重视特殊群体的就学。对随迁子女、留守儿童、贫困学生、特殊儿童四类学生群体予以全面的关怀和保护，实现了平等接纳三十万余名进城务工人员子女在城市学校就读；建成各类留守儿童活动场所，努力打造以政府为主导，全社会共同参与的留守儿童关爱体系，部分区县对留守儿童予以经济资助；保障贫困学生教育机会平等，为其提供免费教材及教辅资料，免费提供营养餐等，提高每名学生的年生活补助标准；为改善特殊学校办学条件，每年划拨专项经费，着重保证三类残疾儿童的受教育权利。统计显示，重庆市 2016～2018 年新建学校 204 所（含特殊教育学校 38 所），改扩建学校 1680 所，新增校舍面积 648 万平方米，新增学位 43.5 万个，办学条件持续改善。[③]

---

① 胡航宇："重庆市着力推进义务教育均衡发展"，载《重庆日报》2017 年 1 月 11 日。
② 教育部："国家教育督导检查组对重庆市义务教育均衡发展督导检查反馈意见"，引自：http://www.moe.gov.cn/jyb_xwfb/gzdt_gzdt/s5987/202001/t20200116_415701.html。
③ 教育部："国家教育督导检查组对重庆市义务教育均衡发展督导检查反馈意见"，引自：http://www.moe.gov.cn/jyb_xwfb/gzdt_gzdt/s5987/202001/t20200116_415701.html。

各片区间的满意度分值虽然在统计学上不具备显著差异,但具体对比各片区间满意度分值后发现,主城区教师相较于其他片区教师而言满意度分值最高,其次是渝西、渝东南、渝东北。因此,不同维度下教师满意度的纵向比较以及片区间的横向比较更进一步诠释了区县政府在推进义务教育均衡发展中的工作成效。

二、教师对县级政府履行教师队伍建设责任的满意度较低

强国必强教,强教必强师。义务教育的均衡发展离不开教育资源的合理配置,教师是实现义务教育均衡发展重要的人力资源。教师群体的不断进步是国家教育事业永续发展的基石。调查数据结果显示,教师队伍该维度的满意度是五个义务教育均衡发展一级指标中得分最少的,教师队伍下设教师待遇、教师配备、培训交流三个二级维度,其得分分别为3.7880、3.3899、3.5120,教师配备及培训交流两个二级维度的得分明显处于平均水平之下。教师配备包括学科教师配备、教师编制、教师的职称结构,相比较而言,教师群体对在编教师数量的满意度最低,对高、中级教师职称名额在校内、校际间、区际间的划分满意度较低,对音乐、体育、美术、科学、劳动技术、信息技术等学科专职教师配套程度的满意度较低。除此之外,教师群体对培训交流一项的满意度也处于较低水平,特别是对学校划拨的教师培训经费和安排培训机会的满意度不佳。由此分析,在培训交流上,现阶段教师交流培训的力度和辐射的教师人数还尚未达到理想化的程度,教师群体对自身职业发展的需求还存在一定的缺口,众多一线教师在教育教学理论、专业知识以及教学技能上仍期盼得到更进一步的提升。

近年来重庆市各区县政府不断提升教师队伍的整体质量,建立健全教师的补充、交流、奖励机制,并注重向农村地区倾斜。据统计,重庆市 2013～2019 年累计招收全科师范生7480 人,2016～2019 年国家和重庆市累计投入教师培训经费 4.27 亿元,培训乡村教师 10万余人次。[①]但是,教师配备上满意度偏低这一现状,反映出区域性义务教育师资配置不均问题。近年来国家督导组对重庆市部分区县义务教育均衡发展的督导结果显示,各区县在教师队伍的建设上普遍存在问题,主要表现为教师的学科结构、年龄、学历结构不合理,缺少音体美、信息技术、英语、科学学科的教师,教师队伍年龄结构偏大,专业教师学历偏低,高级、中级职称教师数量短缺。部分乡村学校的授课教师中还存在很大一批没有正式编制的代课教师。同时还提到了潼南、城口、梁平、垫江等区县在教师交流、外出培训上的比例较小。这样一来不仅很难提升区域间整体的教育质量,同时也加剧了城乡教育资源,拉大了城乡间教育均衡发展的差距。因此,现阶段教师队伍的发展成效与建立一支高素质专业化创新型教师队伍的发展规划仍存在一定的差距。

三、片区间体制机制、教育投入、办学规模的满意度存在差异

义务教育均衡发展重点关注的是县域内教育发展水平是否均衡,片区间、地区间的均衡将是下阶段义务教育发展的重点。调查结果显示,重庆市主城区、渝西、渝东北、渝东

---

① 教育部:"国家教育督导检查组对重庆市义务教育均衡发展督导检查反馈意见",引自:http://www.moe.gov.cn/jyb_xwfb/gzdt_gzdt/s5987/202001/t20200116_415701.html。

南四个片区的教师在体制机制、教育投入、办学规模上的满意度存在显著差异，其中渝东北片区的教师满意度显著低于其他片区。为进一步探究重庆市义务教育均衡发展情况，从而验证教师满意度的调研结果，本研究以《重庆教育年鉴 2015》中各区县公布出的中小学事业性教育经费、校舍占地面积、运动场占地面积、图书藏册等公示数据进行汇总计算。如表 4-19 数据所示，渝东北地区的生均预算内教育事业费在四个片区中投入最少，主城区在教育经费的保障上体现了绝对优势，充足的资金保障为学校硬件设施配备、人员支出、发展建设都提供了更为坚实的基础。对比数据可以发现，主城区在图书册数、生均仪器设备值、生均固定资产等多项指标上都占据了相当大的优势，渝东北和渝东南片区相比较而言处于劣势。区县内的经济发展水平以及区县政府的教育投入能力都将决定区县政府在义务教育发展中的投入力度，而教育投入的力度在一定程度上影响着学校的整体发展规划和学校的办学质量，更影响着区域间的义务教育均衡发展水平，必然在片区内教师的满意度上有所反应。

表 4-19　重庆市各片区部分教育经费及办学条件情况

	生均预算内教育事业费	校舍占地面积 （万 m²）	运动场面积 （万 m²）	图书藏册（万册）
主城	10907.66	34.46	15.67	51.39
渝西	7615.03	40.75	27.45	49.85
渝东北	6586.92	34.98	28.58	53.60
渝东南	7818.75	25.57	14.92	34.49

注：表格数据由《重庆教育年鉴 2015》整理所得

结合国家教育督导检查组对重庆市各区县义务教育均衡发展提出的问题反馈看，众多区县在"办学规模"这一层面存在问题较多，主要表现为学校的办学条件有待改善、多数区县的校舍、运动场和功能室的建设不达标、配套设置不够完善，其中包括潼南区、城口县、巫山县、开州区、永川区、梁平区、江津区、垫江县、黔江区、酉阳县等，而这些区县多数集中在渝东北和渝东南等距重庆市中心较远的周边区县。对主城区和部分城镇学校而言，办学规模上的问题主要表现为大班额现象。城区学校的校舍面积和可接纳生源数量有限，加之进城务工人员随迁子女的数量不断增加，导致优质教育资源紧缺。相当部分中小学仍然存在小学班额超过 55 人，初中超过 60 人的超大班额现象，在云阳县、合川区、武隆区等区县最大班额甚至接近 90 人。[①]而学校布局结构的调整、偏远学校的撤点并校、城镇新区开发兼顾学校建设等变动与义务教育均衡发展的布局规划有着密切的关系，反映出区县政府对于中小学发展规划的体制机制建设不够健全。因此，多方材料都印证了区域间义务教育的均衡发展在体制机制、教育投入、办学规模上仍存在一定的问题。

---

① 教育部："国家教育督导检查组对重庆市 9 个县（区）义务教育均衡发展督导检查反馈意见"，引自：http://www.moe.gov.cn/s78/A11/s8393/s7657/201801/t20180105_323821.html?ADUIN=906002842&ADSESSION=1551925641&ADTAG=CLIENT.QQ.5563_.0&ADPUBNO=26785。

四、校际间体制机制、教育投入、教师队伍的满意度存在差异

校际差异一直以来都是义务教育均衡发展的一块"硬骨头"。国家公布的监测数据显示，2010～2015 年五年间校际"差距非常明显"的比例从 40.64% 下降到 3.4%，但是"没有差距"一项的百分比从 0.8% 上升至 3.38%。[①]天价学区房、"择校热"等社会问题即是不断拉大的校际差异的真实写照。不论是全国大范围，还是区县小范围间都普遍存在着校际发展不均情况。义务教育均衡发展所面临的区域不均、城乡不均从本质上都可以归结为校际间的不均衡。调查结果显示，重庆市不同学校类型和不同任教年级的教师在体制机制、教育投入、教师队伍上的满意度存在显著差异。其中，初中教师在体制机制和教育投入上的基本满意程度显著高于小学初段的教师，而在教师队伍的建设上初中教师满意度显著低于小学初段教师；教育投入上城区普通小学教师的满意度显著高于乡镇农村小学教师。

不同学校类型和不同任教年级的教师群体满意度有所差异一方面是由教师的自身因素所导致的，另一方面则反映出义务教育在校际间的发展差异。其他学者的研究还发现，重庆市近年来区县间的校际差异有扩大的趋势，初中和小学的差异系数均有不同程度的上升。农村学校和城市学校在办学条件如校舍场地的标准化建设和硬件设施的配备上均存在巨大差异，相比城市学校，农村学校的建成率、配给率下降约 20%～30%。[②]

因此，同一区县校际间的差异可以归结为两个方面，一方面是城乡间的校际不均，另一方面是初中和小学在发展建设上存在差异。城市中小学和乡镇中小学的不均衡主要体现在教育投入和师资配备上。以 2018 年底国家教育督导检查组对重庆市潼南区、城口县、巫山县 3 个区县的义务教育均衡发展督导检查结果为例，这三个区县在生均教学及辅助用房面积、生均体育运动场馆面积、生均中级及以上专任教师数三项指标上的校际差异系数偏大，数值为 0.4～0.65。特别是城口县内小学的生均体育运动场馆面积差异系数高达0.916，巫山县内小学的生均中级及以上专任教师数差异系数达 0.648。中小学发展不均衡主要体现在办学条件以及教师队伍配备的各项指标上。如"生均教学仪器设备"上的投入，三个县初中平均投入均多于小学约 300 元，教师的学历层次初中整体优于小学。除生师比以外，初中学校在教育投入和教师队伍的建设情况上均优于小学。[③]

导致义务教育校际不均的原因是多方面的。首先是市场配置教育资源的必然结果。义务教育阶段的管理主体虽是政府，但校际之间在办学条件、办学质量、生源质量以及教师队伍等多方面仍存在诸多竞争。市场经济的本质决定了教育资源配置上倾向于更高效、利益最大化，这样一来使得优质学校在生源、师资、办学条件上都可以获得更多的青睐和资源，甚至能够获取更多预算外的其他收入，原本的校际差异上升至教育投入和资源配置的差异，进一步导致校际差异的扩大，从而形成难以破解的恶性循环。其次，除市场调节失灵之外，校际不均在一定程度上反映出区县政府对于义务教育校际间均衡发展的调控力度

① 张旭，陈国华："19 个重点大城市义务教育均衡发展监测与评价"，载《现代教育管理》2017 年第 2 期。
② 张辉蓉，盛雅琦，宋美臻："我国义务教育均衡发展的实践困境与应对策略——以重庆市为个案"，载《西南大学学报（社会科学版）》2018 年第 2 期。
③ 教育部："国家教育督导检查组对重庆市 3 个县（区）义务教育均衡发展督导检查反馈意见"，引自：http://www.moe.gov.cn/jyb_xwfb/moe_2082/zl_2018n/2018_zl94/201812/t20181229_365353.html?ADUIN=906002842&ADSESSION=1551925641&ADTAG=CLIENT.QQ.5563_.0&ADPUBNO=26785。

不足，缺乏对薄弱学校的保护、改造和扶持。再次，重点校政策导致的遗留问题。重点校政策是计划经济时期为改变教育水平整体偏低的现实情况而提出的特殊扶持措施，目的是通过分批次、有重点地办好一批重点学校，形成带动和榜样作用，从而推动教育质量的整体提升。早期重点校政策的颁布和实施，促使一批优质学生的产生，对当时教育质量的提升起到了积极的作用，但也导致现阶段校际间的差异一时难以填平。

五、男性教师在各维度上的满意度均低于女性教师

中小学教师队伍的平稳发展离不开男性和女性教师的共同努力，这关系到整个教师队伍的质量以及国家义务教育的发展。从社会性别的角度来审视教师队伍，不仅能够为教师队伍的发展建设提供一个全新的视角，同时可以更深入地分析义务教育阶段教师队伍中的深层次问题。所谓职业性别隔离，是指"某一性别的人口在某一类或某些职业上高度集中，形成与另一性别人口职业隔离的状态。"[1]这一理论在各职业领域得到了广泛的印证，男性被期待从事如科学家、政治家、军人等具有刚毅、进取、独立、远大特征的职业，而女性更容易被期待从事护士、中小学教师等充满爱心、耐心、风险与竞争较低的职业。[2]中小学教师队伍中普遍存在着教师性别结构分布不均的情况，女教师数量远多于男教师的数量。因此，多数研究者将研究重心放到了教师队伍的性别结构的研究中，放在了女性在职业中遭遇的"玻璃天花板"现象，更侧重于关注女性职业地位提升和观念的转变，而缺少了对教师行业中作为少数群体的男教师的关注。

调查结果显示，义务教育阶段男教师在入学机会、体制机制、教育投入、教师队伍、质量与管理五个一级维度上的满意度均与女教师有显著差异，男性教师各维度的满意度均低于女性教师。这一现状在一定程度上反映出男性教师对从事教育行业的期待与现实产生的落差，并从侧面反映出男性教师主观上的职业处境。综合多位学者的研究结果可以发现，男性教师的生存现状不尽如人意，男性教师在短暂性、偶发性、情境性、强度多变并伴有明显躯体反应的焦虑状态方面，即状态焦虑水平较高。有研究在探究教师的心理健康水平时发现，"男性教师在人际关系敏感、敌对、偏执、神经病性因子上的得分均高于女性教师且男性教师对社会支持的利用度明显低于女性教师。"[3]特别是农村男性教师在强迫、睡眠及饮食障碍等因子中也表现出与女教师有显著差异。[4]因此，男性教师对义务教育均衡发展的满意度较低与其自身的生存处境有着紧密的联系。究其原因可以归结两个方面，一是社会性别理论和文化上"男强女弱"的刻板印象，为教师这一职业的性别选择烙印上标签，二是反映了男性认为从事的工作应该富有挑战性、竞争性和发展前途，也即事业发展上的压力。

相对而言，中小学教师这一职业比较稳定，受到体制机制的束缚程度较大，教师的工资水平与企业员工相比并不具备优势，潜在的晋升空间也较小。男性教师通常认为自己难有作为，难以干出一番自己的事业。从女教师角度进行分析，固有的性别观念无形中降低

① 赵瑞美："职业性别隔离歧视理论小议"，载《中华女子学院学报》2003 年第 6 期。
② 郑新蓉：《性别与教育》，教育科学出版社 2005 年出版，第 68 页。
③ 杨昌辉：《教师心理健康水平及与社会支持的相关性》，载《中国临床康复》2006 年第 38 期。
④ 王有智：《农村中小学青年教师心理健康状况调查》，载《青年研究》2000 年第 9 期。

了女教师对自己社会地位、职业角色、自身专业、职业发展的期待，期望值的降低使得内心的满足感更容易实现，导致女教师对义务教育均衡发展各维度的满意度均高于男性教师。在社会压力上，中小学繁重的教育教学压力、过高的社会期望和家庭期望，使得男教师在经济负担和社会舆论上都不堪重负，导致男性中小学教师对自己从事的职业缺乏成就感和认同感。加之男性的坚强、刚毅、无所畏惧的性格特点和富有担当的社会角色使得男性中小学教师的不良情绪难以疏解，获得的社会支持较少，由此导致男性教师对于现行体制下义务教育均衡发展的满意度偏低。

第五章　西部贫困地区县域义务教育均衡发展实践案例

作为西部地区唯一的直辖市，重庆市面临着严峻的义务教育发展任务。由于重庆市"大城市、大农村、大库区"并存的特殊市情，区域差异尤为明显。课题组通过对重庆市 40 个区县义务教育综合发展水平的实证研究发现，重庆市渝东北库区和渝东南少数民族地区教育发展水平滞后，在区域内总体上处于义务教育发展中下水平区县和低水平区县，尤其是位于武隆山区的渝东南少数民族地区。基于此现实，重庆市人民政府制定了推进渝东北地区教育持续发展，提升渝东南地区教育发展水平，促进主城及周边地区教育协调发展的总体思路。截至 2019 年，重庆市所有 40 个区县全部通过国家义务教育均衡发展督导评估，成为全国第 21 个整体通过国家督导评估认定的省份。[①] 义务教育均衡发展工作取得突破性成就。在此，我们以位于重庆渝东南地区的黔江、酉阳、秀山、彭水为例，考察上述四个区县在推进义务教育均衡发展方面的做法和成效，总结西部贫困地区推进教育均衡发展的问题与经验。

第一节　重庆市黔江区推进义务教育均衡发展的实践经验

重庆市黔江区地处武陵山腹地，集革命老区、少数民族聚居区、边远山区、国家扶贫重点开发区于一体。由于黔江区自然环境以及经济状况等因素限制，致使黔江区义务教育均衡发展水平不高，城市学校与边远农村学校之间存在明显差距，严重影响教育公平目标的实现。近年来，黔江区政府始终把义务教育置于优先发展的战略位置，秉承"科教兴黔"和"人才强区"战略，重点关注义务教育均衡发展问题，积极响应国家以及重庆市号召，切实定位，科学统筹，全面结合黔江地方特色，出台了义务教育均衡发展的相关政策，构建了义务教育均衡发展经费保障机制，改造了偏远农村学校和薄弱学校布局，优化了教师队伍结构与整体素质，规范治理义务教育学校办学行为。截至 2017 年，全区共有小学 97 所，普通中学 27 所，普通初中在校生 2.43 万人，普通小学在校生 4.28 万人，初中和小学的适龄儿童入学率均达到了 100%。[②]

---

① 教育部："重庆市全面通过县域义务教育基本均衡发展国家督导检查"，引自：http://www.moe.gov.cn/jyb_xwfb/gzdt_gzdt/moe_1485/201912/t20191220_412946.html。
② 重庆市人民政府："重庆市黔江区 2017 年国民经济和社会发展统计公报"，引自：http://www.cq.gov.cn/publicinfo/web/views/Show!detail.action?sid=4316865。

一、出台义务教育均衡发展规划与政策

按照教育部和重庆市关于全面推进义务教育均衡发展的政策文件和规划指南,结合黔江区义务教育发展现状,黔江区政府以全区义务教育优质均衡发展为核心,积极回应全区中小学义务教育发展诉求,通过制定地区义务教育均衡发展规划纲要等文本,明确义务教育均衡发展目标、任务、进度计划和保障措施,以及辖区学校标准化建设机制,义务教育阶段学校办学行为规范办法,以有序推进全区义务教育均衡发展,构建黔江义务教育均衡发展政策引领机制。

(一)义务教育均衡发展的目标、任务、进度计划和保障措施

义务教育均衡发展是实现教育公平的基础环节,是满足城乡区域教育需求的重要保障,是促进城乡学生享受同等教育资源的有效举措。2012 年 11 月,黔江区委、区政府出台了《关于加快建设教育强区打造武陵山区教育高地的决定》,系统提出了黔江区义务教育均衡发展的目标与任务。一是使全区各中小学能够符合国家办学的标准,使办学经费得以保障。二是在于使教育资源能够满足当前义务教育教学需求,进而开齐国家所规定的学科课程。三是实现合理的教师资源配置,促进城乡教师相互流动,以提高教师队伍的整体素质。四是消除“大班额”现象,使学校班额能够符合国家权威标准。五是保障特殊群体能够得以公平地接受义务教育,并全面提高全区义务教育质量。此外,义务教育均衡发展还需满足 13 项基本指标,尤其是生均教学仪器设备值、生均图书、师生比等必须满足国家规定要求。

黔江区坚持政府统筹,成立以区长为组长,分管副区长担任副组长,其他相关部门的主要负责人为成员的义务教育均衡发展工作领导小组,该小组主要负责统筹协调义务教育均衡发展工作,以及相关事务的督导查办。同时,黔江区实施督导考评,构建义务教育均衡发展工作的相关监督机制和问责制度,以强化督政、督学以及义务教育均衡发展质量检测方面的职能,构建三位一体的义务教育均衡发展督导工作网络,推动黔江区义务教育均衡发展的保障机制日趋健全。

在推进义务教育均衡发展的过程中,黔江区政府及区教委始终坚持统筹规划,稳步推进,使全区义务教育质量明显提升。2015 年 11 月,来自重庆市政府的工作人员对黔江区义务教育均衡发展工作进行了严格审查和系统督导,在给予充分肯定的同时也明确指出了部分学校的大班额问题和设备不足等问题。2016 年,黔江区接受了义务教育发展基本均衡区国家督导认定。[①]2017 年,黔江区依托重庆市政府和市教委的相关规定,切实制定了《2017 年黔江区义务教育质量检测工作实施细则》,并顺利完成了全区义务教育质量检测。

(二)义务教育均衡发展规划和辖区学校标准化建设规划

为有效提升义务教育教学质量,切实满足国家以及重庆市关于义务教育均衡发展的督

---

① 重庆市黔江区人民政府:让孩子从“有学上”到“上好学”——国家、重庆市、黔江区推进义务教育均衡发展情况,引自:https://www.qianjiang.gov.cn/html/8/16158.html。

导标准，黔江区认真贯彻《重庆市义务教育条例》，并将义务教育工作纳入《黔江区国民经济和社会发展第十二个五年规划纲要》中，制定了《黔江区"十二五"教育事业发展专项规划》，旨在指导全区义务教育事业发展。2012 年，黔江区出台了《关于加快建设教育强区打造武陵山区教育高地的决定》等相关政策文件，规划了全面推进全区义务教育实现优质均衡发展，缩小城乡义务教育鸿沟，提升教育公平指数，满足民生教育诉求，提高义务教育满意度等实施路径。在制定辖区学校标准化建设规划的过程中，黔江区始终秉承"教学点向行政村集中、小学向乡镇集中、初中向片区集中、高中向城区集中"的基本办学原则，致力于改善不合理的学校资源分配问题，打破偏远地区学生上学难局面，实现义务教育阶段学生便捷入学的布局规划目标。黔江区正是着眼于当前教学实际，认真考虑城乡区域办学局限，以推动农村学校布局调整，落实辖区学校标准化建设要求。

（三）规范义务教育阶段学校办学行为的政策文件

规范义务教育阶段办学行为对于黔江区义务教育均衡发展具有一定的推动作用，不仅有益于加强农村学校和偏远山区薄弱学校的制度化建设，改善校风校纪以及学校办学条件，也有益于城乡中小学实现一体化协调发展。在规范义务教育学校办学行为的进程中，黔江区大力推行"1+N"集团办学模式，并印发了《黔江区深化集团办学工作实施方案》，[1]旨在丰富本区义务教育办学举措，加大对薄弱学校的帮扶，努力构建城区优质学校引领农村边远薄弱学校办学的发展局面，从宏观上改善农村中小学办学行为现状。此外，黔江区也非常重视中小学教师的师德师风建设，制定了《加强师德师风建设治理教育乱收费规范办学行为的实施意见》，严格治理中小学教师乱收费行为，规范学校办学举措。通过印发《加强教师师德师风建设实施方案》[2]，对全区中小学教师进行专项督查，加强查处力度，落实责任，处罚违规行为，以肃中小学办学纲纪。

二、保障义务教育均衡发展经费投入

教育经费投入是义务教育均衡发展的基础条件，也是确保义务教育工作顺利开展的关键保障。黔江区在统筹规划义务教育均衡发展战略的基础上，逐渐加大全区中小学教育经费投入，优化义务教育资金配置，以切实推进全区义务教育内涵式发展，保障全区义务教育阶段的儿童能够读好书、上好学。

（一）建立教育经费的长效保障机制，落实法定"三个增长"要求

义务教育均衡发展工作启动以来，黔江区持续加大义务教育经费财政投入，落实学生人均义务教育经费逐步增长，提高义务教育财政拨款比例，提升教职工工资和生均公用教育经费。2014 年，黔江区教育经费总收入为 114970 万元，包括国家财政性教育经费，社会捐、集资办学经费以及事业收入等，比 2013 年增加了 6776 万元，累计增长 6%。而教育经费总支出为 119764 万元，与 2013 年相比增加 11687 万元，增长了 10.81%。[3]2013

① 重庆市教育委员会："黔江区多措并举促进农村义务教育发展"，引自：http://www.cqjw.gov.cn/Item/27296.aspx。
② 重庆市教育委员会："黔江区教育系统扎实推进教育扶贫工作"，引自：http://www.cqedu.cn/Item/29296.aspx。
③ 重庆市教育委员会：《重庆教育年鉴 2015》，重庆出版集团重庆出版社 2016 年出版，第 110 页。

年至 2016 年期间，黔江区中小学已累计获得 7.68 亿元教育经费，用以满足全区中小学校基本建设需求[①]，优化学校格局，完善基础教育学校设施设备，稳步推进黔江区义务教育均衡发展。

2016 年 3 月，国务院印发《关于进一步完善城乡义务教育经费保障机制的通知》，黔江区根据通知要求，制定了《义务教育学校预算管理办法》《义务教育公用经费支出管理办法》《农村中小学资产管理办法》等政策制度，规范义务教育公用经费管理和保障机制。一是快速下达教育经费。根据各中小学学生人数以及薄弱学校的实际情况，在年初之时对全区中小学进行公用财政预算，提前及时发放 75% 的资金需求，确保全区中小学能获得有效资金保障。二是仔细分配义务教育经费。资金分配前必须仔细考量学校情况，包括学生人数、寄宿生情况以及薄弱学校困境等实际因素，秉承不足 100 人村小仍然按照 100 人预算的原则。对偏远薄弱学校严格执行兜底政策，要求小学不低于 25 万元一年，初中学校不低于 30 万元一年。三是明确义务教育经费使用要求。全区中小学按照具体经费管理条例，明晰义务教育经费使用流程和范围，使义务教育经费使用能够有章可循。四是构建经费监督机制。通过开展义务教育经费专项检查和绩效评价，全面追踪义务教育资金实际使用情况。并通过检查反馈以完善义务教育资金调整，尤其着眼于农村薄弱学校统筹发展，逐步推进义务教育发展均衡。[②]

(二)调动社会各部门支持发展教育事业

黔江区号召区级各部门积极投入教育事业，与黔江区教委携手合作，大力筹资捐助，以全面改善全区中小学办学条件。在 2008～2010 年，黔江区各部门积极助力农村学校建设，累计捐资 500 多万元；各镇乡街道党委政府也相继投入 200 万元教育经费，旨在全面改善学校办学状况，并用于大力表彰优秀教师。此外，黔江区水务局筹资 30 万元修建了黑溪小学的自来水厂，使学校能够获得安全、干净的自来水。黔江区民政局投资 60 万元修建了水市乡中心校综合教学楼，目的是改善学校学习环境，提升学生学习效率。黔江区各镇乡街道党委政府则聚焦学校教学设备设施等问题，加大义务教育经费投入比例。其中黔江区小南海镇政府总共捐助 10 万元修建了南海中学食堂；黄溪镇政府已投资 6.3 万元解决黄溪小学的饮水问题以及学校外道路硬化问题。[③]各部门基于义务教育均衡发展现状，积极识别义务教育均衡发展短板，尽其所能，积极筹资，无偿奉献教育力量，以助力义务教育事业顺利开展，也为促进教育公平，以及早日实现义务教育优质均衡发展构建资金保障。

(三)提高中小学生均公用经费标准情况

2015 年 11 月 28 日，国务院印发了《关于进一步完善城乡义务教育经费保障机制的通知》(国发〔2015〕67 号)。黔江区政府及各行政部门严格遵照文件要求，即从 2016 年春季开学起，统一全区城乡中小学生均公用经费基准定额，实现普通小学每年生均公用经

① 万诗意：《推进义务教育优质均衡发展的对策思考——基于重庆市黔江区的调研》，载《财讯》2017 年第 2 期。

② 中华人民共和国财政部：重庆黔江区"五字决"管好义务教育公用经费，引自：http://www.mof.gov.cn/xinwenlianbo/congqingcaizhengxinxilianbo/201603/t20160321_1917165.html。

③ 朱桂蓉，冉景高：《黔江区多渠道整合资源推进义务教育均衡发展》，载《科学咨询》2010 年第 5 期。

费 600 元，初中每年生均公用经费为 800 元的基本标准，以满足国家义务教育生均公用经费规范。据统计，除民办教育以外，黔江区 2013 年小学生均预算内教育事业费达到 5,656 万元，初中达到 6,891 万元；2014 年，小学生均预算内教育事业费与 2013 年相比累计增加 1,058 万元，初中生均预算内教育事业费增加 930 万元。而 2013 年小学和初中生均预算内公用经费分别达到了 1,911 万元和 2,599 万元，2014 年，小学生均预算内公用经费在 2013 年的基础上增加了 61 万元，增长 3.19%左右，初中增加 137 万元，增长约 5.27%。[①]黔江区着力加强义务教育经费保障，提高中小学生均公用教育经费标准，持续优化整合，以期为早日实现义务教育优质均衡发展奠定坚实的物质基础。

(四)设立义务教育均衡发展专项资金

黔江区以义务教育均衡发展重难点区域为出发点，持续完善义务教育专项资金建设机制。自 2012 年起，全区严格按照教育部印发的《关于农村义务教育学生营养改善计划专项督查的通知》要求，设立义务教育均衡发展专项资金以实现城乡中小学营养改善，加大义务教育阶段的学生困难补贴。2014 年，黔江区落实营养改善计划，规定为全区 131 所农村义务教育学校和 14 所城区义务教育学校全面实施营养改善计划。据统计，2014 年黔江区拨付农村义务教育学校营养改善计划专项资金达到 3301 万元，包括中央专项资金 2259 万元，区财政投入城区学生牛奶资金 590 万元和运行资金 146 万元，市财政投入营养改善计划运行资金 306 万元，总共惠及学生 69306 人，其中农村学生 36219 人，城区学生 33087 人。黔江区还拨款 1324 万元，用以购买义务教育阶段学生免费教科书和作业本，拨款 1398 万元用以资助贫困寄宿生，共惠及中小学生 23728 人。[②]

2016 年，黔江区实施 15 个贫困村小脱贫建设项目，成功兑现城乡中小学贫困寄宿生活补助 700 万元，投入 2546 万元作为义务教育学生营养改善计划专项资金，惠及初中生和小学生分别达到 11786 人和 6.8 万人。[③]通过设立义务教育均衡发展专项资金，使教育经费能够得以有效利用，聚焦义务教育均衡发展的薄弱环节，实现精准改善。而建立营养改善专项资金和寄宿生活补助资金，使学生吃得营养、健康、安全，住得安心、放心。

三、改造偏远农村学校和薄弱学校

偏远农村学校和薄弱学校与城市学校相比往往表现出教育资源配备不足，师资短缺，教学设备落后，致使农村义务教育形成上学难、上好学更难的恶性循环。黔江区从薄弱学校和偏远农村学校教育教学问题入手，精准定位，科学统筹，优化全区农村中小学布局，着力缩小城乡义务教育学校差距。

(一)优化中小学布局，加大农村教学点建设

黔江区地处武陵山腹地，由于自然环境和人口流动等因素致使农村地区人口分布不均，乡村中小学零星散落，学校布局不合理，且办学条件差，导致农村义务教育质量停滞

---

① 重庆市教育委员会：《重庆教育年鉴 2015》，重庆出版集团重庆出版社 2016 年出版，第 112 页。
② 重庆市教育委员会 ：《重庆教育年鉴 2015》，重庆出版集团重庆出版社 2016 年出版，第 112 页。
③ 刘清春：“黔江区 2016 年全力推进义务教育均衡发展纪实”，载《武陵都市报》2016 年 10 月 20 日。

不前，严重影响全区教育公平。为适应人口分布不均以及高速城镇化对义务教育均衡发展所造成的影响，黔江区大力统筹城乡中小学建设，依托人口普查和精准预测，秉承"教学点向行政村集中、小学向乡镇集中、初中向片区集中、高中向城区集中"的基本办学原则，不断优化农村中小学分布格局，加大农村义务教育教学点建设。同时，黔江区也非常重视农村中小学教育设施标准化配套建设，精准聚焦，对症下药，完善学校环境格局。2017年，黔江区累计投入 3719 万元用于建设五里小学食堂、濯水小学教学楼、杉岭小学运动场等 17 个项目，最终施工建成校舍面积达到 9513 平方米，运动场面积达到 30167 平方米。① 黔江区政府切合农村中小学布局现状，努力做到使每个适龄儿童都能从有学上到上好学，最终满足义务教育均衡发展诉求，适应学生频繁流动新常态。

(二)推进义务教育薄弱学校整体改革

健全的教学设备，先进的教育设施，无疑是满足教师教学需求和学生学习发展的重要载体。黔江加大了偏远农村和薄弱地区关于义务教育学校设施设备资金投入，坚持改造、引进先进教学设备。据报道，2016 年，黔江区政府完成投资 5062 万元，建立了 95 间标准化实验室，52 间计算机网络室，292 间"六大功能室"，同时还配备了 524 套"班班通"终端教学设备，2500 台教学电脑，最终完善了黔江区 122 所学校的信息化设备和先进教育技术设备。② 2017 年，黔江区政府再次投入 1235 万元，用以加快推进濯水小学教学楼建设等 29 个项目，并累计投入约 180 万元用以改善 84 所农村薄弱学校设施设备建设，③ 旨在解决农村义务教育薄弱学校设备不足等问题。

黔江区着力提升偏远农村学校和薄弱学校的信息化、标准化以及现代化水平，逐渐消除城乡义务教育校际差距，逐步达到教育部以及市教委规定标准。2016 年以来，黔江区认真推进乡镇寄宿制学校和乡村小规模学校建设，除濯水、太极、蓬东乡镇外，其余 21 个乡镇中心校均建成寄宿制学校，村完小从 65 所优化布局到 39 所。全面完成"改薄"任务，获全市专项考核并列第一。在学校信息化建设方面，实现宽带网络校校通、教学点数字教育资源全覆盖，中小学校园网建成率 100%，多媒体设备达标率 100%。百生计算机小学 11.7 台、初中 14.7 台，达标率均为 100%。④

(三)县镇学校进行扩容改造，解决城镇学校"大班额"问题

当前社会激剧变革，人才竞争愈发激烈，高速城镇化的趋势更加明显，进城务工的人口也越来越多，有限的城区教育资源已不能有效满足中小学生教育需求。黔江区政府为有效规避这一问题，倡导实施县镇学校扩容改造计划，累计新增公办中小学校舍面积达 1.97 万平方米，包括新建舟白中学、育才中学、舟白小学以及人民中学综合教学楼。2016～2019 年，建成投用濯水小学教学楼、重庆国维外国语学校、黔江初级中学、新华中学、人民中学、金溪学校改扩建工程和正阳小学、城东小学迁建工程，共计增加学位近 8000 个，有效改善因城镇化进程加快，进入城区居住、务工经商的人口逐渐增多，城区教育资源不能

---

① 重庆市教育委员会：黔江区"三抓三促"推进城乡教育一体化发展，引自：http://www.cqedu.cn/Item/28141.aspx。
② 刘清春："黔江区 2016 年全力推进义务教育均衡发展纪实"，载《武陵都市报》2016 年 10 月 20 日。
③ 重庆市教育委员会："黔江区教育系统扎实推进教育扶贫工作"，引自：http://www.cqedu.cn/Item/29296.aspx。
④ 刘清春："黔江区全力推进义务教育均衡发展"，载《武陵都市报》2019 年 12 月 5 日。

满足人民群众需求的现状。

此外，为有效控制城镇中小学班额规模，解决城镇学校"大班额"问题，减轻义务教育学校教师教学压力。一是各城镇中小学划片招生，同时保证城镇小学班额规模必须控制在 45 人以内，城镇初中班额人数需控制在 50 人以内。二是各中小学平均班额规模已达55 人的年级则不允许再接受转学生。三是为有效缓解城镇小学和初中升学招生压力，黔江区教委要求适当削减城镇小学附属幼儿园招生规模。[①]在保障学生就近入学的同时，黔江区也适当调配教育资源，解决了城镇学校"大班额"现实困境，对全区义务教育均衡发展大有裨益。

(四)对农村学校和薄弱学校的帮扶

黔江区政府积极着眼于农村偏远学校和薄弱学校义务教育推进工作，设法改善学校设施设备不足，教育资源有限，教学水平不高等突出问题。通过联合办学、集团办学等创新模式，不断引进优质教育资源。黔江区提倡运用一所优质小学或初中去联合一所或多所一般中小学或农村偏远薄弱学校，实现"管理联动、资源共享、研训一体、发展同步"的城区优质学校帮扶农村薄弱学校。[②]为此，黔江区实施了"1+N"集团化办学模式，并颁布了《黔江区深化集团化办学工作实施方案》，秉承地域毗邻、相互促进、共同发展的基本原则，全面开启 1 所城区优质学校引领帮扶 N 所农村薄弱偏远学校，先后组建成立了黔江中学北门分校集团、人民小学集团以及新华中学师范分校集团等 14 个集团学校。[③]

除了鼓励黔江区当地优质学校帮扶薄弱学校外，黔江区也与重庆市主城区的优质学校进行沟通，全面吸纳多方教育智慧。2015～2017 年，黔江区与重庆国维集团和外国语学校合作，成立了重庆市国维外国语学校，也和重庆八中、重庆南开中学、人和街小学以及谢家湾小学这四所优质品牌教育进行合作共建，对口帮扶黔江区中小学民族学校、菁华小学、新华中学和舟白小学，[④]着力促进城乡教育能够一体化协调发展，提高农村中小学办学条件与办学水平，基本实现义务优质教育资源全覆盖，满足全区中小学生日益增长的多样化、现代化以及优质化的教育诉求，使黔江区义务教育阶段的儿童能够真切享受到全国及全市丰富优质的教育教学资源。

四、优化教师队伍结构与整体素质

中小学教师是义务教育均衡发展的参与者和执行者。保障师资配置基本均衡，优化城乡教师队伍结构需灵活调整教师编制，积极推动城乡教师任职流动，并不断强化教师专业能力发展。黔江区通过开展特岗计划、城乡教师交流轮岗、全科教师培养以及公开招聘新教师等系列举措，提升农村义务教育学校教师队伍的整体素质，逐渐消除城乡、贫富、区域义务教育师资差距。

---

① 重庆市教育委员会："黔江区着力破解'大班额'难题"，引自：http://www.cqedu.cn/Item/25520.aspx。
② 姚长林："黔江义务教育均衡发展应对"，载《新经济》2015 年第 26 期。
③ 重庆市教育委员会："黔江区多措并举促进农村义务教育发展"，引自：http://www.cqjw.gov.cn/Item/27296.aspx。
④ 重庆市教育委员会："黔江区着力破解"大班额"难题"，引自：http://www.cqedu.cn/Item/25520.aspx。

（一）定向补充师资，推进城乡教师交流任职

黔江区推动构建并完善城乡教师交流轮岗机制，出台了《黔江区学校管理干部教职工交流办法》和《黔江区集团化办学干部及教师交流轮岗管理办法》等文件。2017 年，黔江区教育委员会积极落实文件要求，坚实遵循规章条例，全面开展城乡教师交流任职轮岗模式，当年完成交流校级干部 33 人，交流任职比例达 17.6%；交流教师 631 人，占专任教师比例的 14.8%。此外，黔江区还选派了城镇学校的 30 名骨干教师到乡镇学校轮岗支教，选取 11 名骨干教师到国维外国语学校进行任职支教。而初中和小学也各组建了 7 个集团，每个集团的牵头学校将会选派市区级优秀骨干教师在相关成员学校组建起学科流动工作站，[①] 进而加强城乡学校优秀师资流动，使城区优质师资下移至农村薄弱地区，打破义务教育固有的单项上位流动模式，创造性地形成逆向流动补偿模式，改变以往教师只从条件不好的学校流向条件较好的学校，从非重点中小学向重点中小学转移，从农村中小学向城镇中小学流动的固定趋势。黔江区创新实行的师资下位流动模式，使全区能够在城镇挑选出心理素质好、业务能力强、服务思想过硬的骨干教师，补偿性地派送到农村偏远学校和薄弱学校，[②] 联动发展，相互促进，带动提高农村中小学教师素质与教学能力。

（二）开展教师在职培训，提升教师专业化水平

黔江区根据教育部和重庆市教委有关规定，坚持设立专项教育经费用于开展义务教育阶段教师的在职培训工作，建立中小学教师培训提升机制。2010～2013 年，通过实行"研训一体"师资管理模式，全区开展了 5 类国家级培训项目，区级以上培训达 5632 人次。同时也大力提倡名师跨校带徒项目，送教下乡培训人数达到 472 人次，加大了各中小学教师向优秀名师和骨干教师的学习力度。2014～2017 年，黔江区所组织开展的中小学教师在职培训近 1 万人，其中农村教师学历提高支持计划的实施，提升了许多农村中小学教师学历水平。[③]

另外，黔江区还制定了《中小学名师工作室管理办法》、《中小学名师工作室建设实施方案》以及《名学校、名校长、名教师、学科带头人、骨干教师考核管理办法》等文件，在 2016 年确立了 5 位名师、3 位名校校长、组建了 5 个名师工作室[④]，充分发挥名师名校的带头作用、示范作用、引领和辐射作用。黔江区通过教师全员培训和学校管理人员培训等项目，改善了农村薄弱学校教师的业务水平；名师工作室的成立以及优质教学示范课的展示，使各中小学在职教师能够不断学习观摩，取长补短，完善学科专业技能。

（三）落实设立边远地区教师岗位津贴

设立边远地区教师岗位津贴，是保证边远地区教师能够"下得来"且"留得住"的有效方式。一是创建了农村教师生活关爱机制，以及农村教师生活补助递增机制，使农村教师能够安心从教。2017 年，黔江区兑现农村教师岗位生活补助 845.25 万元，建立了 479

① 重庆市教育委员会："黔江区五管齐下加强中小学教师队伍建设"，引自：http://www.cqedu.cn/Item/28075.aspx。
② 姚长林：《黔江义务教育均衡发展应对》，载《新经济》2015 年第 26 期。
③ 重庆市教育委员会："黔江区切实提升农村教师获得感幸福感"，引自：http://www.cqedu.cn/Item/27492.aspx。
④ 刘清春："黔江区 2016 年全力推进义务教育均衡发展纪实"，载《武陵都市报》2016 年 10 月 20 日。

套教师周转房，并把公租房优先分配给农村中小学以用作乡村教师临时过渡住房，此外，还发放近 100 万元统筹资金用于慰问和补贴学校生活困难的教职员工。[①]二是建立农村偏远地区教师评职优先机制，出台《黔江区乡村教师支持计划实施方案》，不断增加农村中小学教师高级职称和中级职称的比例，使乡村教师获得更多评选机会。黔江区要求义务教育教师的职称评选，能够向长期坚守在农村学校的中小学教师倾斜，并适当降低职称评定的学历门槛，且要求村校和教学点任教的乡村教师，在参评中级职称时将不受学校指标的限制。三是建立表彰激励机制。通过"最美乡村教师"的评选，以及农村从教 20 年、30 年的乡村教师荣誉称号授予，增强边远地区教师的任教荣誉感，有效激发了教师教学工作热情与幸福感。

(四)优化区域内教师队伍结构

义务教育教师队伍结构是否合理直接影响教师的整体素质和专业教学能力，并影响全区义务教育均衡发展水平的高低。黔江区注重教师联动发展的同时，也密切关注区域教师队伍结构建设，不断为城乡中小学注入新的师资力量。2016 年，黔江区教委通过公开教师招聘、特色学科计划以及特设岗位计划等，最终新招教师 161 人，包括农村美术、音乐以及信息技术等紧缺学科教师 61 人次，为农村偏远学校和薄弱学校注入了鲜活动力，有效缓解了黔江区义务教育学校中师资不足问题。[②]

2018 年，黔江区教委依托中小学教师编制总量和学科教学要求，按照教师公开招聘、特岗计划、区外选调、定向招录以及全科教师培养计划等形式，补充招聘相关学科教师，以优化教师结构，充实教师队伍。据统计，黔江区当年共新增教师 229 名，公开招聘 100 名农村特岗教师，培养了 49 名小学全科教师，38 名信息技术以及艺体专业学科教师，并根据"好干部"标准，重新优化配置 44 名各级中小学管理干部，[③]以期逐步打破农村偏远义务教育学校教师结构性缺编困境，统筹优化区域内教师队伍整体水平，为全区义务教育均衡发展提供坚实的人力保障。

五、规范治理义务教育学校办学行为

黔江区强调加强义务教育办学行为治理力度，坚决落实立德树人的教育理念。通过着眼于保障农村留守儿童及进城务工随迁子女的教育机会，重视义务教育课程完整开设，强化教师师德师风建设，杜绝教育乱收费和违规补课行为，稳步提升义务教育教学质量，提高学校办学规范化水平。

(一)保障随迁子女、留守儿童等群体入学机会

伴随着区域经济发展和社会结构变革，随迁子女和留守儿童逐渐增多，并成为义务教育均衡发展中亟待解决的问题之一。2016 年后，黔江区严格执行义务教育阶段的适龄儿童、少年在户籍所在地划片免试就近入学政策，强调所有学生应具有同等机会享受义务教

---

① 重庆市教育委员会："黔江区切实提升农村教师获得感幸福感"，引自：http://www.cqedu.cn/Item/27492.aspx。
② 刘清春："黔江区 2016 年全力推进义务教育均衡发展纪实"，载《武陵都市报》2016 年 10 月 20 日。
③ 重庆市教育委员会："黔江区五管齐下加强中小学教师队伍建设"，引自：http://www.cqedu.cn/Item/28075.aspx。

育资源。出台了《黔江区进城务工经商人员子女入学暂行办法》，实施了对进城经商务工人员子女进行科学统筹的工作计划，使其能够到城区中小学就近入学或相对就近入学，保障全区所有适龄儿童入学率达到 100%。[①]

与此同时，黔江区还着力构建了留守儿童关爱机制，以及残疾儿童送教到家的相关保障制度，形成了自学前教育到高等教育全过程资助体系。还规定免除城乡义务教育阶段所有学生的全部学杂费和书本费，要求为所有中小学生提供免费的相应教辅资料。对于生活困难的寄宿生和非寄宿生要求进行生活补助，确保所有贫困儿童、残疾儿童、随迁子女以及留守儿童接受平等、公正、优质的义务教育，杜绝出现各年龄阶段的儿童因贫困而失学的教育现象。2016～2019 年，全面落实各类资助 3.56 亿元，惠及学生 34.7 万人，通过"泛海助学行动"等多个平台，筹资 1120 万元，资助学生 5200 多人。[②]

(二)开齐开足国家规定课程，提高义务教育教学质量

义务教育课程是保障义务教育目标得以实现的载体。2011 年 5 月 1 日，重庆市人民代表大会常务委员会通过并实施《重庆市义务教育条例》，要求全市及各区县中小学严格执行国家和重庆市规定的课程计划、课程要求以及课程标准，开齐义务教育课程科目，开足学科课时，且义务教育课程门类、课程难度和课时都不得随意无故增减，对于思想品德课、体育课、美术课、音乐课、实验课以及综合实践课等课程不能取消和挤占。黔江区积极落实《重庆市义务教育条例》文件规定，要求全区义务教育学校开全既定课程科目，规范全区中小学课程学习。

在此基础上，黔江区也因地制宜，大胆创新，开发了系列独具特色的校本课程。2016 年以来，黔江区完善了各级各类学校质量考核办法，制定并实施黔江区《特色学校创建工作意见》《加强校园文化建设的意见》《关于加强中小学科技教育工作的意见》《学生社团建设的意见》等，全面实施体育、艺术、科技"2+2"项目工程和"1+5"行动计划，有效提升学生的综合素质和创新能力。如黔江区菁华小学在全面整合国家课程、地方课程的基础上，也致力于校本课程建设，形成了七彩阳光课程群，包括阳光律动、阳光启智、阳光精灵、阳光传承、阳光创客、阳光摇篮以及阳光点滴。同时，菁华小学还依托本区地域特色和历史文化，成功编写了《草莓红了》《小小美厨》等 12 套校本教材。[③]

(三)治理教育乱收费和违规补课等行为

黔江区严肃治理中小学乱收费行为，坚决杜绝教师违规补课。一是出台《加强师德师风建设治理教育乱收费规范办学行为的实施意见》和《加强教师师德师风建设实施方案》等文件规定，[④]开展了义务教育学校教师从教行为专项督查，强化违规行为查处力度，严肃处理有偿补课教师，并追究相应责任。二是加强社会舆论宣传，实施"五师"为主题的教育活动，包括"铸师魂、育师德、树师表、正师风、提师能"，并全面召开全区所有中小学校长有偿补课治理情况专题工作会议，认真传达和贯彻文件要求以及会议精神，以扎

---

① 刘清春："黔江区 2016 年全力推进义务教育均衡发展纪实"，载《武陵都市报》2016 年 10 月 20 日。
② 刘清春："黔江区全力推进义务教育均衡发展"，载《武陵都市报》2019 年 12 月 5 日。
③ 谭筱，黎敏，黎江飞："黔江：双管齐下 努力增加优质教育资源供给"，载《重庆日报》2017 年 11 月 1 日。
④ 重庆市教育委员会："坚决杜绝有偿补课行为"，http://www.cqedu.cn/Item/21465.aspx，2016 年 9 月 21 日。.

实推进中小学教师师德师风建设。

黔江区教委要求城乡中小学及时将《重庆市教育委员会关于严肃中小学招生考试补课等工作纪律的通知》等文件指南在各学校校园官网、微信圈、QQ群进行公布，使中小学所有教师都能够认真学习，领悟相关文件要求和规定，实现有法可依，有法必依，促进依法从教，杜绝有偿补课行为。同时，要求全区各中小学畅通监督渠道，积极鼓励全区所有民众及时举报，并抵制违规补课和教育乱收费问题。通过设置校长公开信箱，公布举报电话以及向家长发送《给家长的一封信》等形式，强化家校合作和家校联动，以建立家长监督体系，使义务教育学校时刻受到社会广泛监督。黔江区通过出台政策、明察暗访、社会监督等手段，有效杜绝教师违规补课、教育乱收费以及胡乱定制教育辅助资料等社会乱象，切实规范义务教育学校教师的从教规范，提升教师素质素养，强化教师师德风尚建设。

(四)督促减轻中小学生课业负担

黔江区在关注义务教育学生学业水平之际，大力推进中小学减负，强调应严格遵循重庆市教委出台的《减轻义务教育阶段学生过重课业负担深入推进素质教育十项规定》要求，执行一、二年级的学生不留额外书面课外作业，三年级至六年级的学生每天完成课外作业的时间严格控制在一个小时之内；初中学校每天所需完成的课外作业总量规定在1.5小时以内等规定。除对学生作业时间明确规定外，还确立了中小学早晚自习时间规范条例。其中小学上课时间不得早于八点半，中学不早于八点。各中小学教师不能拖堂或补课，对于学生的课间休息时间不能无故占用，更不能强迫走读学生上晚自习。对于在校住读学生不能够组织其上早自习和午自习，晚自习时间也不能超过两个课时，更不能利用晚自习上新课，违反自习课本意。黔江区切实遵守上级减负条例，努力规范全区义务教育学生减负行为，并依照政策指示建立了中小学生学业减负投诉反应机制，严格督查，落实责任追究，使义务教育始终秉承以素质教育为本的基本理念，保障全区中小学生得以快乐健康成长。

六、黔江区义务教育均衡发展问题与改进建议

黔江区通过出台义务教育均衡发展宏观政策规范，推进中观层面的特色办学和教师专业发展培训，落实微观层面的课程教学改革等工作，使黔江区义务教育呈现出协调、均衡的蓬勃生机。然而，义务教育均衡发展不可能一蹴而就，目前黔江区义务教育发展还存在一些不足之处。一是少数学校存在大校额、大班额现象的问题。截至2019年，全区共有12所学校规模超标。小学大于45人的班数有269个，占比为26.07%；大于55人的班数87个，占比为8.43%；小学最大班额65人。初中大于50人的班数79个，占比为15.99%；初中最大班额55人。二是部分学校标准化建设仍存在短板。目前，黔江区多所学校生均占地面积、生均校舍面积和生均体育运动场馆面积不足，共缺37万平方米。[①]三是部分学校设备配置不足、使用率不高，主要体现在缺乏理化生成套实验仪器、实验室、计算机教室、音乐美术教室、心理咨询室等方面。四是教师结构性短缺现象依然存在，统筹管理、

---

① 重庆市黔江区人民政府："关于印发黔江区义务教育基本均衡发展国家督导检查反馈问题整改工作方案的通知"，引自：http://a.qianjiang.gov.cn/html/29/48205.html。

动态调整教师编制的体制机制还不够健全，均衡配置教师还有差距。此外，少数学校校园安全管理仍存在漏洞，校园安全管理机制有待健全。

针对上述问题，着眼推进义务教育优质均衡发展，巩固前期义务教育均衡发展成果，一是要切实加强招生管理，优化教育资源布局。严格管控城区学校学生人数，按办学控制规模和辖区适龄人口数量核定招生计划，在新城区增办初中、增建小学、整合邻近中小学教育资源等方式，增加学位供给。二是大力推进学校标准化建设，进一步排查核实义务教育学校办学条件达标情况，建立未达标学校台账，"一校一策"制定整改方案，确保义务教育学校办学条件标准化建设顺利实施。三是加强义务教育薄弱环节改善和能力提升，补齐义务教育基本办学条件短板，确保义务教育学校全面达到办学条件基本标准。四是加强教师队伍建设，采取公开招聘、全科教师培养以及对具有相应学科基础的非专业教师培训转岗等方式，补充紧缺学科教师，解决学校结构性缺员问题。

第二节　重庆市酉阳县推进义务教育均衡发展的实践经验

酉阳土家族苗族自治县位于重庆东南部，地处武陵山腹地，面积 5173 平方公里，辖 39 个乡镇（街道），278 个行政村，总人口 85.44 万人，其中少数民族人口 78.72 万，占全县总人口的 92.13%，是重庆市面积最大、少数民族人口最多的自治县，是重庆市义务教育均衡发展的重难点县之一。截至 2018 年，全县共有各级各类学校 146 所，教职工总数 8093 人，其中专任教师 7752 人，小学专任教师 3999 人，初中专任教师 2016 人。全县普通初中在校生 34143 人，小学在校生 65655 人。[①]在市政府的带领下，酉阳县以国家义务发展基本均衡县创建为载体，不断推进教育公平、均衡、优质发展。

一、出台义务教育均衡发展规划与政策

教育是政府公共服务的首要组成部分，在"学有所教、劳有所得、病有所医、老有所养、住有所居"等诸项民生事务中居首位。出台义务教育均衡发展规划与政策是推进义务教育均衡发展，深化教育领域综合改革的重要前提，也是检验义务教育均衡水平的关键指标。

（一）义务教育均衡发展的目标、任务、进度计划和保障措施

酉阳县政府历来重视教育发展。2005 年，酉阳县实现"两基"目标，"两基"人口覆盖率达 100%；2007 年，通过国家"两基"督导评估验收，被教育部、财政部、发改委表彰为西部地区"两基"攻坚先进地区；2008 年，顺利通过重庆市人民政府"两基"复查验收。2013 年，酉阳县提出了建设武陵山区教育高地、打造教育强县的发展目标，以教育健康持续发展为主题，以提高教育教学质量为重点，以教育改革创新为抓手，促进教育改革和发展。2014 年酉阳县按照"有限发展、促进均衡、突出特色、保障公平"的要求，以关注民生为基点，以质量提升为根本，以人民满意为标尺，深化教育改革，加强队

---

① 重庆市酉阳土家族苗族自治县人民政府："酉阳自治县 2018 年国民经济和社会发展统计公报"，引自：http://youy.cq.gov.cn/html/content/19/04/46514.shtml。

伍建设，强化文化育人，转变工作作风，推动全县教育深入发展。2016 年通过国家义务教育均衡发展督导评估之后，酉阳县继续大力改善办学条件，新建校舍、科学实验室、理化生实验室、配备图书、校园网多媒体设备等，以稳步推进酉阳县义务教育均衡发展进程。

(二)义务教育均衡发展规划和辖区学校标准化建设规划

2012 年，酉阳县人民政府发布《关于进一步推进义务教育均衡发展促进教育公平的意见》(酉阳府发〔2012〕45 号)，提出了坚持"区域均衡、城乡共进、分类指导、积极推进"原则，以改善农村学校和城镇薄弱学校办学条件为重点，深入推进义务教育均衡发展。《意见》规划了全县教育均衡发展的时间表。一是在 2012 年，初步建立适应县域经济社会发展需求和人口流动趋势的义务教育公共服务体系，全县 50%以上的义务教育学校实现办学条件标准化，县域内义务教育初步均衡发展，顺利通过"义务教育发展基本均衡县"过程督导。二是在 2013 年，全县 60%以上的义务教育学校实现办学条件标准化，县域内义务教育基本均衡发展，顺利通过"义务教育发展基本均衡县"督导评估。三是在 2015 年，80%以上义务教育学校实现办学条件标准化，县域内义务教育进一步均衡发展，"义务教育发展基本均衡县"创建成果进一步巩固，义务教育办学水平进一步提高。2017 年 1 月，酉阳县顺利通过了国家义务教育均衡评估。2017 年 12 月，酉阳土家族苗族自治县人大常委会通过《关于进一步促进义务教育均衡发展全面提高教育质量的决议》，规划了下阶段义务教育优质均衡发展的目标与路径。

(三)规范义务教育阶段学校办学行为的政策文件

2014 年，酉阳县为全面改善农村义务教育薄弱学校基本办学条件，制定了《全面改善农村义务教育薄弱学校基本办学条件实施方案》，方案强调酉阳县拟用 5 年时间全面改善农村义务教育薄弱学校基本办学条件。[①]同时也印发《酉阳自治县义务教育发展基本均衡县创建工作实施方案》。2015 年，为响应重庆市政府对薄弱高山区学校冬天的取暖问题，实施高山区的暖冬计划，酉阳县政府下发《关于实施山区高海拔地区中小学校"暖冬计划"的通知》。2017 年，为贯彻落实重庆市委、市政府关于教育扶贫的决策部署，酉阳县专门设立教育扶贫基金，从 2017 年秋季学期起实施教育扶贫助学项目，确保酉阳县贫困家庭子女不因贫困而辍学，下发《酉阳土家族苗族自治县教育扶贫助学基金管理办法》。这一系列的政策文件有效保障了酉阳义务教育均衡发展，对规范义务教育阶段学校办学同样发挥了积极作用。

二、保障义务教育均衡发展经费投入

酉阳县坚持教育优先发展，认真落实教育经费保障的各项政策。通过加大教育投入，完善城乡义务教育经费保障机制，提高中小学生均公用经费标准等手段，巩固义务教育发展基本均衡县创建成果，加快实施教育脱贫攻坚。

---

① 中华人民共和国国家民族事务委员会："重庆酉阳土家族苗族自治县启动农村义务教育薄弱学校改造计划"，引自：http://www.seac.gov.cn。

（一）建立教育经费的长效保障机制，落实法定"三个增长"要求

酉阳县不断完善教育经费的长效保障机制，保障教育经费投入。据统计，2013～2015年，酉阳县累计投入教育经费40.4亿元，确保教育经费"三个增长"和"一个比例"达标。2013年教育经费总支出9.58亿元，比上年增加2.35亿元，增长32.5%。2014年酉阳县教育支出9.97亿元，占全县财政支出的19.95%，比2013年增长4.1%。[①]2015年教育预算经费10.11亿元，主要用于义务教育保障经费，支持义务教育营养改善计划，支持农村义务教育薄弱学校改造，以及农村学校教师周转宿舍建设，加快推进扩高工程建设和县城义务教育学校扩建工程等。2012～2016年，酉阳县累计实现民生类支出166.24亿元，占一般公共预算支出的73.1%。教育累计投入54.13亿元，年均增长7.2%，基本建立了教育经费的长效保障机制。2017年教育预算达到13.6亿元，2018年投入财政资金14.7亿元，同比增长8.1%。[②]

（二）合理地安排使用上级转移支付资金

酉阳县在加大教育投入的同时，也积极争取并合理使用上级转移支付资金，以推进义务教育学校办学条件标准化建设，让乡村孩子在家门口也能享受优质的教育。以2014年为例，酉阳县共筹集教育事业资金120060万元。一是兑现资金84226万元，用于保障落实教职员工福利待遇。二是落实资金6773万元，用于农村义务教育学生营养午餐补助，实现全县农村义务教育学生营养午餐全覆盖。三是实现教育建设支出18,682万元，进一步支持高中校舍改造、农村薄弱学校改造、学前教育改造，边远地区教师周转房建设。四是落实学校生均公用经费9690万元，完善教育教学公用经费保障机制，确保教育教学正常运转。近年来，酉阳县积极争取中央和市级财政转移经费，用于义务教育营养改善、农村义务教育薄弱学校改造和农村学校教师周转宿舍建设、执行农村建卡贫困户子女就读公办普通高中免学费政策等。

（三）提高中小学生均公用经费标准情况

党的十八大以来，我国基础教育规模不断扩大。根据教育部发布的《2017年全国教育事业发展统计公报》显示，我国幼儿园和中小学阶段学校总数达49.85万所，在校生总人数约2.04亿人，较2010年的学校总数43.64万所、在校生总人数1.76亿人，均有显著提升。[③]《国务院关于推动城乡义务教育一体化发展提高农村义务教育水平工作情况的报告》显示，城乡学校建设标准、教师编制标准、生均公用经费基准定额标准、学校基本装备配置标准的"四个统一"加快推进，实现"两免一补"政策全覆盖，2017年已全面实现对城乡义务教育学生免除学杂费、免费提供教科书，并对全国1604万名城乡家庭经济困难寄宿生发放生活补助。酉阳县也积极采取措施逐年提高中小学生均公用经费标准。

---

① 重庆市酉阳土家族苗族自治县人民政府："酉阳土家族苗族自治县2015年财政预算执行情况和2016年财政预算草案报告"，http://www.youyang.gov.cn/html/content/16/04/32729.shtml。
② 重庆市人民政府："酉阳自治县2018年财政预算执行情况和2019年财政预算草案报告"，引自：http://www.cq.gov.cn/publicinfo/web/views/Show!detail.action?sid=4409020。
③ 中华人民共和国教育部："迈向公平而有质量的教育—党的十八大以来我国教育改革发展述评·基础教育篇"，引自：http://www.moe.gov.cn/jyb_xwfb/moe_2082/zl_2018n/2018_zl66/2018_zl6503/201809/t20180907_347688.html。

2013 年，酉阳小学生均预算内教育经费 0.57 万元，初中生均预算内教育经费 0.59 万元；小学生均预算内公用经费 0.17 万元，初中生均预算内公用经费 0.13 万元。[①]2014 年，酉阳县小学生均预算内教育经费提高到 0.70 万元，初中生均预算内教育经费提高到 0.56 万元；小学生均预算内公用经费 0.17 万元，初中生均预算内公用经费 0.14 万元，保持了逐年增加的态势。[②]

(四)设立义务教育均衡发展专项资金

2014 年，酉阳县整合投入农村初中校舍改造工程资金、农村义务教育薄弱学校改造计划中央资金、校舍维修长效机制资金、县级资金共计 2.83 亿元。通过改造，使全县农村义务教育学校实验室及设备、音体美器材、食堂设备配齐率达到 100%；宽带接入学校、教室、多媒体教室达到 100%。2016 年，酉阳县新增投入 1.92 亿元用于义务教育均衡发展，确保义务教育发展基本均衡县创建顺利通过国家评估验收，并投入资金 1.02 亿元，推进扩高工程建设和义务教育学校扩(改)建工程，酉阳第一中学扩高、桃花源中学改扩建工程建成投用。

三、改造偏远农村学校和薄弱学校

偏远农村学校和薄弱学校是义务教育均衡发展的关键着眼点，酉阳县基于优化农村中小学布局，改造义务教育薄弱学校设施设备，改建扩容县镇学校规模，以全面落实偏远农村学校和薄弱学校的对口帮扶机制。

(一)优化中小学布局，加大农村教学点建设

酉阳县在充分论证人口发展形势、城镇化进程影响、地理和交通等因素的基础上，着眼于教育事业中长期发展，统筹考虑城乡经济社会发展状况和人民群众的现实需要，按照"小学就近入学，初中相对集中"和"先建、后撤(并)"的原则，初中和中心小学向乡镇政府所在地集中，完全小学向曾经设乡政府的场镇和新农村聚居点集中，按群众意愿办好仍需保留的村小或教学点，合理、有序推进新一轮义务教育学校布局调整，逐步形成布局合理、结构完善、规模适度、质量优良的义务教育格局。推进过程中，酉阳县统筹规划城乡教育发展的规模、结构、布局，实施"核心圈示范领跑，重点圈紧紧跟进，稳定圈积极追赶"的分层发展战略。2017 年 10 月，酉阳县编制了《酉阳土家族苗族自治县"十三五"期间"一城四组团"学校布局调整规划方案》，推进"一城四组团"学校建设和大型集镇"二小"建设，截至 2019 年底，完成投资 3.32 亿元，新建改扩建幼儿园 24 所、小学 63 所、初中 10 所、普高 3 所，新增中小学教学班 299 个，新增中小学学位 13790 个。[③]

以酉阳自治县铜鼓乡为例，2001 年撤区并乡时，义务教育阶段小学共有中心校 1 所、完小 4 所、村小(含教学点)15 所，乡中 1 所，在校学生 3800 余人。学校根据生源现状，提请乡人大代表审议、听证，报上级批准最终进行了布局调整。将一个村 3 个教学点的车

① 重庆市教育委员会：《重庆教育年鉴 2014》，重庆出版社 2015 年出版，第 325 页。
② 重庆市教育委员会：《重庆教育年鉴 2015》，重庆出版社 2016 年出版，第 284 页。
③ 重庆市教育委员会："酉阳县化解城镇大班额促进教育均衡发展"，引自：http://jw.cq.gov.cn/Item/33943.aspx。

坝村合并，重新选址规划新建车坝村小，将清泉村 2 个校点合并改扩建少玉村小，将方圆村小、青树村小离铜西完小较近的校点合并，海洋村小、景阳村小离中心校不到 1 公里的两个教学点合并到中心校；撤销招不齐生源的燕岩、李阳、白菊教学点；重新选址征地 40 余亩迁建乡中，通过重新规划布局调整，按照"办精教学点、办强完全小学、办大中心校，办好乡中"的思路，将辖区内义务教育学校进行重新布局，优化教育资源。到 2016 年有中心校 1 所、完小 4 所、村小（含教学点）5 个，乡中 1 所，在校学生 2400 余人。[①]

(二)推进义务教育薄弱学校整体改革

酉阳县多方筹资改善薄弱学校教育教学条件。2013～2015 年，酉阳县改扩建各级各类学校 24 所，新建农村教师周转宿舍 640 套，改造薄弱学校 61 所，建筑面积近 15 万平方米，添置教学设备器材 7080 万元。2017 年全面改薄规划调整和年度维修计划项目编制，新建校舍 18201 平方米、运动场 22874 平方米。[②]2016 年，酉阳县狠抓校舍场地建设，进行学校改造，投入资金 2.11 亿元，启动义务教育均衡创建、全面改薄等教育工程项目 128 个，总建筑面积 10.52 万平方米，其中已完工项目 75 个，完工建筑面积 4.16 万平方米，累计完成总投资 8000 万元。2018 年，酉阳县投入资金 1.15 亿元，用于义务教育阶段薄弱学校改造、校舍维修，逐步消除"大班额"现象，努力改善办学条件。投入资金 1.31 亿元，保障"一城四组团"学校建设项目推进，积极为渤海中学、酉州小学、钟多小学新建和实验小学、钟多街道中心小学、桃花源街道中心校扩建工程筹集资金。[③]

依托薄弱学校改造项目，学校办学条件得到极大改善。酉阳县黑水镇中心小学校、龙潭镇渤东小学校、铜鼓乡中心小学校等也采购了资源教室建设设备，2014 年采购"班班通"设备 252 套、网络教室设备 20 套、实验室设备 106 套、教学点综合活动室设备 117 套、电脑 883 台、各类功能室设备 495 套、图书 15.51 万册、课桌凳 3.3 万套。通过对薄弱学校设施设备改造，全县农村义务教育学校实验室及设备、音体美器材、食堂设备配齐率达到 100%，宽带接入学校、教室、多媒体教室也将达到 100%，义务教育阶段学校的教室、桌椅、黑板、图书、实验仪器、运动场地等教学设施满足基本教学需求，学生宿舍、食堂、厕所等生活设施满足基本生活要求。[④]铜鼓中心校每年以两个教学班，学生 100 人左右递增，教学设备设施严重不足，正启动整体扩容迁建，投资超 5000 万元。[⑤]2016 年通过招标模式对酉阳县酉酬镇沙田小学校教学综合楼进行新建，新建教学综合楼建筑面积达 648 平方米，并完善了该校水、电等配套设施建设，总投资约 117 万元。[⑥]

(三)县镇学校进行扩容改造，解决城镇学校"大班额"问题

大班额现象的存在跟城市化进程加快，新建、扩建城镇学校不力密切相关。2017 年

① 陈骥："少数民族地区农村义务教育优质均衡发展思考"，载《科学咨询（教育科研）》2017 年第 8 期。
② 华龙网："酉阳县大力发展教育事业成效明显"，引自：http://education.cqnews.net/html/2017-10/24/content_43155130.htm。
③ 重庆市人民政府："酉阳自治县 2018 年财政预算执行情况和 2019 年财政预算草案报告"，引自：http://www.cq.gov.cn/publicinfo/web/views/Show!detail.action?sid=4409020。
④ 中华人民共和国国家民族事务委员会："重庆西阳土家族苗族自治县启动农村义务教育薄弱学校改造计划"，引自：http://jw.seac.gov.cn/html/21/index.shtml。
⑤ 陈骥："少数民族地区农村义务教育优质均衡发展思考"，载《科学咨询（教育科研）》2017 年第 8 期。
⑥ 重庆市酉阳土家族苗族自治县人民政府："酉阳县酉酬镇沙田小学校教学综合楼项目招标公告"，引自 http://youy.cq.gov.cn/html/content/16/07/33072.shtml。

12月，酉阳土家族苗族自治县人大常委会通过《关于进一步促进义务教育均衡发展全面提高教育质量的决议》，决议提出到2018年基本消除66人以上超大班额，到2020年消除56人以上大班额，统筹"十三五"期间义务教育学校建设项目，加快新建和改扩建校园校舍，义务教育新生入学一律按照国家规定班额编班。县教育行政部门要按照消除义务教育大班额专项计划要求，建立消除大班额工作台账，对大班额学校实行销号管理，避免产生新的大班额问题。2018年，出台《酉阳自治县化解义务教育大班额专项规划》，全力推进解决大班额问题。

具体实施过程中，一是通过"一校一案"等方式，统筹解决城镇新建中小学土地指标，科学编制学校用地计划，新增用地指标优先用于解决大班额等学校建设，钟多小学、阳光小学、龙潭二小、丁市二小等项目已陆续开工建设。通过盘活闲置教育用地等方式，充分挖掘教育用地资源，优先满足城镇中小学发展需要。二是通过增总量、调结构等方式，为化解大班额提供师资保障，根据大班额学校学生数核定教职工编制数，实施动态调整，保障大班额师资缺口。三是通过改革招生考试制度，全面实施义务教育"免试就近"入学，有效缓解了择校压力，化解酉阳县大班额问题。2019年，全县小学、初中起始年级没有大班额，大班额比例下降4.4个百分点。[1]

(四)对农村学校和薄弱学校的帮扶

酉阳县大力实施集团发展，按照"城镇学校+农村学校""优质学校+薄弱学校""公办学校+民办学校""1+N"联姻等模式组建8个捆绑集团和8个督导责任区办公室，积极实施"管理互促、实施研训联动、实施质量同进、实施文化共建、实施特色培育"五大工程，积极推进城乡教育均衡发展。9所示范学校分别与22所项目学校结成帮扶对子开展结对共建。[2]2017年11月24日，山东省东营市教育局副局长刘德强率队前往酉阳县开展教育对口协作活动，多层次、多形式、全方位开展合作交流，结对帮扶，共同促进酉阳教育发展。

2016年3月18日，江北区徐悲鸿中学与酉阳县桃花源中学签订对口帮扶合作协议，这标志着两所学校结成了"发展共同体"。徐悲鸿中学将从课堂教学改革、教师专业发展、学生养成教育、学校特色发展、校际学生交流等方面对桃花源中学进行帮扶。双方将每年互派干部交流管理经验、互派教师学习提高，通过影子培训、顶岗学习、现场问诊等多种方式，促进资源共享、思想互通、发展共赢，把对口帮扶落到实处，共同缩短城乡教育发展差距，推动义务教育均衡发展。作为两校的教育主管部门，江北区教委及酉阳县教委将对两校合作给予政策、人力、经费的大力支持。

四、优化教师队伍结构与整体素质

教师是提高教育质量、促进义务教育均衡发展的关键。通过实施引领示范、任职轮岗、岗位津贴、在职培训等手段，酉阳县不断完善义务教育学校教师队伍结构，优化义务教育

---

① 重庆市教育委员会："酉阳县化解城镇大班额促进教育均衡发展"，引自：http://jw.cq.gov.cn/Item/33943.aspx。
② 酉阳土家族苗族自治县教育委员会："酉阳县多点发力推进义务教育均衡发展"，引自"http://jw.youyang.gov.cn/html/21/content/16/03/14045.shtml。

学校教师整体素质。

（一）定向补充师资，推进城乡教师交流任职

酉阳县基于重庆市人民政府发布的《关于统筹推进区县域内城乡义务教育一体化改革发展的实施意见》等文件要求，坚持"按需设岗、竞聘上岗、按岗聘用、合同管理"的原则，结合本县实际，指导学校科学合理拟定岗位设置方案，并报市人力社保部门备案。①酉阳县还建立并有效实施县域内义务教育学校校长和教师定期交流制度，《酉阳县关于进一步促进义务教育均衡发展全面提高教育质量的决议》提出，城镇学校和优质学校教师每学年到乡村学校交流轮岗的比例不低于符合交流条件教师总数的10%，其中优质师资不低于交流轮岗教师总数的20%。

2013～2015年，酉阳县累计补充师资760余人，其中420人分配到乡村学校，并选派94名优秀教师到偏远农村学校支教轮教。②当前酉阳的城乡教师交流任职轮岗及培训方面还存在一定问题。一是数量问题。县内很多学校，特别是乡村学校按照编制计算不缺编或者超编，但实际过程中教师非常紧缺，多数学校都请有代课教师，需要补充教师数量。二是专业问题。学校的现状是专业对口的教师不多，多数为兼职教师。特别缺少英语、体育、美术、音乐、科技专业的教师，心理健康教育和卫生保健教师更是奇缺。③

（二）开展教师在职培训，提升教师专业化水平

酉阳县强调通过"校长上岗培训""影子培训""校长国培"等方式加强干部队伍培训。2013～2015年，酉阳县累计投入1906万元，培训干部师资1.6万人次，将农村教师作为重点进行全员轮训。④2015年，酉阳县成立师德师风办公室，开展师德巡回宣讲120余场次，受众面达1.5万余人次。与此同时，酉阳县还在农村中小学深入实施了集团发展和"领雁工程"，在8大集团内扎实开展送教帮扶、教学观摩、技能竞赛等活动82场次，在参加市级以上比赛中获奖达30余项，有效提升了酉阳县义务教育学校整体教育质量。2016年，酉阳县安排市、县级集中培训项目21个，培训人员达7270人。2017年，评选首届酉阳名师8名、名校长6名，开展教师培训28期7300余人。⑤2018年投入资金372万元，继续实施教师培训计划，提升教育师资质量和教学水平，全年共组织县级教师培训30批次、4276人次。⑥系列化的中小学教师专业发展活动，为酉阳县义务教育均衡发展奠定了队伍基础。

---

① 重庆市西阳土家族苗族自治县人民政府："重庆市人民政府关于统筹推进区县域内城乡义务教育一体化改革发展的实施意见"，引自：http://www.youyang.gov.cn/html/content/17/11/40717.shtml。
② 中国新闻网："重庆西阳着力推进义务教育均衡发展促进教育公平"，引自：http://www.cq.chinanews.com/news/2017/0101/388879.html。
③ 陈骥："少数民族地区农村义务教育优质均衡发展思考"，载《科学咨询（教育科研）》2017年第8期。
④ 西阳土家族苗族自治县教育委员会：《西阳县多点发力推进义务教育均衡发展》，http://jw.youyang.gov.cn/html/21/content/16/03/14045.shtml，2018年9月6日。
⑤ 华龙网："西阳县大力发展教育事业成效明显"，引自：http://education.cqnews.net/html/2017-10/24/content_43155130.htm。
⑥ 重庆市人民政府："西阳自治县2018年财政预算执行情况和2019年财政预算草案报告"，引自：http://www.cq.gov.cn/publicinfo/web/views/Show!detail.action?sid=4409020。

(三)落实边远地区教师岗位津贴

酉阳县落实并完善边远艰苦地区乡村教师生活补助政策，按照越往基层、越往艰苦地区补助水平越高的原则，实行动态调整，使乡村教师实际工资收入水平不低于同职级县镇教师工资收入水平。同时，完善乡村教师职业发展保障机制，对乡村学校在专业技术中、高级岗位设置上给予倾斜，对长期坚持在农村边远地区一线从教的教师在职称评聘上给予倾斜。2013～2015 年，酉阳县新建农村教师周转宿舍 630 套，落实乡村教师岗位生活补助 3193 万元，着力加强师德师风建设，引导广大教师形成爱岗敬业、终身从教的意愿和信念。[①]2016 年，酉阳县兑现乡村教师岗位生活补助 700 余万元，建成农村教师周转宿舍 486 套。此外，酉阳县也倡导提高农村教师绩效奖励，从以前的人均 1.8 万提高到 2.2 万元，旨在全面解决农村教师住房困难问题，并提升乡村教师任教信心和荣誉感。

(四)优化区域内教师队伍结构

酉阳县大力优化教师队伍，认真贯彻落实《乡村教师支持计划(2015—2020 年)》，加大招录力度，解决教师差缺。一是增加教师数量。针对农村中小学生源少、班额小、教师编制占用大等实际情况，建立教师定期核编和逐年补给制度。持续招录高校毕业生，签约引进全科教师、免费师范生、引进优秀人才等方式，增加教师存量。2017 年，招聘全科、特岗、村小及学前教师 264 人，定向培养全科教师 100 人。[②]二是注重着力提升教师素质，加大农村教师培训培养力度。三是通过评职晋级、评先选优等措施引导城区教师到农村学校支教。四是充分发挥典型学校示范引领作用。酉阳县组建了 30 个"中小学集团式发展"学校实施结对共建，累计开展教学研讨、优质课展示等活动 500 余场次。通过落实 9 所"领雁工程"示范学校，引领 22 所项目学校发展，每学年互派干部和教师进行交流学习。

五、规范治理义务教育学校办学行为

义务教育入学率、学科课程、学业负担、教育收费和补课情况等是衡量学校办学行为规范性的重要指标。随着教育部和市教委多项政策的出台，酉阳县在规范治理义务教育学校办学行为的攻坚战中取得系列成效。

(一)保障随迁子女、留守儿童等群体入学机会

酉阳县通过实施营养改善、贫困助学、留守关爱、暖冬行动等工程，关爱弱势群体，关注特殊人群，保障教育公平。一是优化成长环境。建成寄宿制学校 71 所、乡村学校少年宫 4 个、乡村学校"文体科技活动场所"120 余个、爱国主义教育实践基地 3 个、视频聊天室 62 间、心理咨询室 62 间，安装亲情电话 248 部，建成全市首个"龙湖留守儿童关爱中心"。二是实施营养午餐。2013～2015 年，酉阳县累计投入营养改善计划资金 2.05

① 中国新闻网："重庆酉阳着力推进义务教育均衡发展促进教育公平"，引自：http://www.cq.chinanews.com/news/2017/0101/388879.html。
② 华龙网："酉阳县大力发展教育事业成效明显"，引自：http://education.cqnews.net/html/2017-10-24/content_43155130.htm。

亿元(含条件改善),每年惠及学生近十万人,落实资金 1.35 亿元资助贫困生近 20 万人次,投入 933 万元配发免费作业本 5.02 万件。三是开展帮扶慰问。利用传统节假日开展慰问留守儿童 4.68 万人次,并向其发放慰问金达 777.45 万元;投入 1029 万元实施暖冬工程,解决了 2.1 万名孩子高寒山区学校温暖过冬问题;落实 6 所指定学校解决了农民工子女入学问题。①

酉阳县持续加大对家庭经济困难学生和其他困境儿童的社会救助和教育资助力度,优先将建档立卡的贫困户家庭学生纳入资助范围。2017 年,酉阳县安排 9552 万元用于义务教育阶段学生营养改善、免费教科书、初中教辅和免费作业本,惠及学生 100126 人。2018 年投入资金 12621 万元,用于学前教育和义务教育阶段学生营养改善计划,受益学生 1142728 人次。投入资金 11611 万元,用于学前、义教、高中、中职、大学等阶段的资助,累计资助学生 129018 人,确保了每一个学生不因贫困而辍学,实现了教育资助全覆盖。②

(二)开齐开足国家规定课程,提高义务教育教学质量

酉阳县在紧跟国家课改的基础上,充分发挥地方特色,因地制宜开设特色课程。一是坚持以立德树人为根本任务,加强对学生的思想品德教育和全面素质培养,在音乐和美术(或艺术)、体育与健康等学科中融入优秀传统艺术和体育项目,在学科教学特别是品德、科学教学中突出实践环节,确保综合实践活动课程有效实施和校外教育活动常态化开展。酉阳县将中小学校园足球纳入全县体育事业发展总体规划,写入全县关于发展体育事业促进体育消费的实施意见之中。2015~2017 年,累计投入资金 2397 万余元,建成 6.16 万平方米的体育运动场,标准化足球场 24 片,配备 400 余万元足球器材。③二是按照《酉阳县推进卓越课堂的实施意见》,开展生态课堂教学改革。酉阳县依托组建的 8 个捆绑发展责任区集团,每个责任区集团落实一所集团总校,并由该总校牵头负责本片区的"生态课堂"全科全员赛课活动。三是加快建设基础教育资源平台,稳步推进"智慧校园"建设,提升城乡学校信息化水平,实现教学点数字教育资源全覆盖,促进优质教育资源共享。

以酉阳两罾乡中心校为例,该乡拥有千年金丝楠木群的资源优势,学校组织学生实地参观考察,开展综合实践,让学生了解金丝楠名木的历史、生长习性、珍贵价值等,培养学生热爱科学、热爱自然、热爱家乡的感情。通过建立科技辅导员制度,选聘 99 名专兼职科技辅导员,定期举办科技辅导员专题讲座,广泛开展科技活动周、科技艺术节、科普宣传日等主题活动,2012~2017 年累计开展活动 2000 余场次,参与师生高达 15 万人次,该校学生多次参加市级和国家级科技创新大赛,其间共获市级奖 200 余件,国家级奖 50 余件,获国家专利证书 20 件,获国家专利授权 39 件。

(三)治理教育乱收费和违规补课等行为

为规范各级各类学校收费行为,酉阳县于 2014 年制定了《酉阳自治县治理教育乱收

费暂行规定》，一是义务教育阶段学校不得以择校为由进行乱收费。包括以升学挂钩的捐资助学行为、以特长生为名乱收费、公办学校以民办名义乱收费。二是中小学教师不得违规补课并收取费用。杜绝学校在正常教育教学计划之外，组织或与校外机构合作举办有偿补习班，或是教师故意不完成教学内容，从而迫使学生参与有偿补课与违规补课。且公办教师不得举办教育文化类培训机构，或是到教育文化类培训机构兼职任教。三是禁止在国家、市、县规定教辅资料外要求学生另行购买教辅资料，收取费用。

酉阳县同时规定各级各类学校不得有以下服务性乱收费和代收费行为：一是将服务性收费和代收费与行政事业性收费一并收取。二是将教学管理范畴内应免费提供服务的事项、国家已明确规定纳入公用经费开支，或已明令禁止收取的项目列为服务性收费或代收费项目。三是学校和老师代收取保险费、家校通费、桶装水费。四是采取强制或变相强制手段收取服务性收费或代收费。酉阳县按照党风廉政建设责任制"谁主管、谁负责"的原则，实行分级管理，各负其责，明确各乡镇（街道）教育管理中心、单设中学、直属学校的主要负责人为具体责任人，负责对本单位及辖区干部职工的监督管理。[①]据报道，2014年酉阳县共召开联席会议、部署整治教育系统乱收费问题、开展明察暗访专项督查6次，发现并纠正教育乱收费问题2起，督促学校清退违规收费22万元。[②]

（四）督促减轻中小学生课业负担

减轻中小学生课业负担一直是横亘在学生、家长、学校乃至整个社会面前的难题。一份由教育部委托专业机构对全国31个省（自治区、直辖市）和新疆生产建设兵团1000所学校3万多名四年级学生进行的监测报告显示，学生平均每天睡眠时间为9.7小时，每天完成学校布置的作业平均用时为54分钟，学生课内负担总体可控，但校外学业负担问题却愈发受到关注。[③]2018年2月教育部等四部门以办公厅名义联合印发《关于切实减轻中小学生课外负担开展校外培训机构专项治理行动的通知》，为此，重庆市教委开展了学生减负专项督查，严查校外培训与学校招生挂钩的违规行为，进一步规范办学行为，减轻学生过重课业负担。

酉阳县按照教育部和重庆市教委的有关规定，加大对该县中小学生课业负担的管理，减轻中小学生课业负担。在开展专项治理的同时，进一步推进公办学校的优质均衡发展，鼓励学校尽量满足学生个性化的教育需求，规范招生行为和教师校外兼职行为，积极开展家庭教育，引导家长形成正确的教育观。2018年间，酉阳县教委组织相关人员对全县9所城区学校、20多个乡镇学校进行督导，从教辅资料、考试评价、课外活动及实践活动、教研教改、设施设备、课程计划、作息时间、竞赛管理等8个方面做出了具体要求，相关工作受到社会各界积极评价。

---

① 重庆市酉阳土家族苗族自治县人民政府："关于印发酉阳自治县治理教育乱收费暂行规定的通知"，引自：http://youy.cq.gov.cn/html/content/14/12/32431.shtml。
② 颜若雯："酉阳扎实开展突出问题专项整治"，载《重庆日报》2014年9月18日。
③ 杜玮："综合施策 破除'减负'顽疾"，载《中国教育报》2018年3月5日。

六、酉阳县义务教育均衡发展问题与改进建议

酉阳县在 2016 年 12 月 25 日至 30 日接受了国家教育督导检查组的义务教育均衡发展督导检查。在 2017 年发布的《国家教育督导检查组对重庆市 11 个区县义务教育均衡发展督导检查反馈意见》中，酉阳县中小学在师资建设、校舍场地、功能室建设、信息技术设备几个方面均综合达标义务基本综合县评价指标。尽管如此，当前酉阳县义务教育依然存在系列薄弱问题。一是校舍场地、体育运动场馆落后需求，存在学校生均校舍、生均校地、体育场馆指标不达标的情况。二是师资队伍整体建设水平有待提升，存在教师结构老龄化、校长教师交流比例偏低、专业教师学历偏低、农村学校教师运用信息化设备授课能力不强等问题。三是部分学校功能室配置不足，设施设备更新不及时，以及计算机配置不足、图书配置不足等问题。四是大班额、大校额有待进一步治理，部分城镇学校现有教育资源不能充分满足入学需求，造成大班额现象较为普遍。[①]

对照义务教育发展基本均衡区县督导评估标准，特别是优质均衡发展新要求，一是继续深化体制机制改革，严格依法保障教育投入，持续改善学校办学条件，深入推进标准化建设。二是进一步加强对随迁子女的就学保障，将随迁子女的教育纳入当地教育发展规划，保障二类残疾儿童少年入学率不低于 80%。三是进一步完善教师工资绩效制度，吸引高学历人才加入酉阳县教育事业，达到省定编制生师比标准，切实对教师进行有效的在职培训，落实教师培训经费。四是清除"重点学校"和"重点班"，保障学生的入学平等，落实中小学生减负政策，发布切实可行的计划与路径。五是充分利用"互联网+教育"，加大与优秀学校进行合作，实现资源共享，弥补酉阳县自身教育系统的不足。

第三节　重庆市秀山县推进义务教育均衡发展的实践经验

秀山土家族苗族自治县位于重庆市东南部，武陵山脉中段，四川盆地东南缘外侧，为川渝东南重要门户。截至 2018 年，辖 4 个街道、23 个乡镇，总人口 66 万，其中土家族、苗族等少数民族占总人口的 58.5%。全县共有教育部门办学校 140 所，其中小学 50 所，普通中学 20 所。全县各类学校中教育部门办学在职职工 5744 人，共有各类在校学生 105097 人，其中在校小学生 45332 人，初中学生 22344 人。[②]秀山县自启动创建国家义务教育发展基本均衡县工作以来，全县教育系统聚焦提升均衡发展水平、丰富均衡发展内涵，义务教育均衡发展成效显著。

一、出台义务教育均衡发展规划与政策

为贯彻落实《国家中长期教育改革和发展规划纲要（2010—2020 年）》，巩固提高九

---

① 教育部："国家教育督导检查组对重庆市 11 个区县义务教育均衡发展督导检查反馈意见"，引自：http://www.moe.gov.cn/jyb_xwfb/moe_2082/zl_2017n/2017_zl02/201701/t20170120_295380.html。

② 重庆市秀山土家族苗族自治县人民政府："秀山土家族苗族自治县 2018 年国民经济和社会发展统计公报"，引自：http://www.cqxs.gov.cn/zfxx/news/2019-3/24_29381.shtml。

年义务教育水平，深入推进义务教育均衡发展，秀山县也相继出台了系列义务教育均衡发展规划，着力推进全县义务教育均衡发展建设工作。

(一)义务教育均衡发展的目标、任务、和保障措施

在国家和重庆市大力发展义务教育背景下，秀山县于 2004 年完成普及九年义务教育任务，并于 2006 年底与重庆其他区县同步完成"两基"(即基本普及九年义务教育、基本扫除青壮年文盲)任务，实现了历史性的跨越。2016 年 4 月，秀山县开始创建国家义务教育发展基本均衡县，当年 9 月接受重庆市综合评估。当年，秀山县委、县政府做出了全面建成武陵山区教育高地的决定。2017 年 7 月，正式出台了《关于全面建成武陵山区教育高地的实施意见》，提出到 2020 年，全县基本实现教育现代化，全面建成武陵山区教育高地的目标。2017 年 11 月，秀山县顺利通过国家督导专家组的义务教育发展基本均衡县督导认定。

为实现建成武陵山区教育高地的目标，秀山县拟定了《全面建设武陵山区教育高地行动计划》，提出"1138"总体思路，即把握"一个全局"(各类教育协调优质发展)，贯穿"一条主线"(提升质量)，紧抓"三大关键"(集聚优秀人才、治理薄弱学校和建构品牌学校)，实施"八大行动"(构建县域教育发展理念、实施学校标准化建设、全面提升教育质量、构建现代学校制度、培育校园特色文化、深入推进课程改革、加强干部教师队伍建设、加快推进教育信息化)。秀山县将义务教育均衡发展工作与建设武陵山区教育高地相结合，推进了秀山教育发展专家咨询团队组建、"上善教育"理念落实、中小学标准化建设、公办幼儿园建设、现代学校制度建设、"一校一品"特色文化建设、教育信息化建设、教育质量全面提升、校本课程深度开发等重点工作。

(二)义务教育均衡发展规划和辖区学校标准化建设规划

为促进秀山县义务教育均衡发展，成功创建为全国义务教育发展基本均衡县，2014 年 1 月 24 日，秀山县政府通过了《秀山土家族苗族自治县创建义务教育发展基本均衡县工作实施方案》。方案以重庆市政府所提出的义务教育均衡发展目标为引领，提出了落实城乡义务教育一体化改革发展要求和任务。一是统筹布局城乡义务教育学校。按照人口导向的城乡学校规划布局建设机制，根据学龄人口变化趋势、区域居住人口分布，科学合理做好义务教育学校布局规划。二是科学推进学校标准化建设。全面改善贫困地区义务教育薄弱学校基本办学条件，完善寄宿制学校建设和教学点办学条件、教师配备等基本标准。三是提高乡村教育质量。深入推进"一师一优课、一课一名师"活动，全面提高乡村教师信息技术运用能力。四是实施消除大班额专项计划，使其符合义务教育学校班额要求。五是统筹城乡师资配置。依据义务教育学校教职工编制标准、学生规模和教育教学需要，合理核定义务教育学校教职工编制。六是提高乡村教师待遇水平。保障乡村教师实际工资收入水平不低于同职级县镇教师工资收入水平。七是确保随迁子女平等接受教育。切实简化随迁子女入学流程和证明要求，保障流动人口随迁子女入学。八是加强农村留守儿童关爱保护。贯彻《重庆市人民政府关于加强农村留守儿童关爱保护工作的实施意见》，调动各方力量参与留守儿童关爱工作，促进农村留守儿童健康成长。

（三）规范义务教育阶段学校办学行为的政策文件

2010 年，重庆市教委发布《关于严格规范中小学招生行为的通知》和《重庆市义务教育学校办学条件基本标准（试行）》等政策文件，秀山县教委将其作为规范本县义务教育学校办学行为的基本指导，规定全县小学、初中坚持划片招生、免试就近入学的原则，严格规范普通中小学招生时间，任何学校不得提前进行招生宣传，不得预约登记和提前收费，并严肃查处违规提前招生行为。与此同时，文件对校园的规划建设、装备条件、公用经费、师资队伍等方面都进行了规划指导。秀山县政府和县教委工作者在认真研读文件的基础上，坚决贯彻落实政策规定，全面规范全县义务教育阶段学校办学行为，并将其作为规划、设置、新建、改造、管理、评估全县义务教育学校合格建设的基本依据，进一步促进秀山县义务教育均衡发展，提高义务教育质量和水平。

秀山县还大力推进教育信息化工作。先后制定《秀山县教育信息化十三五发展规划（2016—2020）》《秀山县义务教育阶段学校宽带网络"校校通"推进计划》《秀山县义务教育阶段学校优质资源"班班通"推进计划》《秀山县义务教育阶段学校网络学习空间"人人通"推进计划》《秀山县智慧校园建设实施计划》等工作计划，确保教育信息化工作有序推进。同时制定《秀山县中小学功能室管理办法的通知》《秀山县中小学校目标管理考评实施方案》等文件，将教育信息化工作纳入对学校目标管理考核。2018 年 8 月，秀山县发布了《关于全面加强和改进学校美育工作的实施意见》，提出到 2020 年着力构建"政府统筹、教育主管、部门联动、社会参与"的学校美育发展新机制，建成 5 所美育改革实验学校、2 个学生美育实践活动基地、10 所民族艺术传承学校、10 所体育艺术特色学校、20 个学生艺术团，形成美育课堂教学、课外活动、校园文化相互融合，学校、家庭、社会相互联动的协同育人新格局。

二、保障义务教育均衡发展经费投入

秀山县着眼于义务教育均衡发展过程中的重难点问题，持续完善教育经费保障机制，通过提升全县义务教育阶段生均公用经费标准，倡导专款专用使用模式，构建教育经费长效保障机制，以确保义务教育经费能够得以有效使用，推进义务教育均衡建设工作。

（一）建立教育经费的长效保障机制，落实法定"三个增长"要求

秀山县全面落实城乡义务教育学校建设标准统一、教师编制标准统一、生均公用经费基准定额统一、基本装备配置标准统一"四统一"要求，全面落实"两免一补"政策。"十二五"时期，秀山县累计投入资金 18 亿元，用于义务教育学校软、硬件建设，改善教学环境，提升办学水平，提高育人质量，义务教育经费实现了在财政预算中单列。2014 年和 2015 年预算内教育拨款增长分别高于财政经常性收入增长 22.73% 、2.5%；小学生均教育事业经费分别增长 31.27%、13.58%，初中分别增长 53.61%、19.49%，小学生均公用经费分别增长 19.96%、6.37%，初中分别增长 8.08%、5.36%；财政预算内教育经费占财政支出比例分别提高 3.74%、0.99%，教育经费满足"三个增长"要求。2018 年全县教育经费总投入 14.36 亿元，一般公共预算教育支出实现"两个只增不减"，同时，积极争取

其他投资建设资金 2.1 亿元。[①]

(二)合理地安排使用上级转移支付资金

秀山县坚持教育经费合理使用的基本原则,科学安排上级转移支付资金。2014~2016年,秀山县共投入资金 2.55 亿元改善义务教育薄弱学校办学条件,推进班班通、六大功能室、实验室、学生机房、体育场地、标准化食堂等提档升级,其中中央和市级改薄专项资金 1.19 亿元,统筹中央维修资金 3245 万元,市级长效机制资金 1827 万元,县级财政资金 8515 万元。"全面改薄"资金全部实行专户管理、封闭运行、结算报账制度,严格按照合同约定及项目进度进行拨付。同时,秀山县积极争取基建项目费用减免政策,减免城市配套房和防空地下室易地建设费 90 万元。[②]同时,积极利用国家转移资金,做好民生服务工作。2018 年,共拨付国家营养改善计划补助资金 2078 万元,县级食堂配套经费 200万元,惠及全县 165 所农村义务教育阶段(含民办中小学)学生 5.3 万余人,覆盖了除县城所在地 6 所中小学之外的全县所有义务教育阶段学校,覆盖率达 100%,教育民生得到有效保障。[③]同年,秀山县获教育现代化推进工程中央预算内投资 1075 万元,用于工业园区小学建设项目和隘口镇百岁小学教师周转宿舍建设项目。[④]

(三)提高中小学生均公用经费标准情况

秀山县采取了多种举措提升中小学生均公用经费标准。一是落实生均公用经费基准定额。2018 年对 66455 名义务教育学生按照小学生每生每年 700 元、初中生每生每年 900元的标准,足额安排公用经费 4948 万元;对 91 名特殊教育学生和 251 名随班就读残疾学生按照每生每年 6000 元安排公用经费 205 万元,同时对 21908 名寄宿生按照每生每年 200元增加公用经费 438 万元,对 77 所不足 100 人教学点按 100 人核定增加公用经费 287 万元。二是落实"两免一补"政策。通过落实生均公用经费基准定额方式,全面免除城乡义务教育学生学杂费,足额安排应由区县财政承担的义务教育作业本费 160 万元,对家庭经济困难寄宿学生按照小学每生每年 1000 元、初中每生每年 1250 元的标准落实生活费补助1345 万元。三是落实校舍安全保障资金。结合校舍维修改造、全面改善义务教育薄弱学校基本办学条件的要求,安排义务教育学校新建、改扩建及设备购置资金 7077 万元。[⑤]

(四)设立义务教育均衡发展专项资金

秀山县设立专项资金,构建均衡发展攻坚机制,支持义务教育均衡发展。2015~2017年,秀山县投入专项基建经费 3.71 亿元,实施基建项目 55 个,重点改善农村学校办学条

① 重庆市秀山自治县人民政府公众信息网:"关于 2018 年履行教育职责自评自查情况的报告",引自:http://www.cqxs.gov.cn/zfxw/web_show_5612.shtml。
② 重庆市秀山自治县人民政府公众信息网:《关于 2016 年全面改善义务教育薄弱学校基本办学条件的自查报告》,http://www.cqxs.gov.cn/zfxw/news/2017-1/24_22464.shtml,2017 年 1 月 18 日。
③ 重庆市秀山自治县人民政府公众信息网:"我县四项举措助力教育发展",引自:http://www.cqxs.gov.cn/zfxw/web_show_5455.shtml。
④ 重庆市秀山自治县人民政府公众信息网:"我县获教育现代化推进工程 2018 年中央预算内投资 1075 万元",引自:http://www.cqxs.gov.cn/zfxw/web_show_5446.shtml。
⑤ 重庆市秀山自治县人民政府公众信息网:县财政局"三个落实"保障义务教育经费,引自:http://www.cqxs.gov.cn/zfxw/news/2019-1/26_28798.shtml。

件，集中校改、校安、改薄等项目经费，改、扩建竣工项目 166 个。筹资 8100 万元，在全县 66 所中小学统筹开展均衡发展攻坚行动，全县义务教育阶段学校标准化率由 2010 年的 70%提升到 85 %，校际、城乡办学差距明显缩小。①除此之外，县政府持续加大惠教政策，全面实施教育精准扶贫，强化义务教育控辍保学，以"奖、贷、助、补、免"等 5 方面的政府资助为主线，落实学前教育"两儿"资助、义务教育"两免一补"等惠教政策，2017 年，为家庭经济困难学生发放生源地助学贷款 6369 万元，发放各类助学资金 800 余万元，受益学生达 9800 余人。②2018 年，秀山县再度完成薄弱学校校舍改建投资 2.5 亿元，新建、改扩建校舍项目 122 个，面积 95818.16 平方米；改造运动场 88 个，面积 311896.97 平方米。完成设备采购 6530 万元。③

三、改造偏远农村学校和薄弱学校

基于历史、地理、经济等方面因素，偏远农村学校和薄弱学校在秀山发展困难。秀山县以义务教育学校质量管理强化为目标，以优化中小学布局和改造义务教育薄弱学校设施设备，捆绑帮扶偏远农村学校和薄弱学校为手段，确保农村义务教育学校环境符合国家既定标准。

（一）优化中小学布局，加大农村教学点建设

秀山县根据人口变动、城镇化进程等新情况，及时优化结构布局，坚持把合理布局乡村学校、加强乡村小规模学校和乡镇及所致学校建设作为加强农村学校建设的重点，按照"小学就近入学、初中相对集中、优化资源配置"原则优化校点布局。2013～2015 年，秀山在全县中小学实施基础设施建设项目 56 个，新达标农村寄宿制学校 5 所，新建农村寄宿制学校 4 所。2016 年，秀山县出台了《秀山土家族苗族自治县中小学布局专项规划（2016—2025 年）》，2016 年新建、改扩建 8 所城区中小学，增加城区校舍面积 20 万平方米、学位 1.8 万个，逐步形成了中小学、幼儿园布局合理优化、比例适当、规模适度的教育体系，小学、初中"标准班额"分别为 69.27%、81.71%，有效缓解了"大班额"现状。④2018 年，完成凤翔小学新区、迎凤小学新区建设工程、洪安中小学迁建工程等。⑤

（二）推进义务教育薄弱学校整体改革

秀山县坚决贯彻《重庆市义务教育条例》，基于本县教育现状确立了义务教育均衡发展规划，规范了辖区薄弱学校整体改进计划和学校标准化建设路径。一是创新机制，提升管理能力。通过建立政府主导、教育牵头、分区规划、综合治理、部门配合、上下联动的

---

① 华龙网："秀山县综合施策推进区域教育优质均衡发展"，引自：http://say.cqnews.net/html/2017-08/10/content_42545622.htm。
② 重庆市教育委员会："秀山县四项举措提升人民群众对教育的满意度和获得感"，引自：http://twyg.cqedu.cn/Item/31345.aspx。
③ 重庆市秀山自治县人民政府公众信息网："县财政局着力推进教育重点项目工程建设"，引自：http://www.cqxs.gov.cn/zfxx/web_show_5705.shtml。
④ 秀山县教育委员会："秀山县推进义务教育均衡发展取得新成效"，引自：http://chongqing.xuexiaodaquan.com/news/2016/1882827.html。
⑤ 重庆市秀山自治县人民政府公众信息网："关于 2018 年履行教育职责自评自查情况的报告"，引自：http://www.cqxs.gov.cn/zfxx/web_show_5612.shtml。

学校管理新机制，实施一校一案，促进学校管理水平不断提升。二是探索求新，共促发展。秀山县 20 所城乡中小学实行"结对帮扶""捆绑发展"探索，促进城乡学校共同发展。三是合理调配，优化结构。坚持每年通过高校签约和公开招考方式补充新教师，新增教师优先满足农村和薄弱学校的需求，通过城区教师支教、农村教师选调、年轻教师跟岗锻炼和片区教师双向挂职等多种方式，推动教师多层次、宽领域、广覆盖交流，进一步优化城乡教师队伍结构，使辖区内义务教育学校师资符合学校标准化建设标准。四是整合资源，提高质量。实施城乡学校捆绑发展和启动第三期农村中小学领雁工程项目，凤凰中学、实验中学、隘口镇中心校成功申报为"课程创新基地"，东风路小学、第一初级中学、溶溪中学成功申报"教研工作坊"项目。

秀山县坚持以标准化促进均衡化发展，大力实施"全面改薄"计划，统筹规划、重点改善农村学校办学条件。为切实改善教育技术装备，以中小学"六大功能室"建设为重点，2014～2016 年，全县投入资金 2411 万元新增多媒体 3892 套，实现了班班通、功能室多媒体和所有学校无线网络全覆盖。投入资金 1905 万元新增计算机 7003 台，百生计算机小学达 10.8 台、中学达 12.4 台，为农村小学教学点安装 92 套数字资源设备，推进信息技术和数字教育资源在农村学校教育教学中的应用和网络学习空间建设。2016 年投入资金 735 万元，改造旱厕 13922m²，涉及学校 149 所，惠及学生 5 万余人；全县基本完成了旱厕改水厕工作，极个别学校因水源问题无法改水厕的也进行了无害化处理，新建校舍厕所一律为水厕。同时，投入资金 785.6 万元，新增床铺 8600 余架、储物柜近 2 万个，实现了寄宿生一人一床一专柜，消除了"大通铺"现象。[①]到 2016 年时，秀山县小学、初中教学设备达标率分别为 83.5%、71.47%，计算机配齐率分别为 52.7%、100%，教育城域网、"班班通"覆盖率 100%。[②]2019 年，秀山县投入资金 2.6 亿元，新建校舍总建筑面积 8 万平方米、运动场 4 万平方米，凤起中学建设工程、石堤镇中心校迁建工程、肖塘小学扩建工程完全投入使用，学林小学实施部分投入使用。[③]

(三)县镇学校进行扩容改造，解决城镇学校"大班额"问题

秀山县为化解"大班额"问题，采取了四条措施。一是强责任，形成上下联动整体合力。秀山县成立消除义务教育学校"大班额"、实行标准班额专项计划工作领导小组，制定解决"大班额"问题的时间表和路线图；乡镇街道每年为学校推进消除"大班额"工作出政策、做宣传、投资金；相关部门对学校消除"大班额"、实施均衡创建中涉及的项目规划、征地拆迁、项目建设、"两证"办理等，一律特事特办。二是扩容量，提升学校承载能力。2014～2018 年，秀山县先后投入专项资金 12 亿余元，在城区新建 1 所中学、3 所小学，改扩建 12 所中小学，增加学位 2.1 万个，提高城区学校承载能力。三是抓管理，推进依法治校规范办学。要求全县所有义务教育学校坚持依法治教，一律不分重点班、特

---

① 重庆市秀山自治县人民政府公众信息网："关于 2016 年全面改善义务教育薄弱学校基本办学条件的自查报告"，引自：http://www.cqxs.gov.cn/zfxx/news/2017-1/24_22464.shtml。
② 重庆市秀山自治县人民政府公众信息网：县教委"四个优化"助推城乡教育均衡发展，引自：http://www.cqxs.gov.cn/zfxx/web_show_2698.shtml。
③ 重庆市秀山自治县人民政府公众信息网："我县教育系统扎实推进教育工程项目建设"，引自：http://www.cqxs.gov.cn/zfxx/web_show_6411.shtml。

长班，严格实行平行分班。四是促均衡，缩小校际差距。将城镇学校办学水平较高、教育教学质量好的 13 所学校与农村相对较薄弱的学校实行捆绑帮扶，捆绑考核。通过互派干部教师，定期交流、送教下乡等方式实现城乡学校"资源共享，共同发展"。[①]2018 年，秀山县投资 2.75 亿元，完成 6 所城区中小学和 2 所乡镇中小学的工程建设。当年，初中标准班额占比达 97.96%，小学标准班额占比达 87.13%，全县义务教育学校已基本消除大班额。[②]

（四）对农村学校和薄弱学校的帮扶

为建立帮扶机制，秀山县政府制定出台《秀山自治县义务教育阶段学校捆绑发展实施方案》，深入实施农村中小学"对口帮扶""领雁工程"等项目，高级中学、秀山一中等 6 所中小学与重庆主城 6 所中小学实现结对帮扶，20 所城区学校与乡镇学校实现捆绑发展和考核，在条件、师资、教学、管理等方面实现资源共享。[③]帮扶学校围绕《秀山自治县义务教育阶段学校捆绑发展实施方案》等文件精神，本着联合共赢、优势带动、资源共享、捆绑评价等原则，以建立"发展共同体"、不断提升管理水平、加强队伍建设等为目标，积极创造条件，通过开展互派教师交流学习、"班级与班级"结对、"学生与学生"结对等系列主题活动，创新模式，加大优质教育资源共享利用率，促进双方共同发展。

四、优化教师队伍结构与整体素质

秀山县实施教师素质提升工程，深入推进师德师风建设，建立和完善教师职业道德的评价、考核、奖惩机制，并开展师德师风专项整治行动，不断充实师资力量，加大教师培养培训力度，为全县义务教育学校教学工作提供了相对充足的师资保障。

（一）定向补充师资，推进城乡教师交流任职

为弥补师资不足，秀山县编制按照城镇标准统一核定乡村中小学教职工，印发《关于重新核定全校中小学教职工编制的通知》（秀山编委发〔2016〕56 号），统一城乡义务教育学校教职工编制标准，村小和教学点编制统一核定到中心学校。依据中小学教职工编制和岗位总量，根据学校布局调整、班额、学生数变动以及教育教学需求等情况，按需动态统筹调整机制，原则上每年对全县中小学校教职工和岗位调整核定一次，促进校际间师资均衡配置。为吸引教师到偏远农村地区工作，实行义务教育绩效工资分配向教学点专任教师倾斜，维持实现城乡学校教师岗位结构比例总体平衡。2014～2017 年，全县招聘特岗教师 61 名，2017 年首批 33 名全科教师将安排到农村学校和教学点任教。[④]2018 年全县共招聘教师 286 名，补充紧缺学科教师 113 人，全县小学编制使用率达 99.24%，师生比为 1：

---

① 重庆市教育委员会：秀山县四条措施化解"大班额"问题，引自：http://www.cqjw.gov.cn/Item/23480.aspx。
② 重庆市秀山自治县人民政府公众信息网："关于 2018 年履行教育职责自评自查情况的报告"，引自：http://www.cqxs.gov.cn/zfxx/web_show_5612.shtml。
③ 重庆市秀山自治县人民政府公众信息网："我县多项措施切实提高义务教育城乡一体化发展水平"，引自：http://www.cqxs.gov.cn/zfxx/web_show_5845.shtml。
④ 重庆市秀山自治县人民政府公众信息网："关于 2016 年全面改善义务教育薄弱学校基本办学条件的自查报告"，引自：http://www.cqxs.gov. cn/zfxx/news/2017-1/24_22464.shtml。

15.8；初中编制使用率99.64%，生师比1∶11.1。[①]

为提升乡村教育质量，秀山县通过开展城乡对口帮扶和一体化办学、加强教师轮岗交流。一是实施捆绑发展中加强帮扶。按照《秀山自治县义务教育阶段学校捆绑发展实施方案》，加大城乡学校帮扶力度，结队帮扶学校之间每学年互派教师，相互进行交流学习。二是实行城乡教师交流任职。出台《秀山自治县教师调配暂行办法》和《秀山自治县中小学校长教师交流轮岗实施办法(试行)》，2014～2016年全县义务教育学校校长、教师轮岗交流625人，交流面达9.7%。2017年，组织骨干教师26人到农村薄弱学校支教，选派260名农村青年教师到城区学校交流学习。[②]2018年教师交流面达15.1%，校级干部交流面达18.52%，促进了城乡教师能力素质提升。[③]

(二)开展教师在职培训，提升教师专业化水平

为提升教师专业化水平，秀山县还推行了以校本研修为主的县级培训，遴选教师参加市级、国家级培训，探索建立教师柔性流动机制，有效促进教师专业成长。一是依托国家、市级、县级、校本四级培训，秀山县每年投入600万元，实现农村教师培训经费政府全保障。二是依托与清华大学、北京师范大学、华东师范大学、西南大学等名校建立合作关系，自主搭建教师高端培训平台。三是通过县内"名师工作室"，建立"师徒结对、对口帮扶"发展体系，初步形成特级教师领衔、市级骨干教师中坚、县级骨干教师主体、青年优秀教师后备的教育人才队伍。[④]2018年，秀山县组织校长、教师参加国家、市级培训122人次，参加县级培训达到2837人次。将中小学教师信息技术应用能力纳入相关考核体系，全县教师参加"一师一优课"活动，晒课3500余节，获市级优课29节，部级优课3节。[⑤]

(三)落实边远地区教师岗位津贴

秀山县严格落实国家和重庆市的乡村教师待遇保障改革，包括实行乡村教师收入分配倾斜政策，落实并完善集中连片特困地区和边远艰苦地区乡村教师生活补助政策，因地制宜稳步扩大实施范围，按照越往基层、越往艰苦地区，补助水平越高的原则，使乡村教师实际工资收入水平不低于同职级县镇教师工资收入水平。一是全面实施乡村教师岗位生活补助，考虑学校生活、交通等因素，将乡村学校分为五类，每类从高到低依次落实每人每月750元、500元、400元、350元、200元的生活补贴。二是全面落实乡镇补贴，将乡镇分为三大类，每类分别落实每人每月300元、260元和200元。三是建立在职及离退休教职工健康体检全覆盖制度，切实关心教师身心健康，增强教师的职业尊严感，稳定义务教育教师队伍。[⑥]

① 重庆市秀山自治县人民政府公众信息网："我县四项举措助力教育发展"，引自：http://www.cqxs.gov.cn/zfxx/web_show_5455.shtml。
② 重庆市秀山自治县人民政府公众信息网："秀山教师队伍建设成效显著"，引自：http://www.cqxs.gov.cn/zfxx/web_show_4900.shtml。
③ 重庆市秀山自治县人民政府公众信息网："关于2018年履行教育职责自评自查情况的报告"，引自：http://www.cqxs.gov.cn/zfxx/web_show_5612.shtml。
④ 秀山县教育委员会："秀山县四项措施提升教师队伍素质"，引自：http://chongqing.xuexiaodaquan.com/news/2017/1945154.html，2017年5月16日。
⑤ 秀山网："秀山教师队伍建设成效显著"，引自：http://www.zgcqxs.net/news/show-33664.html。
⑥ 秀山县教育委员会："秀山县实施教育民生关爱工程见实效"，引自：http://chongqing.xuexiaodaquan.com/news/2016/1890120.html。

秀山县还积极将符合条件的边远艰苦地区乡村学校教师纳入当地政府住房保障体系，争取努力加快边远艰苦地区乡村教师周转宿舍建设，很好地解决了山区教师住宿难问题。教师周转房工程自 2013 年启动以来，截至 2015 年全县已投入资金 2675 万元，在 21 所学校修建了教师周转房 452 套，17935 平方米。[①]2017 年，秀山县启动第四批教师周转宿舍新改建项目建设，在全县 6 所中小学校新改建教师周转房 258 套，其中钟灵初级中学、孝溪乡小学、隘口镇小学、中平乡小学等四所学校的 100 套周转房已经建成并投入使用。2018年，秀山县获教育现代化推进工程中央预算内投资 1075 万元，用于工业园区小学建设项目和隘口镇百岁小学教师周转宿舍建设项目。[②]

(四)优化区域内教师队伍结构

2013 年，秀山县制定《秀山自治县教师调配办法》，优化人事制度改革，推动优秀人才引进、干部教师轮岗交流、骨干教师考核性奖补等机制创新。一是实施招考、转岗、走教、支教、定向培养"五个一批"举措，充实乡村学校教师队伍，促进城乡教师力量更趋均衡。二是实施农村教师全员培训计划，按全县教职工工资总额的 1% 计提教师继续教育经费，推动教师职业道德、教学素养和教学能力培训教育，师德师风和教育行风明显改善。[③]三是实行城乡编制总额动态管理，新教师主要充实到乡镇及以下农村学校任教。四是着力培养领军人才，发挥示范带动作用。截至 2018 年，全县在职教师中，拥有中学研究员 2 名、重庆市级特级教师及学科带头人 6 名、市级骨干校长 2 名、市级学科名师 5名、市级骨干教师 73 名、县级骨干教师 238 名。[④]

五、规范治理义务教育学校办学行为

义务教育办学的规范性直接影响义务教育教学质量的高低。秀山县通过保障随迁子女、留守儿童等群体入学机会，推进课程"三化"建设，统一教育收费，严格执行义务教育课程标准，严格落实减负提质规定，有效开展义务教育质量监测等方式，多措并举以治理和规范义务教育学校办学行为。

(一)保障随迁子女、留守儿童等群体入学机会

秀山县坚持"两为主"和"两纳入"的工作方针，按照"划片招生、就近入学"原则进行统筹安排，落实平凯中学、中和街道中心校、乌杨街道中心校、平凯街道中心校、迎凤小学、第一民族小学、凤栖小学、官湖小学、郭园小学等 9 所中小学为农业转移人口子女指定就读学校。同时，城区有空余学位也义务接收农业转移人口子女入学。2014～2016年，秀山县共接收农业转移人口子女 1800 余人，并同等接受中职教育和参加普通高中升

---

① 重庆市秀山自治县人民政府公众信息网："秀山：400 多套教师周转房 解决山区教师住宿难"，引自：http://www.cqxs.gov.cn/zfxx/web_show_2413.shtml。
② 重庆市秀山自治县人民政府公众信息网："我县获教育现代化推进工程 2018 年中央预算内投资 1075 万元"，引自：http://www.cqxs.gov.cn/zfxx/web_show_5446.shtml。
③ 秀山县教育委员会："秀山综合施策推进区域教育优质均衡发展，引自：，http://www.cqjw.gov.cn/Item/25844.aspx，2017 年 8 月 19 日。
④ 重庆市秀山自治县人民政府公众信息网："秀山教师队伍建设成效显著"，引自：http://www.cqxs.gov.cn/zfxx/web_show_4900.shtml。

学，确保农业转移人口子女平等接受教育。[①]秀山县还构建了农村留守儿童关爱保护体系，建立农村留守儿童基本信息动态管理长效机制。2016 年 12 月，秀山县人民政府印发《关于加强农村留守儿童关爱保护工作的实施意见》，提出了从完善农村留守儿童关爱服务体系，建立健全农村留守儿童救助保护机制，从源头上逐步减少儿童留守现象等措施，通过开展"合力监护、相伴成长"和"爱心妈妈"等活动，在 2014～2018 年间落实监护人 925 人，帮助残、病儿童 1178 人，复学 22 人。[②]

与此同时，秀山县还精心组织学生各项资助工作，确保学生资助惠民政策惠及每一位贫困学生。2016 年 11 月颁布的《秀山土家族苗族自治县教育扶贫助学实施方案》提出，从 2016 年秋季起，在原有的国家及市级资助政策基础上实施县级教育扶贫助学政策，把推进扶贫助学工作作为全县教育工作的重要任务，长远规划教育扶贫助学基金使用效益，滚动实施，着力构建深度贫困家庭中小学生扶贫助学长效机制。全县义务教育阶段寄宿贫困学生补助生活用品费，补助标准为 200 元/(学年·人)。2018 年，秀山县拨付义务教育国家营养改善计划补助资金 4966 万元，惠及学生 108096 人次，落实从学前到大学生的各类资助，惠及中小学生 62483 人，实现家庭经济困难学生全覆盖，进城务工人员子女、留守儿童、贫困家庭儿童入学率均为 100%，并通过随班就读、特校就读、送教上门和精准建档等举措，使"三残"儿童入学率小学达到 94.15%、初中达到 98%。[③]

秀山县扎实推进残疾儿童少年义务教育普及水平。一是随班就读。普通学校建立资源教室，培训专业教师，就近安排适龄残疾儿童随班就读。二是特校就读。充分发挥县特殊教育学校的骨干作用，加大对特殊教育学校的支持力度，逐步满足更多残疾儿童少年的入学需求。三是送教上门。对不能到校就读、需要专人护理的适龄残疾儿童少年，组织 25 名特教专业教师每月 3 次送教上门，从康复、认知、言语、感统方面进行一对一培训。[④]四是精准建档。逐一核实未入学适龄残疾儿童少年数据，落实教育方案"一人一案"，随班就读和接受送教上门服务的残疾学生纳入中小学生学籍管理，实现学籍管理全覆盖。

(二)开齐开足国家规定课程，提高义务教育教学质量

秀山县为抓好中小学课程改革，首先推进了课程"三化"建设，按照"教委宏观统筹指挥、专家咨询团全程介入、进修校项目牵头、实验校深入试点"工作模式，建立以国家课程为基础、地方课程与校本课程为补充的中小学课程体系。二是实施课改"三建"工作。采取"校情分析，分层选点"办法，遴选全县 12 所学校作为"秀山县基础教育课改推进校"(高中 2 所、初中 4 所、小学 6 所)。在小学精选民族特色、书法体艺 6～8 门课程，中学精选 8～10 门课程，通过专家指导、资源整合、学科优化、队伍建设、成果包装，打造成精品课程，引领学科建设及课程改革，提高县域课程建设水平。三是开展课改"三力"建设。强化以校长为核心的课程领导团队建设，科学制定学校课程建设规划，开展"教学管理团队课程领导

① 秀山县教育委员会：《秀山县多措并举保障农业转移人口子女平等享受教育权利》，http://chongqing.xuexiaodaquan.com/news/2016/1862140.html，2016 年 11 月 8 日。
② 秀山县教育委员会："秀山县多措并举构建农村留守儿童关爱保护体系"，引自：http://degree.cqedu.cn/Item/30673.aspx。
③ 重庆市秀山自治县人民政府公众信息网："关于 2018 年履行教育职责自评自查情况的报告"，引自：http://www.cqxs.gov.cn/zfxx/web_show_5612.shtml。
④ 重庆市秀山自治县人民政府公众信息网："我县扎实推进残疾儿童少年义务教育普及水平"，引自：http://www.cqxs.gov.cn/zfxx/web_show_5840.shtml。

力专项培训""校级干部话课改""教务主任说课改"等活动，并有效督查课程执行质量，客观评价课程实施效果，保障和推动学校课改全面、协调、科学发展。[①]

秀山县还以落实立德树人为根本任务，全面落实课程计划并建立音体美课程监测评价机制，县政府专门印发《关于全面加强和改进学校美育工作的实施意见》和《秀山自治县中小学美育工作督导评估暂行办法》，逐步完善音体美教学质量评价体系。截至2019年，秀山已建成10个国家级足球特色学校、37个市级特色学校，还建设了一批以"书画艺术、体育健康、科技创新"为办学特色的学校，形成了"学校有特色、教师有特点、学生有特长"的素质教育新格局。[②]秀山县还持续推进学校帮扶和教改基地建设。2019年，秀山县实施城乡学校捆绑发展和启动第三期农村中小学领雁工程项目，凤凰中学、实验中学、隘口镇中心校成功申报为"课程创新基地"，东风路小学、第一初级中学、溶溪中学成功申报"教研工作坊"项目。[③]

(三)治理教育乱收费和违规补课等行为

义务教育乱收费和违规补课行为对教育危害甚多。一是打破了教育教学规范行为，使义务教育学校乱象环生。二是败坏了师德师风建设。各中小学教师将日常上课精力转移到利益驱动的违规补课活动中，不仅降低了班级上课的教学质量，同时更是打破了教师为人师表的美好形象，使学生甚至整个社会质疑学校和教师并产生不满。三是增加了家长的经济负担。迫使家长尽其所能满足以学生发展为借口的各种教育收费和违规补课行为，加重了家庭经济负担。秀山县为此规定，所有进城务工人员随迁子女和农业转移人口子女，与当地学生实行同一收费标准。学校不得以任何理由和名义向家长收取"借读费"和与就学挂钩的"赞助费""捐资助学费""共建费"等，并通过设立助学金、减免费用、免费提供教科书等方式，帮助家庭经济困难的进城务工人员减轻费用负担，确保其随迁子女顺利就学。同时，强化师德师风建设，提升广大教师的政治思想和道德素质，持续开展违规补课、升学宴等专项治理，强力治理违规补课和乱收费现象。

(四)督促减轻中小学生课业负担

秀山县建立监评机制以推进全县中小学素质教育发展，制定了《秀山县学生课业负担监测评价实施方案》，将课程开设、学生在校学习时间、学生课外作业量、学科考试、实践活动、教师教学评价、学生学习评价等纳入监测评价内容，适时开展专项督导，建立多元化学生成长评价体系和教师业绩考核体系，落实"减负提质"十条规定，确保素质教育深入实施。[④]针对中小学中出现的增加学生课外负担的不良行为，要求各中小学校负责全面普查登记学生报班参加学科类校外培训的情况，县教育局负责督查落实，定期公布无不良行为的校外培训机构名单，以及无资质、有安全隐患和不良行为的校外培训机构名单。[⑤]

① 重庆市教育委员会："秀山县扎实抓好中小学课程改革"，引自：http://www.cqjw.gov.cn/Item/24386.aspx。
② 秀山网："秀山11所学校被评为县级体育艺术特色学校"，引自：http://www.zgcqxs.net/news/show-44421.html。
③ 重庆市秀山自治县人民政府公众信息网："我县多项措施切实提高义务教育城乡一体化发展水平"，引自：http://www.cqxs.gov.cn/zfxx/web_show_5845.shtml。
④ 重庆市教育委员会："秀山县多措并举确保中小学素质教育见成效"，引自：http://www.cqjw.gov.cn/Item/24386.aspx。
⑤ 重庆市教育委员会："秀山县多措并举扎实做好校外培训机构专项治理工作"，引自：http://www.cqjw.gov.cn/Item/30006.aspx。

六、秀山县义务教育均衡发展问题与改进建议

在政府高度重视和各级各部门全力配合下，秀山县教育系统全力推进义务教育均衡发展工作，取得了办学条件显著改善、教学质量明显提高等显著成效。2016 年 4 月，秀山县正式启动创建国家义务教育发展基本均衡县工作，并于同年 9 月接受了重庆市综合评估。2017 年 10 月，国家督导专家组实地评估了秀山义务教育均衡水平，对该县始终把教育事业放在优先发展位置，把教育作为最大民生，扎实推进义务教育均衡发展工作并取得显著成效给予了充分肯定。但是，秀山县也存在全面改薄的认识不足、信息技术装备的应用水平不高，以及建设资金及土地供应机制不顺等问题，有待在未来工作中着力解决。

为保持义务教育均衡发展成果，实现建设武陵山区教育高低目标，未来秀山县还应加强统筹规划，更好更强地凝聚教育发展合力。一是统筹解决义务教育发展中的重难点问题，包括薄弱学校发展、教师队伍建设、弱势群体资助等，细化目标任务，责任落实到人，构建秀山县义务教育优质均衡发展的体制机制。二是加大教育经费投入，倡导开源节流，在教育部及重庆市拨付的教育经费之外，倡导社会企业的参与合作，鼓励赞助义务教育发展资金。三是严格执行国家有关法律法规标准和建设规范标准，在保障义务教育学校基础性办学条件前提下，不断改善学校办学条件。四是提高教育治理水平，构建社会各界广泛参与的现代教育治理体系，在项目审批、规范各类学校评估活动等方面进一步简政放权。五是持续提高教育信息化水平，推动信息技术与教育教学的深度融合，让优质教育资源更多惠及偏远农村学校和薄弱学校。

第四节 重庆市彭水县推进义务教育均衡发展的实践经验

重庆市彭水苗族土家族自治县，简称"彭水自治县"或"彭水县"，位于重庆市东南，地处武陵山区、乌江下游。辖区内居住着汉族、苗族、土家族、蒙古族、回族、侗族等 12 个民族，多为农业人口。境内多高山而少平地，土地贫瘠，交通闭塞，经济落后，是一个典型的"老少边穷"国家级贫困县。截至 2017 年底，全县共有各级各类校 147 所，其中，小学 72 所，初级中学 16 所，九年一贯制学校 3 所，完全中学 3 所，特殊教育学校 1 所，职业中学 2 所，幼儿园 50 所。全县普通初中在校生 25876 人，小学在校生 49542 人，各级各类学校有专任教师 6614 人。[①]

一、出台义务教育均衡发展规划与政策

彭水县政府成立了专门的工作领导小组，专人专项专力地解决义务教育均衡发展问题，制定了切实可行的工作进度计划，建立了"县政府、县教委、片区督导室"三级督导责任体系，在细化责任、严格考核、有效扶贫等方面取得显著成效。

---

① 知县网："2017 年彭水县国民经济和社会发展统计公报"，引自：http://www.ahmhxc.com/tongjigongbao/12225_5.html。

（一）义务教育均衡发展的目标、任务、进度计划和保障措施

为推进义务教育基本均衡工作，彭水县政府成立了县政府主要领导、分管教育领导，下到乡镇人民政府（街道）、18 个县级部门主要负责人为主要成员的义务教育发展基本均衡县创建工作领导小组，针对彭水县义务教育均衡发展问题进行统一管理。同时，县委、县政府建立的义务教育均衡发展工作联席会议制度，以解决现实问题为方向，从重点部门、乡镇（街道）列出的"问题清单"入手，每月由分管教育领导牵头召开专题研究会议，以学校、教师、学生、家长的需求为立足点，充分发挥教育政策的牵头引领作用。

为了全方位、全领域地配合义务教育均衡发展进度计划，彭水县政府构建实施了"县政府、县教委、片区督导室"三级督导体系，确保督导工作有序开展。通过每月组织一次县政府教育督导委员会议、县教委专题会议，逐一解决督导所发现的问题，按照督导办公室统筹建台账、五大片区督导室区域督查的方式，收集整理各个学校的真实推进情况，不仅如此，还通过划分督导责任区，跟踪区域内学校创建工作，严格督察义务教育基本均衡县创建工作，做到全方位、全时段立体督察，以保障均衡县创建工作的顺利开展。

（二）义务教育均衡发展规划和辖区学校标准化建设规划

彭水县政府在义务教育均衡发展建设工作上，坚持"以县为主"的理念，成立由县长牵头的创建工作领导小组，每月组织开展专题会议，解决实际工作中遇到的困难。2014年，彭水县出台《彭水自治县义务教育均衡发展专项规划》，对义务教育均衡发展推进工作进行了整体设计。在教育投入规划方面，依照国家法律政策，一是开设专项经费用于校园文化建设，二是补拨欠拨经费并入当年教育经费，三是出台关于城市建设配套费计提的管理文件，保障当年教育经费当年到位，从源头上解决义务教育均衡县创建工作的困难。在学校校舍建设方面，确保校舍场地达标。一是特事特办，加快征地拆迁进程；二是扩建校舍的同时注重新建校舍设施达标；三是完成校舍用地权属移交，健全学校用地合法手续，规范化管理学校资产。

在教学设施设备方面，一是提升义务教育学校功能室、实验室、图书室现代化水平，置办齐全所需器材。二是配备相关管理人员与专业教师，专门从事相关工作。三是完善实验室、图书馆、功能室等相关管理制度，落实学校现代化信息技术建设。在师资队伍建设方面，一是招纳各学科教师，特别是非传统科目教师，比如英语、音乐、体育、美术、科学等学科教师。二是健全教师在职培训相关制度，大力推进在职教师学历及教学水平的提升。彭水县政府旨在通过规划教育经费投入、校舍建设、信息技术建设、师资建设，切实解决义务教育均衡发展问题。

（三）规范义务教育阶段学校办学行为的政策文件

建立质量底线机制是规范管控学校办学行为的基石。为了完善"以县为主"的教育管理体制，彭水县 2007 年出台了《关于深化农村义务教育体制改革的实施意见》，实现了义务教育管理体制由"分级办学、分级管理"向"以县为主"转变，使得义务教育管理体制更加趋于规范。此外，彭水县政府还出台了《彭水自治县全面改善义务教育薄弱学校基

本办学条件项目实施规划(2014—2018 年)》《彭水自治县教育发展规划》《彭水自治县义务教育均衡发展专项规划》《彭水自治县中小学布局结构调整规划》《彭水县教育事业发展"十三五"规划》等一系列政策文件，以明确领导定位，细化各自责任，建立责任督学制，保障义务教育均衡发展工作的顺利开展。

与此同时，彭水县政府还建立了教育教学质量考核机制，出台了《彭水县中小学教育教学常规管理 30 条》《彭水县义务教育教学质量底线要求考核方案》等制度，将学校年终绩效考核与教师评职称晋级挂钩，在提升学校、教师对于师风师德建设的认识的同时，也进一步推进了学校责任的细化与规范化，强化一线教师为人师表的带头作用，增强城镇与农村薄弱学校教师的责任心和积极性。彭水县充分实施义务教育办学政策，加强后续义务教育质量监测。2016 年彭水县义务教育基本均衡县督导报告显示，彭水县义务教育巩固率小学已达到 99.9%，初中达到 99.1%，学生体质健康及格率小学稳定在 99%，初中稳定在 98.6%，学生综合素质评价合格率小学为 99%，初中为 98.6%。①

二、保障义务教育均衡发展经费投入

教育经费是教育事业发展的命脉，偏远贫困区县义务教育发展不均衡的一个重要因素就是教育经费投入不足。作为"老、少、边、穷"国家级典型贫困县的彭水县，教育资源总量小、教育经费投入少是义务教育均衡发展的最大障碍。

(一)建立教育经费的长效保障机制，落实法定"三个增长"要求

彭水县长期实行"分级办学、分级管理"，由地方基层政府筹措发展义务教育所需资金，虽然激发了各级部门的积极性与主人翁意识，但是却默许了全国区域性经济发展不平衡对义务教育的影响。2007 年，彭水县出台《关于深化农村义务教育体制改革的实施意见》，将推进义务教育管理体制向"以县为主"管理体制转变。从 2011 年开始，彭水县开源节流，实施了"向上争、银行融、社会捐"三大举措，积极主动向中央争取专项资金和投资项目，并与当地金融机构加强合作，成功融资上亿元，还通过市教委的引荐得到了基金会的捐赠。

彭水县逐年增加教育投入，其中 2014 年投入 10.94 亿元，同比增长 31.6%，其中义务教育投入 5.69 亿元，同比增长 34.3%。2015 年投入 12.64 亿元，同比增长 15.6%，其中义务教育投入 7.8 亿元，同比增长 37.1%。②2016 年开始，全县城乡小学和初中生均公用经费补助标准分别由原来的 600 元、800 元提高到 700 元、900 元。2016～2019 年，彭水县多渠道筹措教育经费 48 亿元，全部用于改善办学条件。③尽管如此，由于历史欠账等原因，彭水县教育经费落实"三个增长"存在薄弱环节。重庆市人民政府教育督导室的报告显示，截至 2016 年 10 月，彭水县共欠拨教育经费近 1.8 亿元，在 2013 年、2014 年、2015 年三

---

① 重庆市人民政府教育督导室："彭水自治县义务教育发展基本均衡区县综合督导意见"，2016 年 11 月 7 日。
② 中国彭水网："我县加大投入促进义务教育均衡发展"，引自：http://www.cqps.gov.cn/ps_content/2016-10/10/content_4199350.htm。
③ 教育部："国家教育督导检查组对重庆市义务教育均衡发展督导检查反馈意见"，引自：http://www.moe.gov.cn/jyb_xwfb/gzdt_gzdt/s5987/202001/t20200116_415701.html。

年的以 10%土地出让收益计提教育资金中，也有 1425 万元未安排。[①]经费不足一直困扰着偏远贫困地区义务教育均衡发展工作。

（二）合理地安排使用上级转移支付资金

建立教育经费的长期保障机制，保证教育经费的总投入是发展义务教育的基石，多渠道、多方式争取经费则是促进义务教育均衡发展的重要支撑。彭水县多渠道、多方式地争取资金以克服彭水县经济落后，财政基础薄弱的困难，尽力做到教育经费"三个增长，一个比例"要求，并切实做到土地出让 10%收益用作教育经费并当年计提，提倡义务教育经费专款专用。2018 年，彭水县又从中央预算内资金争取到了 1600 万元用于修建校舍，使得三义乡和平安镇两所义务教育学校新建校舍面积达到了 8876 平方米。[②]2019 年，彭水县策划申报了 6 个社会事业领域教育现代化工程专项项目，重点支持乡镇中心校、完小建设，涉及总投资 18925 万元，其中拟申请中央预算内投资 4503 万元。在中央预算转移支付支持下，改变了义务教育学校校舍老、旧、缺的现状，改善了彭水县农村学校办学环境，有效推动了义务教育均衡发展。

（三）提高中小学生均公用经费标准情况

2011 年以来，彭水县多方筹措资金用于修建新校舍，扩建旧校舍，改善学生住宿条件，建设校园实验室、图书室，推进校园现代化信息建设。统计显示，2013 年全县教育经费总收入 8.46 亿元，其中国家财政性教育经费 7.90 亿元；小学生均预算内教育事业费 4910 元，初中生均预算内教育事业费 5252 元；小学生均预算内公用经费 1421 元，初中生均预算内教育事业费 1740 元。[③]到 2014 年，全县教育经费总收入 11.21 亿元，其中国家财政性教育经费 10.55 亿元；小学生均预算内教育事业费 6620 元，初中生均预算内教育事业费 8264 元；小学生均预算内公用经费 1804 元，初中生均预算内教育事业费 2861 元，各项数据相比都有较大幅度增长。[④]此外，彭水县还强调从源头上推进义务教育均衡发展，减轻家长的经济负担，同时也让学生感受到了实惠，包括"蛋奶工程""关爱行动""爱心午餐"等，让学生和家长真切体会到义务教育均衡发展的进步与成果。

（四）设立义务教育均衡发展专项资金

依托"向上争、银行融、社会捐"三大渠道以保证义务教育均衡发展的教育经费是不够的，为了完全解决义务教育基本均衡县创建工作的后顾之忧，彭水县一是开设了 4000 万元左右的专项资金，以大力支持义务教育学校校园文化建设工作，在校园里营造义务教育均衡发展氛围，也唤醒社会人士支持义务教育均衡发展的基本意识。二是要求当年计提教师继续教育经费，当年的教育经费用于教育，落实专款专用。[⑤]2011 年，彭水县教委切实落实"向上争"战略，向中央财政争取到了上亿元专项资金，包括中西部农村初中校舍

① 重庆市人民政府教育督导室：《彭水自治县义务教育发展基本均衡区县综合督导意见》，2016 年 11 月 7 日。
② 彭水县发展改革委员会："1600 万中央资金助力彭水 2 所义务教育学校"，引自：http://ps.cq.gov.cn/zfxx/10/2018-3/23808. html。
③ 重庆市教育委员会：《重庆教育年鉴 2014》，重庆出版集团重庆出版社 2015 年出版，第 329 页。
④ 重庆市教育委员会：《重庆教育年鉴 2015》，重庆出版集团重庆出版社 2016 年出版，第 288 页。
⑤ 重庆市人民政府教育督导室：《彭水自治县义务教育发展基本均衡区县综合督导意见》，2016 年 11 月 7 日。

改造工程中央预算内投资项目、农村义务教育薄弱学校改造计划市级专项资金、市级基础教育专项资金等。[①]正是基于义务教育专项资金的设立，使彭水县能够认真着眼于义务教育均衡发展过程的重点难点区域，确保这些地方的教育经费落实到位。

三、改造偏远农村学校和薄弱学校

改造偏远农村学校和薄弱学校是全面推进义务教育均衡发展县中的重要一环，同时也是最为艰辛的一步。彭水县偏远农村学校和薄弱学校出现的原因复杂多样，一是地理上远离城市，交通闭塞。二是教学设施设备匮乏陈旧，甚至难以进行教学。三是学校规模小，人数少且年级层次散，难以集中教学。基于此，彭水县政府、县教委领导工作小组深入山区，立足县情，从优化中小学布局、改造学校设施设备、县镇学校扩容、帮扶农村学校和薄弱学校四个方面着手，以有效攻克义务教育均衡发展的困难点。

(一)优化中小学布局，加大农村教学点建设

偏远农村地区经济落后，青壮年多外出打工，带走了一批孩子去城市上学，留守儿童年龄参差不齐，每个年级人数不一，给教学工作安排带来很大的困难。且农村学校教学设施缺乏、优秀教师和生源流失、学校管理体制不健全等诸多劣势，造成城乡中小学差距尤为明显。彭水县政府和县教委为了改变农村学校落后的现状，进一步推进义务教育均衡发展工作，强调优化城乡中小学布局，加大农村教学点的建设。包括实施了彭水县思源中学、彭水第五小学等学校迁建或新建工程，以缓解城区教育资源供需矛盾。2011~2016 年，彭水县累计拆除山区教学点 59 个，新建、扩建乡镇寄宿制学校 6 所，有效配合了学校布局调整工作。其中，该县新建的保家中学新校区占地约 154 亩(1 亩≈667 平方米)，总建筑面积 4.8 万平方米，教学楼、宿舍楼、图书馆、科技楼、行政楼和食堂等功能用房齐全，可同时满足 60 个教学班就学。[②]

(二)推进义务教育薄弱学校整体改革

彭水县基于对城乡中小学的考察，发现许多学校生均校地、生均校舍和体育场馆不达标，而且许多学校在房屋产权、土地使用等方面证件不齐全。在学校硬件设施方面，部分学校实验室、六大功能室、图书室达标率低，仪器设备缺乏且陈旧落后，甚至个别农村学校还未曾配备照明设备，这直接影响了农村学校和薄弱学校的教育信息化程度。基于此，县教委以建设基础设施、配齐教学设施设备为抓手，促进义务教育均衡发展工作进程。2011~2017 年，彭水县已累计投入教育经费 13.5 亿元，并投入 1.68 亿元用于校舍建设，新征校地达到 42147 平方米，新建校舍 39272 平方米，新建操场 31098 平方米，大力改善了全县义务教育薄弱学校办学条件。以该县黄家中心校为例，学校 2014~2018 年实施全面改善薄弱基础设备项目共计 12 项，投入资金 67.73 万元，其中采购图书 7285 册，增设

---

① 彭水县教育委员会："投入保民生 管理促发展"，载《公民导刊》2012 年第 1 期。
② 彭水县政府："我县完善办学条件助推教育提质增效"，引自：http://www.psx.gov.cn/html/text/38a172e6327
fbe6a784cf8957b6a4c0a.html。

计算机 77 台，多媒体设备 22 套，功能室设备 5027 件（套）。[①]

（三）县镇学校进行扩容改造，解决城镇学校"大班额"问题

彭水县城镇学校"大班额"的问题主要有以下原因。一是城镇经济发达拥有更多工作机会，吸引了大批农村青壮年进城务工，务工人员子女也相继跟随父母进入城镇入学就读，于是城镇中小学学校拥有了许多"借读生"。二是由于彭水县教育资源总量有限，义务教育资源向城镇学校倾斜，农村学校和薄弱学校教学条件相对较差，不少家长基于择优入学的理念，也把孩子送至县城就读，最终导致彭水县城中小学班级人数过多。基于问题症结，彭水县出台了《彭水自治县大班额化解实施方案》等文件，要求全县严格执行市教委规定的招生要求，结合县情灵活处理，改容扩建县镇学校规模，推进农村学校和薄弱学校资源配置优化，逐渐化解大班额问题，最终达到义务教育均衡发展班额的要求。

（四）对农村学校和薄弱学校的帮扶

为进一步推进彭水县义务教育均衡发展工作，县政府、县教委的领导工作小组多次召集相关部门召开专题会议，开展实地调研，全力推进对农村学校和薄弱学校的帮扶机制。自 2012 年春季起，彭水县开始实施义务教育营养改善计划，受益学生达 6.7 万人。为了逐步化解农村学校校园设施陈旧缺乏、食堂设施不齐全等问题，彭水县相继在 2012 年和 2013 年启用中小学食堂专用资金 4000 多万元，对农村中小学食堂进行了统一整改、扩建，使其达到义务教育学校基本标准，提升学生就餐环境的整体水平，初步实现了"校校有食堂、人人吃午餐"的目标。在校舍改建方面，彭水县启动了薄弱学校治理工程、初中校舍改造工程、校安工程，对寄宿制学校进行整改，累计投资已经达到 1.4 亿元。截止到 2017 年，彭水县政府还计划新建、扩建 16 所农村寄宿制小学，使得每个乡镇都能拥有 1 所寄宿制小学。[②]其中万足中心校从各个渠道争取资金和设备，2013～2019 年，投入 400 多万元修建餐厅、文化广场、六大功能室设施设备、教学多媒体、校园文化建设、食堂整改等。[③]

四、优化教师队伍结构与整体素质

城镇学校和农村学校师资力量不均衡是中国农村普遍存在的一个问题。偏远农村学校和薄弱学校基于现实条件的限制，很难吸引优秀教师前往任教，也留不住本校教师，特别是年轻教师。于是农村教师往往呈现出两个特点，一是老年化，二是教师专业素养不高。彭水县抓住问题关键，特别关注教师队伍结构与整体素质的整合与优化。

（一）定向补充师资，推进城乡教师交流任职

城镇学校教学条件好、生源质量高、校园环境好、福利待遇优厚，农村学校教学条件艰苦、学生基础薄弱、教师薪酬赶不上城镇教师，因此年轻一代受过高等教育的义务教育

---

① 华龙网："黄家中心校：'重庆市乡村少年宫项目学校'特色教育之路"，引自：http://education.cqnews.net/html/2019-10/16/content_50696692.html。

② 重庆市教育委员会："彭水农村义务教育学校办学条件得到切实改善"，引自：http://www.cqpsedu.com/html/3-2/2794.htm。

③ 华龙网："万足中心校：用父母之心做教育"，引自：http://education.cqnews.net/html/2019-10/16/content_50696708.html。

学校教师普遍青睐城镇学校。为了促进义务教育基本均衡县创建工作，加强义务教育教师队伍的构建，提升教师队伍整体素质，彭水县教委制定了城乡教师交流任职轮岗计划。一是定期交流，规定义务教育学校校长定期交流比例为 11.2%，教师的比例为 7.1%，搞好教师队伍建设，推进城乡义务教育学校间的交流沟通。2015～2017 年，彭水县共选派 87 名城区教师到乡村义务教育阶段学校支教一年，各乡镇中心校(小学)选派 140 名村小支教教师为区域内村小、教学点提供师资支持。[①]二是教师公选。例如彭水县 2017 年通过教师公选，在乡镇中学中招录了 28 名各科教师到县城中学中任教，并提高农村教师待遇。[②]通过优化教育资源配置，合理分配义务教育学校师资，促进彭水县义务教育发展。

(二)开展教师在职培训，提升教师专业化水平

彭水县从义务教育学校教师队伍内部出发，提升教师队伍整体专业能力与综合素质。彭水县教委根据县情，一是设定了专项资金投资教师在职培训。2015～2017 年，自筹县级培训经费达 1241 万元，培训教师 2.5 万余人次。[③]同时，加强名师、骨干教师队伍建设，2018 年选派 209 人次参加市级专项培训，继续推进"卓越教师"培养计划，获评重庆市特级教师 2 名，重庆市名师奖 1 名，市级骨干校长 1 名，队伍建设再添精彩。[④]二是策划了系列教师活动。2018 年，开展师德师风系列活动 200 余场次，集中学习 320 余场次，开展家校活动 400 余场次，传递教育正能量。三是建立教师交流平台，建立定期交流机制，全面辐射全县义务教育学校。通过内部优化教师队伍，不但提升了彭水县农村学校教师专业能力与综合素质，还为农村学校留住了师资人才，提升了教师队伍的整体水平。

(三)落实边远地区教师岗位津贴

面对教育资源总量不足的情况，彭水县政府坚定信心，积极制定对策，从上级申请、银行融资到社会捐助，多渠道、多方式筹集资金，借助多方力量，争取走出一条全面推进义务教育均衡发展、提升教育质量的新路子。面对农村教师总体质量不高、难招难留等问题，并考虑到边远山区任教的艰苦条件等外在因素，彭水县为解决农村教师在生活上的后顾之忧落实边远艰苦农村教师的教师津贴，每人每月 200 元至 900 元不等，每年按时足额分发每月教师绩效工资，人均绩效工资 2.9 万元，以吸引优秀年轻教师到农村学校任教，以便为农村中小学注入新鲜活力。2014 年，彭水县完成走马、黄山等 10 个乡镇教师周转房建设，建设 452 套教师周转房，落实乡村教师补贴 1425 万元，惠及教师 4600 余人。[⑤]通过这两种方式保障农村教师的岗位津贴，鼓励农村教师为城乡义务教育均衡发展做出贡献。

(四)优化区域内教师队伍结构

农村学校任教教师高龄化、各科专业教师数量不均也是亟待解决的一个问题。彭水县按照义务教育均衡发展要求，从积极招录义务教育学校各学科新教师入手。2014～2017 年，通过考核、公开招聘引进新教师 586 人，并优先保障乡村学校师资需求，2015 年、

① 重庆市教育委员会："彭水县精准发力让农村教师有更多获得感"，引自：http://yw.cqedu.cn/Item/25796.aspx。
② 华龙网："彭水县中小学教师交流轮岗见成效"，引自：http://say.cqnews.net/html/2017-12/05/content_43416423.htm。
③ 重庆市教育委员会："彭水县精准发力让农村教师有更多获得感"，引自：http://yw.cqedu.cn/Item/25796.aspx。
④ 中国网："彭水：教育均衡让农村学校更美"，引自：http://guoqing.china.com.cn/2019-02/21/content_74489934.html。
⑤ 重庆市教育委员会：《重庆教育年鉴 2015》，重庆出版集团重庆出版社 2016 年出版，第 289 页。

2016 年分别安排新教师 41 名、82 名到乡村学校从事教育工作。在招录教师的学科方面不再只是关注语文、数学、英语三门重点学科上，而是更加关注音乐、美术、劳技、体育、科学等科目教师的补充，尽全力解决义务教育学校的师资力量匮乏，以及各学科教师数量不平衡等问题。①另外，彭水县启动了中级职称 315 人计划，并开启了"卓越教师"计划，使得教师分批成功申报市级骨干教师，形成一套成熟的人才梯队制度。同时，彭水县进一步增加师资培训经费投入力度，改善进修环境及条件，丰富培训渠道，全面提升现有教师学历水平及教学能力水准。

五、规范治理义务教育学校办学行为

规范义务教育学校办学行为是确保教育质量的关键落脚点，成熟的义务教育校本管理体制也有益于保障学校办学效益的提升。为促进全县义务教育均衡发展工作得以顺利开展，彭水县实施了系列义务教育学校规范办法举措，包括保障随迁子女教育、减轻学业负担等方面。

(一)保障随迁子女、留守儿童等群体入学机会

留守儿童和随迁子女是彭水县重点关注的帮扶对象。留守儿童更是农村义务教育学校学生的主力群体，对于留守儿童和随迁子女的择校入学，彭水县强调应重视全县适龄儿童的入学问题，尤其关注随迁子女和留守儿童的入学率，并将其作为一项重要指标进行审核和考察，以确保留守儿童和随迁子女获得公平的入学机会。据报告显示，彭水县进城务工人员子女的入学问题已经得到了圆满的解决，入学率达到了 100%，"三残"儿童的入学率也达到了 89.76%。与此同时，农村学校在县教委的帮助下不仅建成了留守儿童关爱体系，包括安装爱心电话、视频设备，结成相互关爱的网络，还设立了保障贫困家庭子女接受义务教育的教育机制，儿童接受义务教育的权利已经得到了保障。以万足中心校为例，该校 2013 年以来累计获得资助资金达 420 多万元，其中国家贫困生资助、营养改善及县民政资助资金累计达 350 多万元，其他群团、社团及爱心人士等资助 70 多万元。②

(二)开齐开足国家规定课程，提高义务教育教学质量

由于缺乏专业教师，彭水农村学校存在教师身兼数科的情况，且师生存在过度关注语数外成绩，注重智育而忽视了学生德育、美育与体育的培养等问题，违背了义务教育均衡发展的初衷。彭水县政府制定了《彭水县中小学教育教学常规管理 30 条》《彭水县义务教育教学质量底线要求考核方案》等文件，要求全县义务教育学校能够招贤纳新，补齐任课教师不足的缺陷，尽力开齐国家规定的义务教育课程。以此为出发点，彭水县教委在教师公选中不断充实新教师，特别是薄弱学科教师。教师到位后，彭水县义务教育课程也相继顺利开课，对彭水县义务教育均衡发展大有裨益。2015 年以来，全县各教学点课程开齐率、教师配置率均达到 100%。与南岸区珊瑚实验小学等 17 所学校市内外名校建立帮扶

---

① 重庆市教育委员会："彭水县精准发力让农村教师有更多获得感"，引自：http://yw.cqedu.cn/Item/25796.aspx。
② 华龙网："万足中心校：用父母之心做教育"，引自：http://education.cqnews.net/html/2019-10/16/content_50696708.html。

关系，全县形成 8 大教育集团涵盖 37 所中小学，有效推进一体化发展。[①]同时，各学校结合地方实际，大力推进学校特色，其中诸佛中心校以民族文化传承教育基地和篮球特色示范学校及乡村少年宫特色学校为基点，合力开发建设 2+X 课程，形成独特的 2+X 课程体系。高谷中心校在重庆市葫芦丝巴乌学会专家的建议指导下，开展了葫芦丝教学活动，通过实践取得了良好的效果。

（三）治理教育乱收费和违规补课等行为

面对与日俱增的升学压力，部分学校领导和教师利用家长望子成龙的心理，进行违规补课和乱收费，既增加了家长费用压力，也损害了学生身心健康，干扰学校正常管理体制。为治理教育乱收费和违规补课，彭水县颁布《彭水县中小学教育教学常规管理 30 条》，并积极响应重庆市教委要求，防止义务教育学校出现教育乱收费、乱补课的现象，禁止学校利用寒暑假和周末等法定节假日进行补课，全县义务教育学校禁止以任何形式向家长收取违规费用。此外，彭水县还严格管理教师，一律严禁义务教育学校教师以任何形式开办私人补习班或者教育补习机构，加强对教师的口头教育与监督，一经发现严肃处理。在每年新生招生之际，要求各学校严格按照年度招生计划招生，确保招生工作平稳有序，有效缓解县城义务教育学校大班额现状，杜绝随之而来的乱收费事件。

（四）督促减轻中小学生课业负担

为了减轻中小学生课业压力，彭水县以素质教育为抓手，重点关注义务教育课程改革，促进中小学生德智体美劳的全方位和谐发展，在推进校本建设的同时提升校园"软环境"建设水平。一是开展丰富的课外活动，比如经典诵读、科技创新、学科知识竞赛等，使得学生在活动中减压。二是实施新课改，启动了 15 所小学试点实施新教育、3 所初中和 3 所高中实行新课程改革，在减负的基础上狠抓教育质量和教学评价，努力大胆地进行改革，为义务教育学校课程注入新鲜血液。三是严格把控家庭作业的时间，避免机械化记忆而布置大量重复性作业，合理调配每科作业时间及作业总量。该县黄家中心校实施乡村少年宫项目，将每周二和周三下午两节课安排为乡村少年宫社团项目活动时间，学生可以根据自己的兴趣爱好选择喜欢的体育类、文化艺术、科技与手工活动等，以减轻学生过重课业负担，提高教育质量，实现在活动中育德、启智、健体，培养学生兴趣爱好的目标。[②]

六、彭水县义务教育均衡发展问题与改进建议

自 2013 年启动义务教育发展基本均衡合格县创建工作以来，彭水县领导小组统筹到位，坚持稳扎稳打推进各项工作，薄弱学校的硬件设施建设也有了明显成效，师资队伍的配备工作完全达标，"软环境"校园文化建设也得到了相应的重视，教育均衡发展取得较

---

① 重庆市教育委员会："彭水县精准发力让农村教师有更多获得感"，引自：http://yw.cqedu.cn/Item/25796.aspx。
② 华龙网："黄家中心校：'重庆市乡村少年宫项目学校'特色教育之路"，引自：http://education.cqnews.net/html/2019-10/16/content_50696692.html。

大的进步。[①]2016 年 10 月，彭水县通过了重庆市政府教育督导室组织的义务教育发展基本均衡督导评估。2019 年 12 月 8 日至 14 日，彭水县通过国家教育督导检查组的义务教育基本均衡督导检查，标志着义务教育均衡发展工作取得阶段性成就。尽管如此，彭水县义务教育均衡发展工作还面临诸多问题，主要表现在教育经费稳定增长机制落实还不到位，少数学校存在大校额、大班额现象(小学、初中最大班额分别高达 79 人、75 人)，部分学校标准化建设仍存在短板，教师结构性短缺现象依然存在，部分学校设备配置不足、使用率不高，少数学校校园安全管理仍存在漏洞等。[②]

　　为保持义务教育均衡发展成果，着眼未来更高水平的优质均衡，彭水县应着力从以下方面加以完善。一是落实政府主体责任，优先落实教育投入，确保一般公共预算教育支出和生均教育预算只增不减，加大课程改革、教学改革、教材建设、校长教师培训等方面的投入力度，合理布局义务教育学校，应对城镇化进程不断加快带来的城区学龄人口激增问题，满足城镇新增入学需求。二是补齐标准化建设短板，提高设备使用效率，对照国家和重庆市中小学校基本建设标准和装备配备标准，逐校、逐项查找并列出薄弱环节清单，有效解决校园、校舍、运动场面积不足等问题。三是强化教师队伍创新管理，提升城乡教师整体素质，深化"县管校聘"教师管理体制改革，在核定的中小学教职工编制总额内统筹分配各校教职工编制，盘活事业编制存量。以新时代教师素质要求和国家课程标准为导向，提高培训的针对性和实效性，提高教师课堂教学能力，努力完善中小学教师待遇保障机制。四是不断提升内涵发展水平，坚持立德树人、五育并举、有教无类、因材施教，为每一名学生提供适合的教育，推进义务教育外延式均衡向质量提升的内涵式均衡发展。

---

① 重庆市彭水苗族土家族自治县人民政府："彭水召开义务教育发展基本均衡县达标创建工作推进会"，引自：http://ps.cq.gov.cn/html/text/dbfbffe2ff0054a705e64d0d776d9efc.html。
② 教育部："国家教育督导检查组对重庆市义务教育均衡发展督导检查反馈意见"，引自：http://www.moe.gov.cn/jyb_xwfb/gzdt_gzdt/s5987/202001/t20200116_415701.html。

第六章　优质均衡发展挑战与政府治理能力提升路径

在《国家中长期教育发展和规划纲要(2010—2020 年)》"2020 年基本实现区域内义务教育均衡发展",党的十九大报告指出"努力让每个孩子都能享有公平而有质量的教育""教育要实现高质量发展",以及 2018 年全国教育大会"推进教育现代化,建设教育强国"等目标指引下,我国义务教育均衡发展取得显著成效,县域义务教育均衡达标数量持续增加。2013 年全国共有 293 个县级地区通过均衡达标评估,2014 年增加到 757 个,2015 年增加到 1302 个,2016 年增加到 1824 个。2017 年增加到 2379 个,占全国总数的 81%;2018 年增加到 2717 个,占全国总县数的 92.7%,全国整体通过评估认定的省(区、市)达到 16 个。[①]在县域义务教育基本均衡发展目标大体已实现背景下,下阶段义务教育发展主旋律将由"基本均衡"转向"优质均衡",这对义务教育发展方式和政府治理能力无疑提出了更高要求。

第一节　义务教育优质均衡发展的核心特征与典型案例

当前我国义务教育正由"基本均衡发展"向"优质均衡发展"转变,这是新时代办好人民满意义务教育的根本要求。实现义务教育优质均衡发展,需要加深对其理念内涵与核心特征的理性认识,在教育机会、教育过程、教学方式、教育资源、教育结果等方面实现均衡化、优质化、差异化与多元化发展,为全面实现教育现代化奠定坚实基础。

一、义务教育优质均衡发展的内涵与核心特征

义务教育优质均衡发展是建立在基本均衡的基础上进行的,是基本均衡发展成果的巩固和提高,指明了均衡发展的下阶段趋势和方向。优质均衡发展以激发各办学主体的创新活力为载体,以提高教育质量为核心,是当前我国推进城乡经济社会一体化协调发展的重要举措。

(一)义务教育优质均衡发展的内涵

义务教育优质均衡发展是相比基本均衡发展在更高层次的均衡发展。从表述上看,"基本"与"优质"都是表示程度的词语。在《现代汉语词典》中,"基本"的解释有"根本""根本的""主要的""大体上"四种,"基本均衡发展"语境中的"基本"倾向于"大

---

① 王家源,徐光明,甘甜:"两千七百一十七个县实现义务教育基本均衡发展",载《中国教育报》2019 年 3 月 27 日。

体上"这一含义，指的是教育发展水平"大体上"能满足均衡要求，但是在"质"与"量"两方面都还处于较低水平阶段，离理想目标还有较大差距。《现代汉语词典》对"优质"的解释则是(品种、质量、成绩、作风等)"十分好"，核心是"质量"和"成绩"的"十分好"。因此，"优质"的含义是在超越"量"方面合乎需要之外而在"质"上的满足。在"优质均衡"语境中，是在"量"的需求已得到满足的基础上，对教育发展的类型、质量与结果等方面的更高追求，核心是义务教育全过程全方位的高质量诉求。[①]

对比教育部在 2012 年发布的《县域义务教育均衡发展督导评估暂行办法》和 2017 年发布的《县域义务教育优质均衡发展督导评估办法》，可以看出二者间的内涵差别。2012 年的《督导评估暂行办法》主要包括三方面，分别是县域内义务教育校际间均衡状况、县级人民政府推进义务教育均衡发展工作、公众对本县义务教育均衡发展满意度。2017 年的《督导评估办法》包括四方面，分别是教育资源配置、政府保障程度、教育质量和社会公众认可度，2017 年的《督导评估办法》将教育质量从政府推进均衡工作中独立出来，因而两个评估暂行办法在总体框架上是一致的，两个《办法》最大的区别在于新办法对多项指标提出了明确的数据要求，并增加了一些体现高质量教育特征的指标。

具体而言，教育资源配置由 8 项指标减少为 7 项指标，两个督导评估办法在生均高于规定学历教师数、生均教学及辅助用房面积、生均体育运动场馆面积、生均教学仪器设备值上面要求类似，但是"每百名学生拥有计算机台数"指标改为了"每百名学生拥有网络多媒体教室数"，取消了"师生比"和"生均中级及以上专业技术职务教师数"两个指标，增加了"每百名学生拥有县级以上骨干教师数"和"每百名学生拥有体育、艺术(美术、音乐)专任教师数"两项指标。政府保障程度方面，2012 年的《督导评估暂行办法》在入学机会、保障机制、教师队伍方面提出了 12 项指标，新的《督导评估办法》提出了 15 项指标，相比前期比较笼统的指标，后期提出了更具体的操作性指标，而且在专用教室、学校和班级规模、教师培训学时、教师交流轮岗比例、生均公用经费等方面都提出了具体的数据化指标。教育质量方面，由 5 项指标增加到 9 项指标，对初中三年巩固率和残疾儿童入学率都提出了具体指标要求。最后，2017 年的《督导评估办法》由之前的"公众满意度"修改为"社会认可度"，并明确了要达到85%以上的数据要求。

(二)义务教育优质均衡发展的核心特征

第一，优质均衡发展是相对于外延式发展的内涵式发展。在义务教育不均衡阶段，教育资源总体比较缺乏，办学条件不够完善，特别是偏远贫困地区和乡村学校办学条件不能满足教育需求，城乡、校际间教育资源配置水平相差悬殊。因此，这一阶段的发展主要通过"量"的投入来改善薄弱学校的办学条件，缩小城乡、校际间的办学差距，具体包括增加财政投入、建设标准化校园、配备教育教学设施等方面。当资源配置达到一定程度、基本均衡实现以后，这种以"量"的扩张为手段的外延式发展，需要转向质量提升和结构优化的内涵式发展上来。在学校管理层面，要求构建与现代学校制度相适应的内外部治理体系；在教学活动方面，需要学校构建适合自身特色与学生特点的课程与教学体系；在教师

[①] 周军，黄秋霞："刍议我国义务教育发展基本均衡与优质均衡的区别和联系"，载《教育与教学研究》2018 年第 8 期。

队伍方面，需要大力激发教师发展动力、建设高素质专业化教师队伍；在办学特色方面，形成高品质校园文化等等。

第二，优质均衡发展是追求惠及所有学生个体的群体发展。近年来，国家和社会各部门越来越重视外来务工人员随迁子女、农村留守儿童、残障儿童等弱势群体，以及偏远贫困地区和少数民族学生，他们构成了当前我国教育领域中的弱势群体。[①]义务教育优质均衡发展，是要涵盖所有学生的群体发展，除了保障这些学生的入学权利外，还应建立起专门的教育资源倾斜和帮扶体制。以外来务工人员子女为例，除了保障他们在流入地进入公立学校接受义务教育外，还应对他们给予城市生活适应、艺体素养、语言表达等能力培养，这也符合罗尔斯的"弱势补偿正义"原则。另外，优质均衡发展要切入学生身心发展这一核心，对所有学生给予有针对性的教育对待。教育是培养人的活动，人的丰富性、多样性和未完成性是教育的基本规律，优质均衡发展需要遵循人身心发展规律，坚持五育并举，促进学生德智体美劳全面发展。

第三，优质均衡发展是要依托各责任主体的创新发展。义务教育优质均衡发展涉及政府、中小学校、教科研机构和社会组织等多个责任主体，需要整合调动各方力量实现协同创新发展。一是政府要尽力扮演好规划者与资源提供者角色，推进教育管办评分离，构建现代教育治理体系。二是学校应以提高教育质量、提升学生综合素质为核心，落实立德树人根本要求，完善义务教育课程设置方案，深化国家课程、地方课程和校本课程整合，构建开放性、个性化的教学模式，培养学生创新实践能力。同时，支持和鼓励学校探索办学体制改革，包括一校多区、集团化办学、城乡一体化办学、学区制管理、教育联盟等形式，最大限度激活学校办学活力和优质教育资源，实现学校内生式发展。[②]三是教科研机构应支持学校加强师资培养、课程建设、文化建设、综合素质评价改革等工作，促进学校特色发展。四是博物馆、纪念馆、美术馆、图书馆、文化馆等社会机构应为学校教育教学活动提供场所和便利条件，促进合作育人、协同育人。

第四，优质均衡发展是以城乡一体化为着力点的同步发展。城乡教育一体化发展是优质均衡发展的必然要求和重点任务，主要体现在教育目标、教育资源和教育对象的整合与一体化方面。一是发展目标的互促共生。城市与乡村之间不是非此即彼的竞争关系，而是有着双赢目标的共生关系。顺应我国城乡关系走向共生发展的一体化趋势，城乡教育也将在全面提高人才培养质量、合理利用城乡教育资源、构建互惠共促的发展机制等方面形成共识。二是教育资源的一体配置。为此，需要着力改变旧有的城乡二元教育资源分配模式，确立统一的生均教育经费标准，落实教师资源的"县管校聘"一体化使用，建立异地教育研习基地，教育经费、师资力量、办学条件等要素在城乡学校间无障碍流动。三是教育对象的城乡交融。随着越来越多的农村人口向城镇转移，新入城人员及其后代的融入问题日益凸显，城乡学生应摈弃地域身份差异，相互尊重、互为欣赏、互相帮助以最终实现共同成长。

---

① 钟景迅："从区域均衡到群体均衡：义务教育优质均衡发展的新思维"，载《教育发展研究》2017 年第 8 期。
② 姚永强，范先佐："内生发展：薄弱学校改造路径选择"，载《中国教育学刊》2013 年第 4 期。

二、现阶段义务教育优质均衡发展的典型案例

义务教育优质均衡发展在基础性均衡发展基础上，将在全国范围内分区域、分步骤、分阶段逐步推进，鼓励教育发达地区先行先试，率先实现高质量的优质均衡。北京、上海、浙江、江苏教育发达地区，以"优质化、信息化、国际化、个性化"为发展路径，积极探索智慧教育、学区化集团化办学、教育共同体建设、推进管办评分离等改革，形成了卓有成效的政策与实践经验。

(一)智慧教育高地——北京市海淀区的实践

海淀区位于北京市城区西部和西北部，下辖22个街道，7个地区。海淀区高校云集，名胜古迹众多，正着力推进建设具有全球影响力的全国科技创新中心核心区、服务保障中央政务功能的重要地区、历史文化传承发展典范区、生态宜居和谐文明示范区、高水平新型城镇化发展路径的实践区。截至2018年底，全区共有普通中学79所，在校生10.0万人；小学84所，在校生17.0万人；幼儿园177所，在园幼儿6.6万人。中等职业学校9所，在校生7797人。全区公办学校和民办学校接收进城务工就业农民子女人数分别为21561人和3102人。全区中小学幼儿园共有教职工3.5万人，其中特级教师、市级骨干教师和市级学科带头人共598人，区级学科带头人2063人，区级骨干教师2623人。35岁以下教师占比40.9%；高级以上职称教师占比17.6%。[①]

海淀区正依托信息化技术推动教育优质均衡发展。2014年3月，海淀区出台《海淀区智慧教育中长期发展规划(2014—2020年)》，正式启动了智慧教育建设。从基础设施建设到教育资源积累，从教师信息技术能力培训到教育管理公共服务水平的提高，海淀区智慧教育建设取得了积极成效。一是完善智慧教育基础设施建设。截至2019年5月，海淀区完成了327个视讯平台校级节点建设，形成了覆盖全区教育系统的智慧教育视讯平台体系。[②]二是推动教师专业发展，基于"海淀区智慧教师信息化教学能力标准"，开展面向全区教师的专题培训。三是推动教育治理方式创新，建立了集智慧管理、智慧校园、智慧教学、智慧教研、智慧培训于一体的网络化、数字化、个性化、终身化的智慧教育服务体系。四是着力教育数据库建设，面向教育管理、教学服务等不同应用场景建立大数据应用平台。2019年11月，进一步推动《海淀区智慧教育2.0行动计划(2019—2022)》，提出到2022年基本建成海淀"智慧教育云中枢目标"，实现适应性的智慧教学、科学化的智慧管理、协作化的智慧教研和个性化的智慧服务。

海淀区智慧教育建设有效推动了该地区教育优质发展。[③]一是义务教育发展水平持续改进。义务教育高水平优质均衡发展，优质教育资源更加丰富，更加均衡化覆盖，义务教育阶段就近入学率巩固在99%以上。二是推动了教师研修与发展模式创新。依托海淀区智慧教育视讯平台，实现了不同学校教师协同备课、同步授课、网络研课。三是大数据分析

① 北京市海淀区人民政府："海淀区2018年国民经济和社会发展统计公报"，引自：http://zyk.bjhd.gov.cn/sjkf/tjgb/201907/t20190701_4332794.shtml。
② 聂蕊："'互联网+'让海淀教育更'智慧'"，载《海淀报》2019年5月22日。
③ 吴颖惠："教育信息化促进教育优质均衡发展——海淀区充分发挥技术在区域教育改革和发展中的引领作用"，载《中小学信息技术教育》2018年第2期。

改革教学模式，基于对体质健康、学业成绩、特长发展等教育大数据的收集和分析，形成了学情数据云平台和教育决策数据支持系统，以技术保障个性化适应性教育的实现。四是适应智慧教育发展更新育人体系，STEM教育、少年创客、少年思维训练营等拓展项目成为学校教育新亮点。作为全国教育强区、全国教育改革创新的领跑者，海淀区智慧教育项目加速了该区教育现代化进程。

(二)学区化与集团化办学——上海闵行区的实践

闵行区位于上海市中部，是上海市科创中心重要的承载区，全市最具创新影响力的科技创新功能集聚区，以及上海国际贸易中心的重要承载区，下辖9个镇、4个街道。截至2018年底，全区共有中学、小学、幼儿园、中职校、工读学校、特殊教育学校333所，在校学生23.29万人，全区教职工2.67万人，其中专任教师1.80万人。全区3~6岁幼儿入园率为99.6%，义务教育入学率达100%，高中阶段入学率为98.5%。[①]义务教育阶段中，小学教育机构50所，其中民办学校一所。随迁子女学校15所，全部为民办学校。初中学校32所，其中民办学校4所。小学生共有94572人，专任教师6235人；中学生57091人，专任教师5503人。[②]

为解决居民日益增长的优质教育需求与发展不充分、不均衡之间的矛盾，消除城乡差距、校际差距和学生综合素质培养的不平衡，闵行区以学区化集团化办学为引擎，推动区域教育均衡、优质、个性发展。一是强化顶层设计，整体规划实施路线图。学区化办学是以现有街镇行政区域为主要单位，区域内相同或不同学段的学校结成办学联合体，形成同学段横向抱团、跨学段纵向衔接的办学格局；集团化办学以优质品牌学校为核心，组建区域内或跨区域的办学联合体，发挥优质资源辐射引领作用，推进课程共建与资源共享，促进集团成员校优质均衡发展。[③]二是统筹协同推进，深化办学体制改革。根据《闵行区"学区办公室"管理实施办法》，完善理事会、章程管理、联体评价制等制度。三是内联外引，增加优质资源供给。以"搭平台、聚资源、创环境"为原则，除借力区内"名校"开展项目合作，还积极引入优质高校教育资源，高起点开办新学校。四是坚持"放管服"结合，基于一年一度的办学绩效数据，评估区域学区、集团的办学绩效整体增值度，以及学区、集团内各学校的均衡发展达成度。

闵行区学区化集团化办学整体提升了本区基础教育优质均衡水平。一是学区化集团化办学实现全覆盖。全区14个街镇建设了12个学区、9个教育集团，涵盖全区392所中小幼学校，实现了义务教育阶段学校和公办幼儿园100%全覆盖。二是提升了区域教育的国际化水平。各学区集团深化国际理解教育、推进国际交流合作，引进了舞向未来、STEM课程、WAP课程、健康与幸福、PATHS等国际课程。三是形成了各具特色的集团化模式，包括文化融合式、项目合作式、教学共研式、名师共享式、活动共创式等有效机制。其中七宝中学教育集团有14所成员学校，闵行中学教育联盟有20所学校加盟，实验小学教育

①　上海市闵行区人民政府："2018年上海市闵行区国民经济和社会发展统计公报"，引自：http://www.shmh.gov.cn/shmh/tjsj-tjgb/20190315/423948.html。
②　上海市闵行区人民政府："2018学年闵行区教育统计信息"，引自：http://xxgk.shmh.gov.cn/mhxxgkweb/html/mh_xxgk/xxgk_jyj_ywxx_02/2019-11-13/Detail_73901.htm。
③　汤林春："上海市学区化集团化办学探索与前瞻"，载《上海教育科研》2018年第3期。

联盟有 5 所学校。四是推动各学校形成特色。自 2015 年全面启动学区化集团化办学以来，截至 2017 年底，闵行区内 6 所学校被评为上海市新优质学校，21 所初中学校参加新优质学校集群发展项目。[①]

（三）建设优质学校——江苏省张家港市的实践

张家港市是江苏省苏州市代管县级市，下辖 8 个镇、7 个功能区。2019 年《中国县域经济发展报告（2019）》显示，张家港位列县域经济全国综合经济竞争力第三。截至 2018 年底，张家港市共有全市各类学校 166 所，在校学生 19.5 万人，其中新市民子女 9.5 万人，专任教师 9593 人。普通中学 43 所，在校学生 47422 人，专任教师 3889 人；小学 38 所，在校学生 88113 人，专任教师 4974 人。幼儿园 69 所，在园幼儿 46100 人，专任教师 2110 人。学龄儿童入学率、初中升学率和高中录取率分别为 100.0%、99.8% 和 97.2%。先后获得全国首批青少年校园足球试点县市、全国中小学校责任督学挂牌督导创新县市、全国十佳老年教育全覆盖县市、江苏省首批基础教育装备示范市等荣誉。在 2017 年、2018 年的省教育现代化监测中，张家港市综合得分连续两年位居苏州市各县市首位。[②]

张家港市于 2013 年创建成为全国首批义务教育基本均衡示范县，实现了义务教育的基本均衡，之后推动教育从外延均衡转向内涵提升，从学校标准建设走向优质学校建设，以"让每个孩子都能享有公平而有质量的教育"为基本追求，探索区域推进教育优质均衡发展的新路径。[③]张家港市的优质学校建设主要围绕三种能力展开。一是文化输出能力。具体而言，要求各学校形成清晰的办学理念，并以此引领学校改革课程体系。同时，提升学校文化的社会领导力，以优秀文化向社会传导正能量，把学校建设成当地的文化高地。二是课程再造能力。经过多年努力，张家港市中小学基本构建了与优质学校相适应的课程体系，着眼学生个性发展，给学生量身定制"适合的教育"。三是教学实践能力。以建设"因材施教的好课堂"作为教学追求，制定并实施课堂教学标准，鼓励学校进行课堂教学改革实验，坚持推进课堂教学研讨。张家港市先后出台《关于进一步推进城乡义务教育一体化现代化促进高位优质均衡发展的实施意见》和《张家港市优质学校建设三年行动计划》，规范引领优质学校建设。

张家港市优质学校建设取得了多项积极成果。一是推动建构了现代教育治理体系。教育行政部门、教研部门和学校之间建立了紧密的伙伴关系。教育行政部门成为学校发展的护航者，通过未来愿景引领学校发展。教研部门则扮演学校进步的帮助者，为教育管理提供政策咨询和决策参考，帮助学校制定并落实发展战略。二是推动建设了学校共同体，包括系列化的品牌学校共同体，让具有相同办学传统的不同学校组成发展共同体，以及学校发展联盟，从早期的强帮弱模式升级为协同发展模式。三是推动形成了良好家校关系。广泛成立家庭教育服务中心和"幸福家长驿站"，建设政府主导、多层次联动的家庭教育支持格局和支持网络，为家庭教育提供生活德育、亲子沟通、主题活动等支持，方便家长获

---

① 上海市闵行区教育局："闵行区推进学区化集团化办学"，引自：http://xxgk.shmh.gov.cn/mhxxgkweb/html/mh_xxgk/xxgk_jyj_ywxx_04/2019-09-19/Detail_69316.htm。

② 张家港市人民政府："2018 年张家港市国民经济和社会发展统计公报"，引自：http://www.zjg.gov.cn/zfxxgk/075003/075003028/moreinfozdly.html。

③ 杨志刚："聚焦立德树人，推进优质均衡，办好人民满意的教育"，载《人民教育》2018 年第 18 期。

取所需家庭教育资源。

（四）打造教育新共同体——杭州市江干区的实践

杭州市江干区是杭州最古老的城区之一，位于杭州大都市东部，是杭州城市东扩的桥头堡，也是杭州城市发展战略的轴心所在，还是杭州的交通枢纽中心，是杭州新的政治、经济和文化中心，区内还拥有浙江省最大的高教园区下沙高教园。截至 2018 年底，全区共有各级各类学校（含幼儿园）117 所，其中小学 30 所，初级中学 10 所，九年一贯制学校 7 所，十二年一贯制学校 1 所，普通高中 1 所，职业高中 1 所，特殊教育学校 1 所，幼儿园 66 所。全区在校学生（含幼儿）95984 人，其中义务教育段中小学生 61619 人、高中生 1916 人、在园幼儿 32449 人，在编教职工 5403 人。浙江省义务教育标准化学校比例达 100%，公共教育支出占财政总支出比重（含省市补助）20.4%。[①]

为推动教育的优质均衡发展，江干区在 2007 年开始的高校（university）、政府（government）、社区（community）、学校（school）多元参与的"UGCS 合作共同体"建设基础上，于 2013 年启动了教育"新共同体"建设。全区按地域分解成若干区块，在吸纳社区、街道、企业等外部力量基础上，相继引入杭州师范大学、浙江师范大学、浙江省教科院、华东师范大学、浙江省师干训中心等院校资源，以高校介入式、名校介入式和名师介入式为主构方式，构建起了五类教育"新共同体"，即教师研训共同体（笕桥彭埠区块）、院校合作共同体（九堡区块）、名校新校共同体（丁桥区块）、托管体制共同体（钱江区块）、区域联盟共同体（凯旋区块）。[②]同时，江干区着力推进教师队伍和课程教学改革等内涵建设，形成了涵盖不同类型不同层次的 T 型教师培养体系，推动了"以生为本、以标为纲、以学为主、以导为方"的"四为课堂"改革。

经过多年的探索，教育"新共同体"已经覆盖江干区八个街道 48 所中小学，成功打造了采荷、东城、凯旋、天杭、濮家、省教科附校等一系列教育品牌。在杭州市 2018 年度区、县（市）特色创新项目"回头看"评选中，江干区《打造教育"新共同体"探索教育治理新实践》项目成为唯一的教育类创新项目。一是探索了网络状的管理模式。比如东城教育集团就组建了由杭州师大、江干区教育局代表，以及各校校长共同组成的集团理事会，理事会常务理事则由教育行政部门、街道、社区、企业、高校代表以及共同体学校校长担任。二是形成了一批学校的办学特色。其中，凯旋教育集团的六所成员学校成立了"儿童哲学项目学校联盟"，加强对作为教育对象的儿童研究。茅以升实验学校开展了 STEM＋校本项目式学习、全景课堂等教育创新。一是扩大了优质教育比例和覆盖面。江干区近 100 万居民和近 10 万名学生受益，义务教育优质覆盖率从 2015 年的 92.8%增至 2018 年的 96.3%。[③]

---

① 杭州市江干区人民政府："2018 年杭州市江干区国民经济和社会发展统计公报"，引自：http://www.jianggan.gov.cn/art/2019/3/25/art_1655458_31625149.html。
② 费蔚："教育'新共同体'：推进区域教育优质均衡发展新范式"，载《中小学管理》2019 年第 9 期。
③ 绩效杭州网："打造教育'新共同体' 探索教育治理新实践"，引自：http://www.jxhz.gov.cn/tscxmbjs2018tscx/11603.jhtml。

第二节　西部地区义务教育优质均衡发展存在的问题

中华人民共和国成立七十多年来，特别是改革开放四十多年来，中国义务教育普及和基础性均衡目标已经实现。尽管如此，受各地经济社会发展不平衡、优质教育资源供给不足等因素影响，当前西部地区义务教育均衡发展与优质均衡还有较大差距，政府义务教育均衡治理能力建设也还任重道远。

一、义务教育均衡发展现状与优质均衡差距

按照《国务院关于深入推进义务教育均衡发展的意见》精神，"到 2020 年，全国义务教育巩固率达到 95%，实现基本均衡的县（市、区）比例达到 95%"的目标已基本实现。剩下未达标的县份中，多数是位于西部地区的老、少、边、穷县。即便已通过均衡评估的县域中，近年来也出现倒退和反复情况，在办学条件、经费投入、教师队伍建设和办学质量等方面与优质均衡标准更是存在差距。

（一）办学条件等基础资源仍存在不均

由于城乡二元经济结构和区域发展不均等因素影响，区域、城乡和校际间的办学条件差异明显，特别在教学场地、教学设施设备、图书资料等教学辅助用具等方面尚有较大改进空间，在教育发展总体滞后的西部地区更是如此。在学校教学面积和运动场馆面积方面，由于城镇化进程的加速发展，大量学龄人口涌入城市，使得城区学校义务教育资源供给紧张，城区学校生均占地面积、校舍面积、体育运动场馆面积严重不足，进而使城区"大班额"现象愈发严重。以 2017 年为例，当年我国城镇人口占总人口比重为 59.58%，但是义务教育阶段学生在城镇入学比例为 76.79%，义务教育学生城镇化率高出总人口城镇化率近 18 个百分点，使得我国常住人口分布发生急剧变化。[1]据统计，2018 年时全国仍有普通小学大班（56～65 人）16.58 万个，大班额比例为 6.0%；初中大班 8.04 万个，大班额比例为 8.0%。在重庆市，截至 2019 年时全市有 360 所学校规模超过 2000 人，占比 6.98%；其中 3000 人以上学校 104 所，占比 2.02%；全市尚有 56 人以上大班额 4466 个，占比 5.93%；66 人以上超大班额 443 个，占比 0.59%。[2]

在教学设施设备，以及图书、计算机、实验用品等教学辅助用具方面，西部地区诸多县域也存在设备陈旧、配置不足等问题，部分农村地区和少数民族地区的校园网和多媒体教室建设更是滞后。据统计，2018 年时全国小学生均仪器设备值为 1558 元，全国初中生均仪器设备值为 2453 元，分别比上年增长 10.9%和 8.3%，但仍然只相当于城市小学的 75.8%，城市初中的 76.0%。随着义务教育学校信息化水平持续提高，学生拥有教学用计算机台数和学校接入互联网的比例都大幅提高。但是在校园网建设、网络教育教学资源开

---

① 统计局："年度数据"，引自：http://data.stats.gov.cn/easyquery.htm?cn=C01&zb=A0301&sj=2018。
② 教育部："国家教育督导检查组对重庆市义务教育均衡发展督导检查反馈意见"，引自：http://www.moe.gov.cn/jyb_xwfb/gzdt_gzdt/s5987/202001/t20200116_415701.html。

发等方面，城乡差距依然明显。2018 年底，全国小学和初中建立校园网比例分别为 67.6% 和 77.3%，而当年农村小学、初中建网学校比例分别为 64.5% 和 74.4%，分别比城市学校低 18 个和 12 个百分点。[①]

(二)教师队伍等内涵建设仍有待加强

教师队伍建设包括数量和质量两方面，数量方面的问题主要体现在绝对数量和结构性比例方面。一是专任教师队伍数量配备不足，部分贫困和少数民族地区生师比问题依然严峻。二是部分学科教师依然存在结构性紧缺，尤其是音乐、体育、美术、信息技术、科学、综合实践活动等学科专业教师缺口严重。据调查，在重庆市下辖某区县中，小学音乐、体育、美术生师比依次为 205∶1、173∶1、206∶1，而初中音乐、体育、美术师比依次为 277∶1、210∶1、85∶1，专任教师数量不足。统计显示，重庆市全市音乐、美术、体育、外语、科学、信息技术等学科教师数量目前共缺 2076 人。[②]三是部分地区存在教师流失问题，动摇教师队伍整体稳定性。在一项以云南、贵州、重庆和广西等西部省份的教师调查中，17.8% 的农村教师打算更换学校，20.3% 的农村教师甚至有退出教师职业的想法。[③]而在流失的教师中，主要是骨干教师和年轻教师，当前部分农村地区的教师流失问题严重影响教师队伍稳定和素质。

当前教师队伍建设在质量方面也存在系列问题。一是农村和偏远地区在职教师专业发展支持不足，教师培训经费欠缺，教师专业提升乏力。由于教师数量总体不足，使得一些农村学校无法安排教师外出参加培训，一些学校为应对上级分配培训任务，甚至出现了安排非教学岗位教师经常外出培训进而成为"培训专业户"现象。二是城乡和区域间教师在学历、职称、年龄等方面存在差距，教师职称评聘、编制以及福利待遇等政策未能完全落实到位。统计发现，2018 年全国城市中小学教师中本科及以上学历的教师比例达到 84.98%，而农村地区只有 58.43%。城市中小学教师拥有高级职称比例达到 23.67%，而农村地区为 18.65%，城乡之间差距显著。[④]三是城乡、区域和校际教师在教育教学水平上存在差距，而这些差距是造成教育质量的关键要素，更是实现教育结果公平的根本性障碍。

(三)学业水平等关键指标仍差距明显

义务教育优质均衡的核心是教育质量的均衡，根本体现在学生学业水平上。没有学生学业水平与教育质量上的均衡，就谈不上义务教育的优质均衡。近年来，区域和城乡间在教育投入和设施设备等资源性方面的差距日益缩小，下阶段义务教育优质均衡发展的关键就是要缩小区域与城乡间的学业差距。在区域差异方面，中国教科院教育督导与评估研究中心采用分层随机抽样方法，对全国东中西部 8 省市 372 所城乡小学 1.8 万余名小学六年级学生进行了学业检测，调查科目包括语文、数学、科学、品德与社会四个学科。调查发

---

① 教育部："中国教育概况——2018 年全国教育事业发展情况"，引自：http://www.moe.gov.cn/jyb_sjzl/s5990/201909/t20190929_401639.html。

② 教育部："国家教育督导检查组对重庆市义务教育均衡发展督导检查反馈意见"，引自：http://www.moe.gov.cn/jyb_xwfb/gzdt_gzdt/s5987/202001/t20200116_415701.html。

③ 杜屏，谢瑶："农村中小学教师工资与流失意愿关系探究"，载《华东师范大学学报（教科版）》2019 年第 1 期。

④ 教育部："中国教育概况——2018 年全国教育事业发展情况"，引自：http://www.moe.gov.cn/jyb_sjzl/s5990/201909/t20190929_401639.html。

现，虽然在基本合格和合格两级水平上学生比例基本相当，但在良好和优秀学生比例上，东部地区明显高于中西部地区，优秀学生的比例比中西部高 10 个百分点，而不合格学生所占比例则低于中西部 15 个百分点。[①]

城乡差异方面，学生学习基础、父母对子女教育重视程度以及父母教育水平等差异，使得当前城区学校与乡镇学校的教学质量存在较大差距。基于"中国教育追踪调查"(China Education Panel Survey，CEPS) 数据调查发现，在学生认知能力标准化得分上，城市地区学生的平均得分为 0.152 分，农村地区学生的平均得分为-0.333 分，不同地区学生平均得分相差 0.485 分，城乡之间呈现明显鸿沟。[②]浙江省 2018 年中小学教育质量综合评价结果显示，该省乡镇农村小学生与城市、县城小学生存在较大学业发展差距，农村学校、小规模学校、民办民工子弟学校各方面发展相对较弱，城乡学生的学科合格率相差 6%左右，优秀率相差 17%左右。[③]而据课题组内部调查，在西部某直辖市下辖库区，城乡学生在合格率、优秀率和平均分等方面均存在较大差异，城区小学低段和中段学生优秀率达到 90%以上，乡镇小学学生的优秀率为 40%左右，而乡村小学和教学点学生的优秀率不到 10%。当前中国城乡学生升入重点大学的比例呈现扩大趋势，这与义务教育阶段学生的学业差异不无相关。

(四)两类学校等薄弱学校发展滞后

"两类学校"是乡村小规模学校(不足 100 人的小学和小学教学点)和乡镇寄宿制学校的简称，"两类学校"问题的存在是中国城镇化进程和农村学校撤并等多重因素共同作用，农村学龄人口减少、乡村学校逐渐小规模化的结果，是下阶段义务教育均衡发展的突出问题。据统计，2015 年时全国共有不足 100 人的农村小规模学校 11.1 万所，2016 年全国有 10.83 万所，2017 年有 10.7 万所，其中小学 2.7 万所，教学点 8 万个，占农村小学和教学点总数的 44.4%。在校生 384.7 万人，占农村小学生总数的 5.8%，多数学生来自贫困程度较深、无力进城上学的弱势家庭。在寄宿制学校方面，2017 年底全国共有农村小学寄宿生 934.6 万人，占农村小学生总数的 14.1%。虽然近年来寄宿制学校在师资队伍、办学条件、课程开设上已有较大发展，但是也面临着交通不便、食宿安全频发、学生情感关怀欠缺、学校后勤管理成本负担重等挑战。[④]

随着农村中学向县城集中，小学向乡镇集中，学前向中心村集中，新建学校向城镇集中，现有两类学校在办学条件与质量等方面更是落后于其他学校，成为当前推进义务教育优质均衡发展的瓶颈问题。[⑤]一是办学经费和师资队伍等教学条件相对短缺。调查显示，小规模学校校长认为学校"经费充足"的比例仅为 17.1%，远低于大规模学校的 42.0%。而在教师资源质量方面，小规模学校高中及以下学历教师比例为 44.2%，远高于大规模学

① 中央教育科学研究所教育督导与评估研究中心：“义务教育监测报告：中国小学教育质量稳步提升”，载《中国教育报》2009 年 12 月 4 日。
② 宗晓华，杨素红，秦玉友：“追求公平而有质量的教育：新时期城乡义务教育质量差距的影响因素与均衡策略”，载《清华大学教育研究》2018 年第 6 期。
③ 舒玲玲：“全省小学教育质量监测结果‘出炉’”，载《浙江教育报》2019 年 6 月 2 日。
④ 邬志辉：“全力打赢农村‘两类学校’建设攻坚战”，载《人民日报》2018 年 8 月 20 日。
⑤ 白亮，张竞文：“农村学校布局变化三十年的制度原因分析——基于农村基础教育投入管理体制的观察”，载《教育发展研究》2014 年第 10 期。

校的 14.0%。同时，小规模学校教师年龄偏大，50.5%的教师年龄超过 50 岁，远高于大规模学校教师的 13.1%。[①]二是教育过程质量较低，除语文和数学外，科学、体育、综合实践、信息技术等国家规定课程开设不足。由于小规模学校主要采用包班授课制，教师在过重工作量下不愿意进行教学方法的更新，甚至不愿意使用配备到校的多媒体设备和教学辅助器材。三是学生学业成绩、身心健康水平等教育质量要素显著低于其他学校，家长对小规模学校教学质量满意度低，加剧着农村学校的空心化。

二、县级政府义务教育均衡发展的治理能力缺陷

县级政府是县域义务教育均衡发展的首要责任方，发挥着关键的、不可替代的作用。政府通过行政、法律、经济等手段，履行其教育均衡发展规划布局、资源保障、过程推进等治理责任。由于经济社会发展和传统政策惯性，当前政府在健全均衡发展保障体系、推进地方教育创新发展、提升教育服务与管理水平等方面尚存在诸多缺陷，西部贫困地区县域更是如此。

（一）义务教育均衡发展保障体系有待健全

县级政府在义务教育均衡发展上需要扮演政策制定者、发展规划者、资源保障者、过程监控者和质量评估者等角色，这些角色与作用的发挥，主要依赖于完善的保障体系，特别是教育经费投入责任的充分履行。虽然我国财政性教育经费自 2012 年后持续保持在 GDP 比例的 4%以上，与欧美发达国家的教育投入差距在缩小，实现了义务教育经费总投入和生均经费投入持续增长。但是，当前我国义务教育经费保障体系仍不健全，义务教育经费保障机制尚未完全建立。以 2017 年全国普通小学和普通初中生均一般公共预算教育事业费支出为例，当年全国普通小学为 10199.12 元，比上年增长 6.71%，而同年农村小学生均事业支出为 9768.57 元，比上年增长 5.65%，农村增长速度落后于全国平均水平。初中方面，当年全国普通初中为 14641.15 元，比上年增长 9.13%，而同年农村初中为 13447.08 元，7.77%的增长速度也低于全国平均增长速度。[②]在西部省份部分区县中，教育经费"三个增长"和"一个比例"均出现落实不到位的情况，原本要求各地在土地出让净收益中计提的教育资金，也出现被滞拨与挤占。统计显示，重庆市 2018 年普通初中生均一般公共预算公用经费为 4112.83 元，与 2017 年相比减少 4.84%，不符合"保证学生人均公用经费逐步增长"的规定。[③]

经济社会发展中的城乡差距和区域差距是义务教育发展不均的根本原因。《中国省域经济综合竞争力发展报告》显示，近年来我国东部、中部、西部和东北四大区域间人均 GDP 的比差虽有所降低，但全国不同地区间经济社会发展差距依然明显。从全国区域间经济综合竞争力的综合测算看，2017 年东部地区经济综合竞争力的评价分值为 48.6 分、

---

① 赵丹，陈遇春，赵阔："优质均衡视角下乡村小规模学校教育质量困境与对策"，载《华中师范大学学报（人文社会科学版）》2019 年第 2 期。

② 教育部："2017 年全国教育经费执行情况统计公告"，引自 http://www.moe.gov.cn/srcsite/A05/s3040/201810/t20181012_351301.html。

③ 教育部："国家教育督导检查组对重庆市义务教育均衡发展督导检查反馈意见"，引自：http://www.moe.gov.cn/jyb_xwfb/gzdt_gzdt/s5987/202001/t20200116_415701.html。

中部地区 36.9 分、东北地区 34.0 分、西部地区 31.7 分，由此反映出各区域经济综合竞争力发展的协调性还有待提高。[①]有学者以广东省 100 个县域为例，将这些县市区经济发展水平分为高中低三组后比较研究发现，不同组别小学生均人员经费分别为 7725.75 元、5190.57 元、4708.88 元，不同经济发展水平教育经费投入差距明显。与此类似，不同组别初中生均人员经费分别为 9465.13 元、6437.10 元、5145.14 元。[②]对中国经济发达地区的广东而言尚且存在区域经费差距，全国其他省份教育经费投入差距由此可见一斑。在 2016 年的国家义务教育均衡发展督导评估认定工作中，就有 8 个省(区)义务教育经费保障机制未落实到位。[③]

(二)义务教育均衡发展推进方式缺乏创新

受国家行政管理体制和地方政府考核标准的影响，地方政府在推进义务教育均衡发展中存在因循守旧、跟风照搬和急于求成等思想，进而在政府决策与行为方式上存在欠妥之处。

第一，简单化思维使得政府窄化对均衡发展内涵的理解与目标定位。部分地方政府官员对于优质教育的理解停留在升学率和考试成绩上，只期望短期内提高地方高考成绩等看得见的指标，并以此倒推规约义务教育发展模式。与此同时，也有地方把均衡发展简单等同于办学条件的改善，认为只要加大硬件设施等资源投入，按照义务教育均衡评估要求加以推进即可，这显然有悖于均衡发展的本质。第二，各级政府均衡发展责任的界定不明，滋生了地方政府的"等靠要"思想和怠政借口。近年来中央政府加大了对地方转移支付力度，并且对基本办学经费保障和"两类学校"发展进行了兜底，这为地方政府转嫁责任找到了借口。第三，跟风式套路使得当前教育发展缺乏特色，出现千校一面的同质化发展。教育均衡发展应该基于本地区经济社会发展实际、风土人情习惯和本地区文化传统，着眼于本地区学生长远发展，而不应该是简单地模仿与去地方特色。义务教育优质均衡发展，除了基础性的办学条件外，更重要的是地方教育和学校办出特色，彰显地方和学校的个性与特色，近年来部分地方在大力推进集团化办学时脱离学生实际即是例证。第四，一劳永逸式行政思维使得地方政府在推动持续发展上意愿不强。义务教育均衡发展是动态变化的，均衡发展的下阶段将是更高水平的不均衡。但是，一些地方政府认为只要通过均衡合格评估就大功告成，之后只需维持现状即可，缺乏办学创新的动力。第五，部分地方政府缺乏对义务教育均衡发展的动态管理与创新发展能力。21 世纪以来，中国对县镇以下的中小学进行了较大规模的撤并，部分地方简单化理解执行该项政策，致使农村学校大幅减少而城区学校学生拥挤，该项政策设计与执行的偏颇对下阶段义务教育发展不无警醒。

(三)义务教育均衡发展瓶颈问题解决不足

当前我国义务教育优质均衡发展还面临着城市大班额、处境不利家庭学生教育、学生

① 黄茂兴（主编）：《中国省域经济综合竞争力发展报告（2017-2018）》，社会科学文献出版社2019年出版，第10至15页。
② 吴宏超，胡玲："义务教育如何从基本均衡跨向优质均衡——基于广东省的数据分析"，载《教育与经济》2018 年第 4 期。
③ 教育部："2016 年全国义务教育均衡发展督导评估工作报告"，引自 http://www.moe.gov.cn/jyb_xwfb/xw_fbh/moe_2069/xwfbh_2017n/xwfb_170223/170223_sfcl/201702/t20170222_297055.html。

学业负担过重等瓶颈问题，与"到 2020 年完成农村贫困人口义务教育有保障、全国九年义务教育巩固率达到 95%、基本消除大班额、基本补齐两类学校短板"等指标还存在差距。

一是大班额治理。据统计，2018 年时全国义务教育阶段共有大班额(56 人及以上)26.5 万个，占总班数比例为 7.06%；超大班额(66 人及以上)有 1.87 万个，占总班数比例为 0.5%。相比 2017 年，大班额数量上减少了 10.3 万个、比例上减少了 28.0%，超大班额减少 6.7 万个、减少了 78.1%。尽管如此，45 人以上小学班级和 50 人以上初中班级比例依然较大，且 3000 人以上的大规模学校也逐渐增多，大班额与大校额治理依然还有诸多困难。二是特殊需求学生的教育保障。据统计，2018 年时全国义务教育阶段进城务工人员随迁子女 51424.04 万人，占在校生总人数的比例为 9.5%，其中在公办学校就读的比例为 79.4%，比上年略减 0.3 个百分点。[①]进城务工人员随迁子女教育政策上"以公办学校为主"政策在执行中出现反复。三是学生学业负担依然偏重。中国青少年研究中心"中国少年儿童发展状况"调查显示，2015 年时中国 66% 的小学生作业时间超标，初中学生作业时间超标率超过 78%；而在休息日，小学生、中学生的作业时间超标率都在 80% 以上。教育部基础教育质量监测中心出台的《2018 年国家义务教育质量监测体育与健康监测结果报告》显示，全国四年级和八年级学生身体形态正常比例分别为 74.4% 和 76.7%，肥胖率相比 2015 年有所上升。同时，全国四年级学生睡眠时间达 10 小时及以上的比例仅为 22.2%，比 2015 年下降了 8.5 个百分点；全国八年级学生睡眠时间达 9 小时及以上的比例也仅为 19.4%。[②]过重学业负担对青少年身心健康发展造成负面影响，减轻学生学业负担已迫在眉睫。此外，部分地区农村初中学生辍学问题依然严重，一项基于西南四省 24931 名农村中学生数据的大规模调研显示，我国农村地区整个中学阶段的累计辍学率高达 63%，这与官方统计结果相去甚远。[③]一些地方缺乏对留守儿童的关爱措施，乡村少年宫等文化基地也比较匮乏，部分寄宿制学校和小规模学校实施营养改善计划困难，食堂、住宿等条件不合规范，都成为下阶段义务教育发展瓶颈问题。

(四)义务教育均衡发展后期跟踪落实不够

按照我国义务教育均衡发展的制度安排，需要各级政府组织教育督导部门对各地义务教育均衡发展状况进行检测与评估，主要通过颁布均衡发展评价指标体系、成立考核组织机构、健全评估考核制度、完善问责机制等措施来展开。从实际操作看，各地大都在教育部颁发的《县域义务教育均衡发展督导评估暂行办法》基础上，结合本地实际细化修改了指标体系及实施办法，但是目前这种考核还存在遗漏，其中尤为突出的是对政府后期跟踪责任落实不够。目前各级政府对下一层级的考核多是目标责任制，通过对照考核指标要求，逐一达到要求即算过关，而某些地方政府看重的是数量化指标，忽视了事业本身的长期效益。这一情况同样存在于义务教育均衡发展评估中。考核和评估政府履行义务教育均衡发展责任，不仅要看义务教育规模的增长和评估标准的达成，更要看义务教育的长期发展质

---

① 教育部："中国教育概况—— 2018 年全国教育事业发展情况"，引自 http://www.moe.gov.cn/jyb_sjzl/s5990/201909/t20190929_401639.html。
② 教育部基础教育质量监测中心：《2018 年国家义务教育质量监测体育与健康监测结果报告》，引自：http://www.eachina.org.cn/upload_dir/editor/20191120171514544.pdf。
③ 史耀疆，马跃等："农村中学辍学调查"，载《中国改革》2016 年第 2 期。

量，即不同人群是否享受到了优质均等的教育服务，且这种服务能否持续且扎根地方教育发展土壤。总体看，当前县域义务教育均衡发展的指标式绩效评估，在缺乏舆论和社会公众监督背景下，将滋生政府的过关即可心态和短视行为。

国务院督导组在对国家认定的义务教育发展基本均衡县级单位进行复查过程中也发现，部分区域出现了水平降低、差异增大的问题，从侧面反映了各级政府在评估后期履行跟踪监控责任不严。2016 年，督导组对 2013～2015 年通过国家认定的 1301 个县义务教育均衡发展情况进行了第三次监测复查，有 10 个省份的 21 个县出现较大滑坡，小学或初中综合差异系数达不到标准要求，其中有 3 个县小学和初中综合差异系数均不达标。[1]2018年，督导组对前五年通过国家认定的 2379 个县义务教育均衡发展情况进行了第五次监测复查。监测结果显示，各县义务教育均衡发展水平总体上略有提高，但仍然有 10 个省份下的 23 个县出现滑坡，小学或初中综合差异系数达不到标准要求。督导组为此约谈了这23 个县和所在市两级政府分管负责人、教育局局长，以及所在省级教育部门分管负责人，督促全面整改。[2]

第三节　优质均衡发展背景下县域教育综合治理路径建议

改革开放四十多年来，我国义务教育发展取得了举世瞩目的成绩，实现了保障人民公平受教育权利的目标。截至 2018 年，全国小学阶段学龄儿童净入学率达 99.95%，初中阶段毛入学率达 100.9%，全国九年义务教育巩固率已达 94.2%。[3]我国义务教育在量的发展上已经结束，下阶段将重点转向义务教育高质量发展上。2019 年 2 月，中共中央、国务院印发了《中国教育现代化 2035》，提出了要在 2035 年建成服务全民终身学习的现代教育体系、普及有质量的学前教育、实现优质均衡的义务教育、全面普及高中阶段教育，职业教育服务能力显著提升等目标。着眼义务教育优质均衡发展和构建现代教育治理体系新要求，县级政府义务教育治理方式与路径也亟须转型。

一、健全制度法规体系，做好优质均衡顶层设计

迈向高水平优质均衡是我国义务教育的下段发展目标，需要进一步健全制度法规体系，结合各地区发展实际制定实施规划。一是健全义务教育优质均衡发展制度法规体系。首先，确立城乡教育统筹一体化发展的制度理念和政策方法论，确立教育高质量公平发展的指导思想。其次，进一步完善义务教育均衡发展立法，对财政转移支付、减轻学业负担、改革学业评价体系、落实学校办学自主权等事关均衡发展关键问题法制化，适时出台《中华人民共和国学校法》和《义务教育投入法》，用法律的形式明确不同层次政府的义务教

---

[1] 教育部："2016 年全国义务教育均衡发展督导评估工作报告"，引自：
http://www.moe.gov.cn/jyb_xwfb/xw_fbh/moe_2069/xwfb_2017n/xwfb_170223/170223_sfcl/201702/t20170222_297055.html。
[2] 教育部："2018 年全国义务教育均衡发展督导评估工作报告"，引自：http://www.moe.gov.cn/fbh/live/2019/50415/sfcl/201903/t20190326_375275.html。
[3] 教育部："数读 2018 年全国教育事业发展基本情况"，引自：http://www.moe.gov.cn/fbh/live/2019/50340/mtbd/201902/t20190227_371426.html，2019-02-26。

育投入责任和比例，细化学校标准化建设规格。再次，以深化教育领域综合改革为契机，推动落实城乡一体化的义务教育经费投入、落实学校办学主体责任、教师县管校聘、骨干校长教师交流轮岗配套补助、教育资源共建共享等政策，为义务教育优质均衡发展健全政策基础。最后，结合政府行政管理体制改革，制定义务教育服务均等化标准。

二是结合时代趋势制定优质均衡发展整体规划。首先，把握世界多极化、经济全球化、文化多样化、社会信息化等国际趋势，新型城镇化、人口老龄化等国内形势，科学规划、分类指导、统筹推进全国东部、中部、西部和东北地区教育发展。其次，结合学龄人口变化建立学校教育承载力预警机制，动态采集学龄人口与学龄前人口相关信息，登记、跟踪或核查变动信息，以此规划学校布局和教育资源配置，既满足适龄学生受教育需求，同时避免教育资源的浪费与重复建设。[1]最后，推动县域义务教育均衡向省域、区域均衡拓展。随着义务教育均衡发展督导评估工作基本结束，县域内义务教育城乡差距和校际差距已明显缩小，省域和区域义务教育的差距正逐渐成为义务教育均衡发展的主要矛盾，需要及早谋划省域内、区域间更大范围的均衡发展路线图。研究发现，我国教育发展的省内差距要大于省际差距[2]，推动省域内均衡将是下阶段重要任务。

三是根据区域发展实际制定差异化发展规划。首先，对于义务教育发展较高水平区域，要注重与周边地区教育协调发展，通过异地帮扶和名校结盟等方式带动落后地区教育发展。从全国范围看，东部发达地区应以实现教育现代化为目标，制定教育强区发展路线图与时间表。其次，对于义务教育发展中等水平区域，要全面提升其义务教育发展水平，防止已通过义务教育均衡评估认定县域出现质量滑坡。最后，对于义务教育发展落后薄弱区域，除了推动这些地区经济发展以完善"造血"功能外，还要加大财政转移支付力度，对上述地区教育发展进行"输血"。课题组研究全国各区域义务教育发展水平后发现，在总体义务教育发展水平较高的东部地区仍存在相对滞后区县，而在中西部地区也有发展水平较高区县。因此，不能简单根据东部、中部、西部或特定省份制定扶持政策，而应根据特定区域教育发展实际精准帮扶。

二、持续加大教育投入，优化教育资源配置方式

经费投入是事业发展的根本保障，是确保其他教育资源充足的前提。在资源投入总量有限的前提下，借助大数据分析等技术优化教育资源配置，则是实现资源效益最大化的有效方式。一是加大教育投入以夯实教育发展财力保障。首先，区县政府要保障义务教育财政性经费持续增长。尽管我国财政性教育经费占 GDP 的比例已连续多年突破 4%，但是与世界发达国家相比还有较大差距，且义务教育在财政性教育经费总支出中占比较小。其次，中央和省级财政应加大义务教育投入力度，分区域分比例填补财政困难县域的教育财政缺口。最后，切实缩小教育经费的区域差距。自 2015 年国务院发布《关于进一步完善城乡义务教育经费保障机制的通知》以来，城乡和校际生均经费投入差距在逐步缩小，但区域

① 秦玉友："中国城镇教育扩容压力传递机制与应对策略研究"，载《教育研究》2017 年第 1 期。
② 转型期中国重大教育政策案例研究课题组："缩小差距：中国教育政策的重大命题"，人民教育出版社 2005 年出版，第 21 页。

间经费投入不均衡问题依然存在。以重庆市教育生均预算内教育事业费为例，2016 年重庆市江北区小学生均预算内教育事业费为 1.88 万元、初中为 1.86 万元，而同期垫江县小学为 0.48 万元、初中为 0.55 万元，相差达 3 倍以上。[①]只有持续加大教育经费投入，才能为改善办学条件和教师队伍建设奠定基础。

二是完善现有教育经费投入和分担制度。首先，上移教育经费统筹权层级，全面落实教育经费"三个增长、两个比例"法定要求，在教师工资福利、设备购置与维修、校舍维护和学校办公等领域，加大省级政府的统筹权，扩大省级财政中的教育支出，这也是当前社会各界的一致呼声。[②]其次，实行弹性均等化的义务教育经费政策，细化义务教育经费保障的范围、标准、类型和测算办法，建立弹性化扶助体系，根据不同地区财力差异和办学成本，建立弹性化补助机制。同时，充分借助大数据分析技术，依据数据分析精准确定教育经费投入额度与领域。最后，在标准化学校建设、教师绩效工资等重点领域向财政困难地区提供倾斜。中央和省级财政应将新增义务教育经费重点投向财政困难地区，减少贫困地区专项转移支付资金的配套比例，切实落实教师绩效工资和津补贴、标准化学校建设等政策。

三是利用大数据分析等技术优化教育资源配置方式。首先，教育经费要优先投入重点与薄弱领域，校舍建设方面重点加强学校教学及辅助用房、学生宿舍、教师周转房、运动场地、校园文化等建设，设施设备购置方面重点保障教学实验仪器设备、音体美器材、课桌椅，以及饮水、食堂、采暖等开支，信息化建设方面重点保障宽带网络接入、校园网络、多媒体远程教学等投入。其次，建立纵贯从中央到地方的区域经济发展与教育经费投入分析系统，依靠大数据计算各地教育经费投入总量与均衡指数，监测各地义务教育均衡发展的差异程度，从而动态调整教育资源区域和流向领域。最后，强化县域不同教育系统的数据收集和分析，建立起智能化的教育资源分配系统，管理人员基于大数据分析结果，精准识别不同地区的资源需求，科学预判教育系统运行过程中可能会出现的资源缺口，基于人机协同确定教育资源分配模式，最终实现高效益资源配置。

三、强化各级政府职能，构建现代教育治理体系

2013 年，党的十八届三中全会通过了《中共中央关于全面深化改革若干重大问题的决定》，首次提出了国家教育治理体系和治理能力现代化的新要求。2019 年，十九届四中全会通过《中共中央关于坚持和完善中国特色社会主义制度 推进国家治理体系和治理能力现代化若干重大问题的决定》，再次强调要深化教育领域综合改革，构建服务全民终身学习的教育体系。一是强化各级政府职能。中央政府除要强化宏观调控和制度改进方面的作用外，还应致力于维护教育公平和底线均衡；省级政府要履行区域发展规划、资源配置、队伍建设、省级和中央财政资金使用上的统筹职能，开展义务教育均衡发展评估与督导；地级政府在义务教育均衡发展中扮演承上启下角色，既要落实上级政府相关政策法规，

---

① 王正青，白雪："省域内义务教育发展水平的区域差异实证研究——以统筹城乡教育发展试验区重庆市为例"，载《现代教育管理》2020 年第 1 期。

② 范先佐，郭清扬："当前我国义务教育均衡发展改革的重点和难点"，载《教师教育学报》2016 年第 2 期。

又要指导辖区县级政府教育工作，合理配置本层级教育资源；县级政府作为义务教育均衡发展的直接责任者，履行保障教育经费投入、改善学校办学条件、加强教师队伍建设等职责；乡镇政府则要督促适龄儿童按时入学。[①]

二是深入推进管办评分离。管办评分离的关键是建立新的权力结构和运行机制，核心是明确政府、学校和社会之间的权责问题。首先，加强国家和地方、地方与地方以及地方内各部门之间的联系，强化政府在多方治理中的"元治理"角色。[②]教育行政部门要发挥主体角色，统筹推进本区域教育工作；人社部门要科学编制教师岗位设置，改革教师招聘和职称评定政策；发展改革和国土部门应优先保障教育用地，科学规划学校布局设点；财政部门要确保教育投入"三个增长"，筹集优质均衡发展所需经费；政法和市场监督管理部门要加强校园安全和行业治理，维护学校正常办学秩序；宣传和文化部门要积极营造教育事业发展氛围，发挥校外文化机构的育人职能。其次，落实学校办学主体责任，完善学校内部治理结构，逐步形成学校"自主定位、自主管理、自主发展、自我约束"的发展机制，持续提高学校办学质量。

三是充分发挥民间组织和教科研机构的作用。首先，加强区域教科研和教师发展中心等机构建设，发挥教科研机构在制定区域教育改革规划，服务区域教育科学决策，开展教育教学改革试验，推动解决教育实际问题，组织教师专业培训，构建职前职后一体化教师教育体系等方面的作用。其次，支持和培育专业教育评估机构，制定义务教育均衡发展监测指标与办法，定期开展义务教育发展监测与督导，并基于监测结果调整教育资源分配与学校布局。最后，动员并发挥教育领域专业学会、教师行业协会、教育基金会等各类社会组织在教育公共治理中的作用，特别在制定区域义务教育优质均衡发展规划，建设高素质专业化教师队伍，健全教育资助体系等方面提供智力、人力与财力支持。民间组织和社会机构参与义务教育均衡发展治理，与政府和学校等主体共同提供教育产品与服务，是弥补政府管理与市场调节失灵，充实学校教育资源的有效方式。

四、创新学校办学形式，提高义务教育育人水平

教育优质均衡发展的关键在学校，落脚点在学校提高育人水平。一是落实和扩大学校办学自主权。首先，政府及其相关部门要强化服务意识，减少和规范对学校的行政审批事项，从具体的行政管理转向规范性监管，不得摊派与教育教学事务不相关的事项，依法保障学校充分行使办学自主权。对于学校办学自主权的范围，2012 年教育部《全面推进依法治校实施纲要》将学校办学自主权明确为办学模式、育人模式、资源分配、人事管理、合作办学、服务社区等方面。其次，健全学校治理体系，建立现代学校制度。现代学校制度是确保学校依法规范运行的重要举措，是确保学校科学高效开展教育教学活动的根本保证。建立现代学校制度，需要落实校长的法人责任，整合政府、社区和家庭力量实现协同育人，切实推进升学考试制度改革，探索教育教学新模式。最后，挖掘或重组利用学校特

---

① 王正青："义务教育均衡发展的公共治理框架与体制机制设计"，载《现代教育管理》2017年第4期。
② 褚宏启，贾继娥："教育治理与教育善治"，载《中国教育学刊》2014年第12期。

色资源，引领学校形成独特风格或优势，建设特色学校。[①]

二是创新学校办学形式，推动优质教育集群发展。首先，充分发挥优质教育资源的示范、辐射和带动作用，鼓励各地区各学校深化名校办分校、集团化办学、城乡一体化办学、学区制管理、教育联盟、校际联盟等改革，探索以多种形式扩大和延伸优质教育资源。其次，推动优质教育资源共享。一方面，可根据所在学校发展背景和基础的同质性，将同类型学校组成"横向联盟"合作体，帮助联盟学校在校务管理、教师交流、课程开发、教学改革、设施共用、学生活动等多方面合作共进。另一方面，则是依托区域内优质学校，构建区域内名校带弱校的"纵向联盟"，优质学校从办学理念、教师成长、校园文化、特色凝练等方面对薄弱学校进行帮扶，并以捆绑评价等方式落实联盟内优质学校帮扶责任。最后，相比城市学校，农村学校拥有更丰富的自然资源，方便的教育基地，浓厚的传统风俗，城乡学校可合作开发这些教育资源，结成互补共进型发展联盟。

三是鼓励学校结合自身实际，开展办学模式和育人方式的实践探索，在教材选择、课程设置、教学组织等方面大胆创新，提高义务教育育人水平。首先，完善义务教育课程设置方案，深化国家课程、地方课程和校本课程整合，推进国家课程校本化，实现课程在内容、功能、课时方面的融合互通。加强学校课程领导力建设，重点提升薄弱学校的课程规划和实施能力，加强劳动技术、艺术审美、综合实践活动等课程教学。其次，全面落实立德树人根本任务，以学科德育为核心，以第二课堂为载体，积极开展体验教育、社会实践、现代公民教育等主题教育活动，推进社会主义核心价值观进教材、进课程，培养学生正确的价值观念，良好的公民意识、行为习惯和心理品质，全面提升学生综合素质。最后，推进校内外育人共同体建设，深化馆校合作、社校合作、家校合作，鼓励社会公共文化体育机构为学校教育教学活动提供场所和便利条件，建设多方参与、内外联动的中小学生社会大课堂。

五、突破重点薄弱环节，建立精准帮扶济弱机制

尽管全国义务教育均衡发展工作已经基本完成，但依然存在诸多薄弱环节，亟待建立重点突破与精准帮扶机制，有的放矢地攻坚克难。一是着力解决大班额、学业负担、弱势群体帮扶等教育热点问题。首先，保障城市教育用地需求，解决城市大班额问题。城市新建住宅小区必须配套规划建设学校，确保适龄儿童、少年就近入学。对建设规模达不到设立标准化学校和幼儿园条件的新建小区，应交纳一定数额的学校建设配套资金，用于周边学校和幼儿园的建设。同时，发改和国土部门应在学校改建与扩建上提供政策支持，建立学校用地优先审批制度。其次，改变义务教育传统评价标准，全面评价学生知识、品德、养成等素质状况，重视学生创新精神和实践能力培养，建立健全学生课业负担监测和问责制度，切实减轻学生课业负担。最后，继续加大对弱势学生的帮扶力度，针对性解决处境不利学生的升学障碍，通过奖学金、助学金、生活补贴等形式给予学生精准帮扶。

二是全力改善偏远贫困地区办学条件。首先，全力推进"三区三州"教育脱贫攻坚工作，改善学校基本办学条件，落实对贫困学生的资助政策。其次，关注义务教育均衡水平

[①] 范涌峰，宋乃庆："学校特色发展：内涵、价值及观测要点"，载《教育研究与实验》2017年第2期。

尚未达标，或者虽然已通过均衡合格评估，但是在跟踪检查中出现倒退的地区，给予这些地区倾向性的扶持政策，重点督促该区域内义务教育均衡发展水平不倒退。最后，继续实施全国中小学危房改造工程、义务教育学校标准化建设工程、农村寄宿制学校建设工程、中西部地区农村中小学现代远程教育工程等专项行动，改善薄弱地区学校教学用地、图书资源、信息化设备、功能室建设等办学条件。据统计，2016 年时中央财政教育转移支付达到 2817 亿元，2018 年进一步增加到 3067 亿元，其中 80%用于中西部农村和贫困地区，25%用于集中连片特困、民族地区。[①]中央和省级财政的转移支付极大改善了偏远落后地区学校办学条件，化解了许多长期积累的教育发展老大难问题。

三是全面加强乡村小规模学校和乡镇寄宿制学校建设。《国务院办公厅关于全面加强乡村小规模学校和乡镇寄宿制学校建设的指导意见》明确提出，优先发展农村教育是乡村振兴战略实施的重要内容，要推动建立以城带乡、整体推进、城乡一体、均衡发展的义务教育发展机制；推进乡镇中心学校和同乡镇的小规模学校一体化办学、协同式发展。首先，要形成统筹协同机制，统筹农村养老、医疗和教育事业，推动农村经济社会整体联动发展。同时，在"两类学校"布局规划、建设项目、绩效奖励、教师编制等方面加强统筹，充分发挥有限资源的最大效用。其次，鼓励建立两类学校发展联盟和共同体，在共同体内部开展教师走教、学生走课、合作教研、联合授课等活动。最后，充分挖掘乡村地区独特的自然与文化、生产与生活、生态与社会等资源，把乡村学校建设成乡村文明中心，带动乡村社会改造和乡村全面振兴。

六、优化教师队伍素质，筑牢优质均衡发展基础

教师是教育资源的核心，是优质均衡发展的基础。课题组在对全国八大区域义务教育均衡发展水平展开研究时发现，教师因素是权重赋值最高的指标。在以重庆市为案例研究省域内义务教育发展差异时也发现，区域内教师资源差异十分显著，优秀教师过于集中于区域中心城市，而贫困地区则存在教师难招难留、年龄断层等问题。综观近年来国家出台的有关教师教育相关政策，从《乡村教师支持计划(2015—2020 年)》到《中共中央国务院关于全面深化新时代教师队伍建设改革的意见》，再到《教师教育振兴行动计划(2018—2022 年)》，都把促进义务教育均衡发展作为政策重要目标。持续优化教师队伍，是实现教育优质均衡发展的必然选择。

一是加大教师培养力度，解决教师结构性缺编等问题。首先，统筹分配各校教职工编制，编制部门应根据学校布局调整、班额、生源等情况动态调整编制设置，对农村小规模学校和乡镇寄宿制学校，按照生师比、班师比、教师标准工作量等指标核定教师编制，并设立一定比例的机动编制，保证教师休假、培训等实际需要。其次，支持地方实施公费师范生政策，由地方政府定向培养一批公费师范生。同时，还可实施特岗教师、银龄讲学计划等方式，增加对偏远农村地区教师的输送力度。以广西为例，该区 2019 年在全国范围内公开招募 2019～2020 学年优秀退休教师乡村支教志愿者 1515 名，支教时间原则上不少

---

① 张雪："中央财政教育转移支付 80%用于中西部农村和贫困地区"，载《经济日报》2018 年 8 月 28 日。

于一学年。[①]最后，建立义务教育师资需求与师范院校招生计划联动机制，通过定向培养、实习支教、名师走教等方式，解决部分学科教师缺乏，以及乡镇教师老年化严重、年龄结构不合理、教师职业倦怠等问题。

二是支持教师专业发展，提高在职教师专业水平。首先，加强中小学教师统筹管理，落实教师"县管校聘"政策，实现县域内教师由"学校人"向"系统人"转变，推进教师有序流动。利用绩效工资、职称评定、评优评先、职务晋升等激励机制，采取挂职交流、定期支教、区域内流动、城乡一体化管理等方式，推进义务教育学校校长教师交流轮岗。同时，保障参与流动教师的专业发展机会，保障教师的专业资本不因参与交流轮岗而受损。[②]其次，着力提高已入职教师专业水平，提高公用经费用于教师培训比例，完善分岗、分类、分层的终身学习和发展体系，建设"菜单式、自主性、开放式"的教师培训服务平台，优化教师培训内容，提高教师培训实效性。最后，加大教师专业发展统筹力度，通过在城镇优质学校设立教师研修工作站，组织名师讲学团"送教下乡"，吸纳社会培训机构精准帮扶，成立城乡教师发展共同体等形式，建立立体化教师发展支持体系。

三是改善教师福利待遇，是增强教师职业吸引力，维护教师队伍稳定，激发教师工作热情与职业幸福感，建设高素质专业化教师队伍的关键之策。首先，要依法保障教师平均工资水平不低于当地公务员的平均工资水平，建立教师绩效工资逐步提高机制，绩效工资应向承担重要教育教学改革发展任务、扎根乡村教育、做出突出成绩的一线教师倾斜。其次，建立教师荣誉制度，在全社会宣传优秀教师典型，大力营造尊师重教的社会风尚，吸引更多有能力、有志向的人从事教师职业，愿意到偏远地区任教，让这些学校和地区招得来、留得住教师。最后，要给予教师更多的人文关怀，关注教师群体的生活与职业压力，提供更多的职业发展机会。本课题在调查教师对县级政府履行义务教育均衡发展治理责任的满意度时发现，教师群体对教师收入、职业幸福、社会地位等方面的满意度较低，影响了教师队伍的稳定性，亟须加大政策支持力度。

七、推动信息技术融合，促进优质资源共建共享

利用信息技术推动义务教育优质均衡发展，是近年来相关政策的指导思想之一。2012颁布的《教育信息化十年发展规划(2011—2020年)》、2016年颁布的《教育信息化"十三五"规划》、2017年颁布的《关于数字教育资源公共服务体系建设与应用的指导意见》、2018年颁布的《教育信息化2.0行动计划》，都将"信息技术促进教育优质均衡发展"作为政策重点之一，而21世纪以来国家推动实施的"农村中小学现代远程教育工程""教学点数字教育资源全覆盖项目""国家教育管理公共服务平台建设""农村中小学网络联校建设工程""国家教育资源公共服务平台"等，极大提高了义务教育学校信息化水平，对推动义务教育均衡发展发挥了重要作用，并将有效助力义务教育优质均衡发展。

一是开发数字化教育资源与共享平台，夯实数字化教育改革基础。首先，加大对农村义务教育信息化建设投入的力度，改善薄弱地区教育信息化设施基础，避免城乡之间因教

---

① 周仕敏："广西：招千余名退休教师到乡村支教"，载《中国教育报》2019年7月9日。
② 龙宝新："教师专业发展视域中的城乡教师流动政策思考"，载《现代基础教育研究》2018年第4期。

育信息化基础设施差距造成"数字化鸿沟"。其次，开发高质量数字化教育资源，支持建设涵盖各层级各领域的数字化教育资源，引入行业企业参与数字教育资源生产，通过政府购买公共服务的方式，以市场竞争机制保障数字教育资源的质量，建设并利用好国家教育资源公共服务平台和资源共享平台，保证偏远农村等薄弱地区中小学生免费使用。[①]最后，建设数字化教育资源协同开发共同体，区域内优质学校和薄弱学校共建共享教育资源，既推动区域内义务教育一体化发展，又可以保证资源库建设的高质量和规模化，避免重复建设造成的资源浪费。此外，提升教师的信息化素养，健全数字化教育运行机制，则是数字化教育变革落地生根的内涵基础。

二是推动信息技术与教学深度融合，培养学生信息素养。首先，探索翻转课堂、项目式教学、混合式教学等信息化教学模式在薄弱学校的应用方式，改变传统教学方式与结构。同时，综合对学生身体发育、综合素质、学业成绩、行为习惯等大数据分析，为学生量身定制个性化培养方案，及时监测和预测学生学业情况，对学业困难学生进行及时干预，实现基于数据的教学决策。其次，落实中小学信息技术课程的实施，在中小学广泛开展STEAM 学习、创客教育、智能机器人、人工智能基础、数学建模等内容教学，培养学生的信息素养和计算思维。最后，在偏远落后地区积极推广"双轨制数字学校"模式，让优质学校教师通过网络给教学点学生同步上课，解决教学点师资短缺问题。探索远程直播辅助教学，优秀教师通过网络进行直播教学，本地教师进行同步辅导，实现优质学校优秀教师资源共享。[②]

三是融合互联网技术变革教育管理体系，提升义务教育治理水平。首先，建立纵向连接、横向贯通的教育网络数据中心，基于大数据分析学龄人口变动趋势，从而规划学校布局和设点，调整教师和教学资源分配，提高教育决策的科学化水平。其次，引用互联网技术提高学校信息化管理水平，比如建立网络化家校联系沟通平台，数字化教师调课请假平台，自动化教师绩效考核计分等平台，建设智慧校园，提高学校管理水平。再次，通过教育大数据推动学生学业评价改革，为开展跟踪性成长评价提供可能，全方位呈现学生个体的发展与成长状况。最后，建立教师成长资源平台，实现优秀教师课堂教学视频、教学案例、教学反思、习题资料等教育资源互通共享，采用线上线下相结合式培养培训教师，构建适应信息化时代变革的教师培养培训体系。

八、加强政府履责督导，健全优质均衡监测体系

教育督导能够及时反映义务教育均衡发展中存在的问题，并依据督导结果指导教育改进。一是完善教育督导标准，提升教育督导的实效性。首先，制定义务教育优质均衡发展监测指标与办法，重点是对通过优质均衡评估后的复查。既可对省级政府的义务教育均衡发展统筹责任和县级政府的义务教育均衡发展的主体责任进行综合督导，也可以对专项经费投入与使用、教师待遇政策落实、农村学校基本办学条件、治理择校等义务均衡发展重点工作进行专项督导。其次，发挥人大、政协等立法机关和社会公众等监督主体的作用，

---

① 饶爱京，万昆，任友群："优质均衡视角下县域基础教育信息化发展策略"，载《中国电化教育》2019 年第 8 期。
② 任友群，吴旻瑜："'十三五'贫困县域教育信息化的推进模式研究"，载《中国电化教育》2017 年第 1 期。

除了日常性的规范性检查外，也可利用新闻媒体、民众呼吁等方式，收集各级政府、各类学校履行义务教育均衡发展责任情况。最后，强化义务教育均衡发展的表彰奖励和问责，对推动义务教育均衡发展工作做出贡献的机构和个人给予表彰奖励，对不履行职责或因履行职责不力的组织和个人追究法律或行政责任，以此增强地方政府的责任感，激励各级政府不断提高履责绩效。

二是构建开放的区域义务教育发展督导体系，推动督政、督学、评价监测"三位一体"。首先，着力建设专业化的教育督导机构和队伍，除了健全各级政府教育督导委员会，并在此框架下打造专职督学队伍外，还应积极支持社会机构和专业学术组织，依托第三方专业机构开展督导评估，构建管办评分离的现代教育治理体系。其次，建立常态化教育质量监测数据库，数据库涵盖学生、学校、区域和政府四个层面，采用问卷调查、链接公共数据库、实地访谈等方式采集数据。对教育数据采取分级查阅分类使用，发挥数据在改进教育决策和教学创新方面的作用。最后，拓展教育督导职能，除了对政府履行教育职责的"督政"外，还应该包括对学校落实立德树人根本任务、实施素质教育的"督学"。在此基础上，开展各层级义务教育质量监测和均衡发展跟踪监测，调查公众对地方教育发展现状的满意度，实现督政、督学和评价监测同步进行。

三是科学利用督导结果，为提升教育决策科学化服务。首先，确保督导过程与结果的公开透明，利用网络等便利化方式，公示督导结果的得分细则。其次，定期汇总整理教育督导结果，深入挖掘各地区、各学校的义务教育发展情况，建立起不同地区、不同学段、不同学校之间的均衡发展系数常模，帮助地方政府和学校更好地认识自身在发展中存在的问题，从而有针对性地制定政策和改进措施。最后，依靠督导评价结果进行循证化的教育决策。教育质量监测结果可以为基于证据的教育政策制定提供直接、有力的数据信息和依据，有助于提升决策的科学化水平。2019 年 6 月，《中共中央 国务院关于深化教育教学改革全面提高义务教育质量的意见》颁布，提出"建立以发展素质教育为导向的科学评价体系，制定县域义务教育质量评价标准，突出考查地方党委和政府对教育教学改革的价值导向、组织领导、条件保障和义务教育均衡发展情况等。"在推进义务教育优质均衡发展过程中，教育督导与质量监测将发挥更重要的作用。

主要参考文献

一、中文专著类

[1][美]威廉·N. 邓恩：《公共政策分析导论》（谢明，等译），中国人民大学出版社 2002 年出版。

[2]范先佐：《教育投资体制改革的理论与实践问题研究》，华中师范大学出版社 2003 年出版。

[3][美]盖伊彼得斯：《政府未来的治理模式》（吴爱明，等译），中国民大学出版社 2001 年出版。

[4]高书国：《中国城乡教育转型模式》，北京师范大学出版社 2006 年出版。

[5]何齐宗：《县域义务教育均衡发展探究 基于江西省义务教育均衡发展示范县的实证研究》，科学出版社 2017 年出版。

[6]黄茂兴（主编）：《中国省域经济综合竞争力发展报告(2017—2018)》，社会科学文献出版社 2019 年出版

[7]李军超：《政府推进城乡义务教育均衡发展的制度逻辑研究》，中国社会科学出版社 2015 年出版。

[8]李协良：《区域推进义务教育内涵式均衡发展研究》，四川大学出版社 2012 年出版。

[9]刘玮：《义务教育优质均衡发展政策执行考察：以苏南发达地区 W 市 B 区为例》，中国社会科学出版社 2017 出版。

[10]罗青，钱春富：《边疆民族地区县域内义务教育均衡发展研究》，云南大学出版社 2018 年出版。

[11]李锐，赵茂林：《中国西部农村"教育反贫困"战略报告》，中国社会科学出版社 2006 年出版。

[12]林云：《多民族地区义务教育均衡发展研究》，中国社会科学出版社 2018 年出版。

[13]柳海民，周霖：《义务教育均衡发展的理论与对策研究》，东北师范大学出版社 2007 年版。

[14]柳海民，杨兆山：《我国义务教育均衡发展问题研究》，东北师范大学出版社 2007 年出版。

[15]毛亚庆：《促进义务教育均衡发展的校长教师流动机制研究》，北京师范大学出版社 2016 年出版。

[16]聂华林，李泉：《中国西部城乡关系概论》，中国社会科学出版社 2006 年出版。

[17]马运瑞：《中国政府治理模式研究》，郑州大学出版社 2007 年出版。

[18]彭世华，伍春辉，张晓春：《义务教育均衡发展目标与标准研究》，教育科学出版社 2012 年出版。

[19]秦惠民：《走入教育法制的深处——论教育权的演变》，中国人民公安大学出版社 1998 年出版。

[20]邵泽斌：《新中国义务教育治理方式的政策考察》，北京师范大学出版社 2012 年出版。

[21]史东根：《可持续发展教育报告》，教育科学出版社 2004 年出版。

[22]宋农村：《县域义务教育均衡发展督导评估办法研究》，吉林人民出版社 2016 年出版。

[23]孙立群，孙福田：《农村教育与经济社会协调发展关系的研究》，中国农业出版社 2007 年出版。

[24]陶勇：《地方财政学》，上海财经大学出版社 2006 年出版。

[25]翁乃群（主编）：《村落视野下的农村教育——以西南四村为例》，社会科学文献出版社 2009 年出版。

[26]杨东平：《中国教育公平的理想与现实》，北京大学出版社 2006 年出版.

[27]杨桂龙：《走向优质均衡：基于实践共同体的义务教育学校均衡发展研究》，上海教育出版社 2018 年出版。

[28]杨军：《义务教育高位均衡发展实证研究》，光明日报出版社 2011 年出版。

[29]于发友：《通向教育理想之路：县域义务教育均衡发展研究》，山东人民出版社 2008 年出版。

[30]俞可平：《治理与善治》，社会科学文献出版社 2004 年出版。

[31]余秀兰：《中国教育的城乡差异——一种文化再生产现象的分析》，教育科学出版社 2004 年出版。

[32][美]约翰·罗尔斯：《正义论》（何怀宏译），中国社会科学出版社 1988 年出版。

[33][美]詹姆斯 N.罗西瑙：《没有政府的治理》（胜军，等译），江西人民出版社 2001 年出版。

[34]张成福，党秀云：《公共管理学》，中国人民大学出版社 2001 年出版。

[35]张国庆：《行政管理学概论》，北京大学出版社 2000 年出版。

[36]张国：《中国城乡结构调整研究——工业化过程中城乡协调发展》，中国农业出版社 2002 年出版。

[37]张锦华：《中国农村教育平等问题研究》，上海财经大学出版社 2008 年出版。

[38]张人杰：《国外教育社会学基本文选》，华东师范大学出版社 1989 年出版。

[39]赵丹：《义务教育均衡发展与教育资源共享模式构建：以西北县域为例》，知识产权出版社 2017 年出版。

[40]赵新亮：《义务教育学区制改革 基于共同体理论的教育均衡发展模式探索》，科学出版社 2018 年出版。

[41]赵国祥，王振存，赵申苪：《义务教育均衡发展视阈下的教育资源的科学配置和有效运用》，科学出版社 2016 年出版。

[42]翟博：《教育均衡论》，人民教育出版社 2008 年出版。

[43]瞿瑛：《义务教育均衡发展政策问题研究：教育公平的视角》，浙江大学出版社 2010 年出版。

[44]郑新蓉：《性别与教育》，教育科学出版社 2005 年出版。

[45]转型期中国重大教育政策案例研究课题组：《缩小差距：中国教育政策的重大命题》，人民教育出版社 2005 年出版。

二、中文论文类

[1]阿马蒂亚·森，闲云："什么样的平等？"，载《世界哲学》2002 年第 2 期。

[2]白亮，张竞文："农村学校布局变化三十年的制度原因分析——基于农村基础教育投入管理体制的观察"，载《教育发展研究》2014 年第 10 期。

[3]鲍勃·杰索普，漆蕪："治理的兴起及其失败的风险：以经济发展为例的论述"，载《国际社会科学杂志(中文版)》1999 年第 1 期。

[4]鲍传友："中国城乡义务教育差距的政策审视"，载《北京师范大学学报(社会科学版)》2005 年第 3 期。

[5]鲍传友："义务教育均衡发展：内涵和原则"，载《国家教育行政学院学报》2007 年第 1 期。

[6]陈骥："少数民族地区农村义务教育优质均衡发展思考"，载《科学咨询(教育科研)》2017 年第 8 期。

[7]陈良雨："教育治理现代化视阈下政府能力陷阱研究"，载《教育发展研究》2015 第 12 期。

[8]程天君："以人为核心评估域：新教育公平理论的基石——兼论新时期教育公平的转型"，载《华东师范大学学报(教科版)》2019 年第 1 期。

[9]陈振明："评西方的"新公共管理"范式"，载《中国社会科学》2000 年第 6 期。

[10]褚宏启："城乡教育一体化：体系重构与制度创新——中国教育二元结构及其破解"，载《教育研究》2009 第 11 期。

[11]褚宏启，高莉："义务教育均衡发展评估指标与标准的制订"，载《教育发展研究》2010 第 30 期。

[12]褚宏启，贾继娥："教育治理与教育善治"，载《中国教育学刊》2014 年第 12 期。

[13]丁煌："当代西方公共行政理论的新发展——从新公共管理到新公共服务"，载《广东行政学院学报》2005 年第 6 期。

[14]董世华，范先佐："我国县域义务教育均衡发展监测指标体系的构建——基于教育学理论的视角"，载《教育发展研究》2011 年第 9 期。

[15]杜屏，谢瑶："农村中小学教师工资与流失意愿关系探究"，载《华东师范大学学报(教科版)》2019 年第 1 期。

[16]范涌峰，宋乃庆："学校特色发展：内涵、价值及观测要点"，载《教育研究与实验》2017 年第 2 期。

[17]范先佐，郭清扬，付卫东："义务教育均衡发展与省级统筹"，载《教育研究》2015 年第 2 期。

[18]范先佐，郭清扬："当前我国义务教育均衡发展改革的重点和难点"，载《教师教育学报》2016 年第 2 期。

[19]范先佐，战湛："我国县域城乡义务教育发展存在的问题、原因及对策"，载《贵州师范大学学报(社会科学版)》2016

年第 6 期。

[20]费蔚：“教育‘新共同体’：推进区域教育优质均衡发展新范式”，载《中小学管理》2019 年第 9 期。

[21]冯建军：“走向优质均衡：基础教育发展主题的转换”，载《江苏教育研究》2010 年 22 期。

[22]冯建军：“内涵发展：推进义务教育优质均衡的路向选择”，载《南京社会科学》2012 年第 1 期。

[23]耿华萍，刘祖云：“城乡义务教育非均衡发展现实归因的理论思考”，载《南京社会科学》2016 年第 4 期。

[24]顾明远：《公平而差异：基础教育的必然选择》，载《教育发展研究》2007 年第 21 期。

[25]胡伶：“地方教育行政部门的职能转变——基于公共治理视角的分析”，载《教育发展研究》2010 年第 12 期。

[26]黄龙威，邹立君：“城乡教育统筹发展：目标、责任与监测”，载《教育研究 2009 年第 2 期。

[27]黄小勇：“新公共管理理论及其借鉴意义”，载《中共中央党校学报》2004 第 3 期。

[28]黄忠敬：“以共享课程建设推进区域教育优质均衡发展”，载《课程·教材·教法》2016 年第 3 期。

[29]贾继娥，褚宏启：“教育发展方式转变的三条路径”，载《教育发展研究》2012 第 3 期。

[30]姜美玲：“教育公共治理：内涵、特征与模式”，载《全球教育展望》2009 年第 5 期。

[31]蓝建：“城乡二元结构与发展中国家的教育”，载《教育研究》2000 年第 8 期。

[32]李桂荣，李向辉：“中国义务教育均衡发展政策的演进历程及其制度逻辑”，载《河南师范大学学报(哲学社会科学版)》
2017 年第 5 期。

[33]李恺，罗丹：“义务教育均衡发展的收敛性分析——基于我国 31 个省(市)面板数据的实证研究”，载《教育发展研究》
2015 年第 7 期。

[34]李世刚，尹恒：“县级基础教育财政支出的外部性分析——兼论‘以县为主’体制的有效性”，载《中国社会科学》2012
年第 11 期。

[35]李阳，谢倩：“城乡义务教育公平及政府责任研究进展综述”，载《基础教育研究》2018 第 3 期。

[36]李艳丽：“城市校际间义务教育发展的失衡动因与均衡措施”，载《现代中小学教育》2014 年第 4 期。

[37]李振宇，王骏：“中央与地方教育财政事权与支出责任的划分研究”，载《清华大学教育研究》2017 第 5 期。

[38]刘佳：“‘管办评’分离的构建与协同机制研究”，载《中国教育学刊》2015 年第 9 期。

[39]刘云忠，徐映梅：“我国城乡教育差距与城乡居民教育投入差距的协整研究——基于 1990-2005 年的数据分析”，载《教
育与经济》2007 年第 4 期。

[40]龙宝新：“教师专业发展视域中的城乡教师流动政策思考”，载《现代基础教育研究》2018 年第 4 期。

[41]戚晓明：“基于因子分析的农村义务教育家长满意度研究——以江苏省为例”，载《江苏社会科学》2015 年第 5 期。

[42]祁占勇，王君妍，司晓宏：“我国西北地区义务教育均衡发展的现实困境与政策选择”，载《中国教育学刊》2017 年第
10 期。

[43]秦玉友：“中国城镇教育扩容压力传递机制与应对策略研究”，载《教育研究》2017 年第 1 期。

[44]饶爱京，万昆，任友群：“优质均衡视角下县域基础教育信息化发展策略”，载《中国电化教育》2019 年第 8 期。

[45]任春荣：“县域义务教育均衡发展评估指标的选择办法”，载《中国教育学刊》2011 年第 9 期。

[46]任友群，吴旻瑜：“‘十三五’贫困县域教育信息化的推进模式研究”，载《中国电化教育》2017 年第 1 期。

[47]史耀疆，马跃等：“农村中学辍学调查”，载《中国改革》2016 年第 2 期。

[48]申国昌，王永颜：“县域义务教育均衡发展的现状调查与政策建议——以湖北恩施教育调查为例”，载《教育研究与实
验》2015 年第 4 期。

[49]宋农村：“县级政府教育政绩评价指标体系的构建——基于‘投入—管理—成效’评估模型的视角”，载《当代教育科
学》2011 第 23 期。

[50]孙素英："区域义务教育均衡发展影响因素"，载《中国教育学刊》2012年第6期。

[51]汤林春："上海市学区化集团化办学探索与前瞻"，载《上海教育科研》2018年第3期。

[52]田汉族，戚瑜杰："政府在义务教育均衡发展中的责任及其限度"，载《湖南师范大学教育科学学报》2016年第5期。

[53]田祖荫："推进义务教育均衡发展：我国当代教育改革发展的重大战略"，载《中国民族教育》2019年第1期。

[54]万诗意：《推进义务教育优质均衡发展的对策思考——基于重庆市黔江区的调研》，载《财讯》2017年第2期。

[55]王建容，夏志强："我国义务教育均衡发展的内涵及其指标体系构建"，载《理论与改革》2010年第4期。

[56]王强："从'规模效益'到'机会均等'：二战后美国推进城乡教育和谐发展的路径选择"，载《比较教育研究》2007年第9期。

[57]王善迈，董俊燕，赵佳音："义务教育县域内校际均衡发展评价指标体系"，载《教育研究》2013年第2期。

[58]王天平，李鹏，王建平："城乡中小学标准化建设的问题审视与优化之道——基于N市中小学标准化建设的调研"，载《西南大学学报(社会科学版)》2014年第3期。

[59]王晓辉："论教育规划"，载《教育研究》2002年第10期。

[60]王有智：《农村中小学青年教师心理健康状况调查》，载《青年研究》2000年第9期。

[61]王正青："义务教育均衡发展的公共治理框架与体制机制设计"，载《现代教育管理》2017年第4期。

[62]王正青，徐辉："当前美国基础教育质量现状与改进趋势——'追求卓越'理念引领下的实践"，载《教育研究》2014年第9期。

[63]王正青，蒙有华，许佳："义务教育阶段基础性办学条件的区域差异研究——基于义务教育均衡发展评估合格县的数据"，载《西南大学学报(社会科学版)》2019年第5期。

[64]王正青，白雪："省域内义务教育发展水平的区域差异实证研究——以统筹城乡教育发展试验区重庆市为例"，载《现代教育管理》2020年第1期。

[65]文军，顾楚丹："基础教育资源分配的城乡差异及其社会后果——基于中国教育统计数据的分析"，载华东师范大学学报(教育科学版)》2017年第2期。

[66]吴德刚："中国教育发展地区差距研究——教育发展不平衡性问题研究"，载《教育研究》1997年第7期。

[67]吴颖惠："教育信息化促进教育优质均衡发展——海淀区充分发挥技术在区域教育改革和发展中的引领作用"，载《中小学信息技术教育》2018年第2期。

[68]吴宏超，胡玲："义务教育如何从基本均衡跨向优质均衡——基于广东省的数据分析"，载《教育与经济》2018年第4期。

[69]武向荣："义务教育经费均衡现状调查与对策分析"，载《教育研究》2013年第7期。

[70]徐艳国："关于教育治理体系和治理能力现代化建设的分析"，载《中国高等教育》2014第17期。

[71]薛二勇："区域内义务教育均衡发展指标体系的构建——当前我国深入推进义务教育均衡发展的政策评估指标"，载《北京师范大学学报(社会科学版)》2013年第4期。

[72]薛二勇，李廷洲："义务教育师资城乡均衡配置政策评估"，载《教育研究》2015第8期。

[73]杨昌辉：《教师心理健康水平及与社会支持的相关性》，载《中国临床康复》2006年第38期。

[74]杨令平，司晓宏："西部县域义务教育均衡发展现状调研报告"，载《教育研究》2012年第4期。

[75]杨令平，司晓宏："西部地方政府履行义务教育均衡发展责任状况的调查研究"，载《教育探索》2012年第1期。

[76]杨志刚："聚焦立德树人，推进优质均衡，办好人民满意的教育"，载《人民教育》2018年第18期。

[77]姚大志："罗尔斯正义理论的基本理念"，载《社会科学研究》2008年第4期。

[78]姚长林：《黔江义务教育均衡发展应对》，载《新经济》2015年第26期。

[79]姚继军："《省域义务教育优质均衡发展量化测度指标体系的构建—— 以江苏省为例》"，载《教育发展研究》2012 第 22 期。

[80]姚永强，范先佐："内生发展：薄弱学校改造路径选择"，载《中国教育学刊》2013 年第 4 期。

[81]姚永强，范先佐："论义务及教育均衡发展方式的转变"，载《教育研究》2013 第 2 期。

[82]易红郡："西方教育公平理论的多元化分析"，载《湖南师范大学教育科学学报》2010 年第 4 期。

[83]于发友，赵慧玲，赵承福："县域义务教育均衡发展的指标体系和标准建构"，载《教育研究》2011 年第 4 期。

[84]于建福："教育均衡发展：一种有待普遍确立的教育理念"，载《教育研究》2002 年第 2 期。

[85]袁桂林："农村实施教育优先发展战略初探"，载《东北师范大学学报(哲学社会科学版)》2000 年第 2 期。

[86]袁梅，罗正鹏："试论当前民族地区义务教育均衡发展的困难及其应对—— 基于青海、贵州、云南部分民族地区的调查研究"，载《教育学报》2017 第 2 期。

[87]袁振国："建立教育发展均衡系数 切实推进教育均衡发展"，载《人民教育》2003 年第 6 期。

[88]曾满超，丁延庆："中国义务教育资源利用及配置不均衡研究"，载《教育与经济》2005 年第 2 期。

[89]赵丹，陈遇春，赵阔："优质均衡视角下乡村小规模学校教育质量困境与对策"，载《华中师范大学学报(人文社会科学版)》2019 年第 2 期。

[90]赵丹："教育均衡视角下农村教师资源配置的现实困境及改革对策——小规模和大规模学校的对比研究"，载《华中师范大学学报(人文社会科学版)》2016 年第 5 期。

[91]赵永辉："各级政府在义务教育均衡发展中的责任及履责成效"，载《教育学术月刊》2015 年第 7 期。

[92]张佳伟，顾月华："基本公共服务均等化视野下新型城镇化与义务教育均衡发展的区域研究"，载《教育发展研究》2017 年第 10 期。

[93]张辉蓉，盛雅琦，宋美臻："我国义务教育均衡发展的实践困境与应对策略——以重庆市为个案"，载《西南大学学报(社会科学版)》2018 年第 2 期。

[94]张辉蓉，盛雅琦，罗敏："我国义务教育均衡发展 40 年：回眸与反思——基于数据分析的视角"，载《西南大学学报(社会科学版)》2019 年第 1 期。

[95]张乐天："城乡教育差别的制度归因与缩小差别的政策建议"，载《南京师范大学学报(社会科学版)》2004 年第 3 期。

[96]张力："促进城乡义务教育均衡发展加快普及农村高中阶段教育"，载《人民教育》2009 年第 1 期。

[97]张旺："城乡教育一体化：教育公平的时代诉求"，载《教育研究》2012 年第 8 期。

[98]张秀英："城乡二元义务教育体制与乡镇负债：兼论农村义务教育的可持续发展"，载《兰州大学学报(社会科学版)》2005 年第 2 期。

[99]张旭，陈国华："19 个重点大城市义务教育均衡发展监测与评价"，载《现代教育管理》2017 年第 2 期。

[100]赵瑞美："职业性别隔离歧视理论小议"，载《中华女子学院学报》2003 年第 6 期。

[101]宗晓华，陈静漪："集权改革、城镇化与义务教育投入的城乡差距——基于刘易斯二元经济结构模型的分析"，载《清华大学教育研究》2016 年第 4 期。

[102]宗晓华，杨素红，秦玉友："追求公平而有质量的教育：新时期城乡义务教育质量差距的影响因素与均衡策略"，载《清华大学教育研究》2018 年第 6 期。

[103]钟景迅："从区域均衡到群体均衡：义务教育优质均衡发展的新思维"，载《教育发展研究》2017 年第 8 期。

[104]中国教育科学研究院："义务教育均衡发展是实现教育公平的基石"，载《教育研究》2007 年第 2 期。

[105]中国教科院"义务教育均衡发展标准研究"课题组："义务教育均衡发展国家标准研究"，载《教育研究》2013 第 5 期。

[106]中央教育科学研究所课题组："关于发达地区基础教育现代化发展水平若干指标的思考"，载《教育研究》2001 年第 10 期。

[107]翟博："树立科学的教育均衡发展观"，载《教育研究》2008 年第 1 期。

[108]翟博："中国基础教育均衡发展实证分析"，载《教育研究》2007 年第 7 期。

[109]翟博："教育均衡发展：理论、指标及测算方法"，载《教育研究》2006 年第 3 期。

[110]周峰："试论基础教育均衡发展的若干问题"，载《教育研究》2002 年第 8 期。

[111]周军，黄秋霞："刍议我国义务教育发展基本均衡与优质均衡的区别和联系"，载《教育与教学研究》2018 年第 8 期。

[112]周晔，王晓燕："城乡教育统筹治理：概念与理论架构"，载《教育研究》2014 年 8 期。

[113]周志忍："公共悖论及其理论阐释"，载《政治学研究》1999 年第 2 期。

[114]朱德全，李鹏，宋乃庆："中国义务教育均衡发展报告——基于〈教育规划纲要〉第三方评估 1 的证据"，载《华东师范大学学报(教育科学版)》2017 年第 1 期。

[115]朱桂蓉，冉景高：《黔江区多渠道整合资源推进义务教育均衡发展》，载《科学咨询》2010 年第 5 期。

[116]朱家存，阮成武，刘宝根："区域义务教育均衡发展监测指标体系研究——基于安徽省义务教育政策实践"，载《教育研究》2010 年第 11 期。

[117]朱永新，许庆豫："论基础教育均衡发展"，载《中国教育学刊》2002 年第 6 期。

[118]左瑞勇，王纬虹："城乡统筹背景下重庆市基础教育均衡发展的思考"，载《中国教育学刊》2008 年第 5 期。

三、中文报刊类

[1]丁雅诵："一根网线，串起城乡课堂"，载《人民日报》2019 年 4 月 3 日。

[2]胡航宇："重庆市着力推进义务教育均衡发展"，载《重庆日报》2017 年 1 月 11 日。

[3]鲁磊："四川：民族地区小学启动英语课程"，载《中国教育报》2019 年 9 月 2 日。

[4]鲁磊，倪秀，何文鑫："四川打好中小学生减负'组合拳'"，载《中国教育报》2019 年 5 月 25 日。

[5]谭茭，黎敏，黎江飞："黔江：双管齐下 努力增加优质教育资源供给"，载《重庆日报》2017 年 11 月 1 日。

[6]王家源，梁丹："加快步伐，全面深化基础教育重大改革"，载《中国教育报》，2019 年 9 月 2 日。

[7]王家源，王英桂："跑赢控辍保学和农村学校建设最后一公里"，载《中国教育报》2019 年 5 月 30 日。

[8]王家源，徐光明，甘甜："两千七百一十七个县实现义务教育基本均衡发展"，载《中国教育报》2019 年 3 月 27 日。

[9]王亮："推动经济社会发展的教育力量——党的十六大以来教育改革发展成就述评之十一"，载《中国教育报》2012 年 11 月 7 日。

[10]王强，等："重庆：优质均衡这碗水越端越平"，载《中国教育报》2017 年 9 月 24 日。

[11]邬志辉："怎样理解义务教育的'基本均衡'"，载《中国教育报》2013 年 11 月 1 日。

[12]邬志辉："全力打赢农村'两类学校'建设攻坚战"，载《人民日报》2018 年 8 月 20 日。

[13]筱叶："中小学'生师比'达历史最好水平"，载《北京日报》2019 年 5 月 15 日。

[14]袁航："贵州近三年财政教育总投入超 2805 亿元"，载《贵州日报》2019 年 11 月 19 日。

[15]翟博，等："人类教育史上的奇迹——来自中国普及九年义务教育和扫除青壮年文盲的报告"，载《中国教育报》2012 年 9 月 9 日。

[16]张力："新中国 70 年教育事业的辉煌历程"，载《中国教育报》2019 年 9 月 14 日。

[17]张雪："中央财政教育转移支付 80%用于中西部农村和贫困地区"，载《经济日报》2018 年 8 月 28 日。

[18]赵秀红："教育 70 年与共和国同向而行"，载《中国教育报》2019 年 9 月 4 日。

[19]赵秀红："70 年来我国教育事业取得巨大成就"，载《中国教育报》2019 年 9 月 25 日。

[20]中央教育科学研究所教育督导与评估研究中心："义务教育监测报告：中国小学教育质量稳步提升"，载《中国教育报》2009 年 12 月 4 日。

[21]周仕敏："广西：招千余名退休教师到乡村支教"，载《中国教育报》2019 年 7 月 9 日。

四、外文文献类

[1]Amartya Sen: "Capabilities, Lists, and Public Reason: Continuing the Conversation", *Feminist Economics*, 2004,10（3）: 77-80.

[2]Brewer, Dominic J., Smith, Joanna: "A Framework for Understanding Educational Governance: The Case of California", *Education Finance and Policy*, 2006,3（1）:20-40 .

[3]Brock, Andy: "Moving Mountains Stone by Stone: Reforming Rural Education in China", *International Journal of Educational Development*, 2009,29（5）: 454-462.

[4] Bronfenbrenner Urie: "*The ecology of human development*", Cambridge: Harvard University Press, 1979.

[5]Brown, F., & Contreras, A. R: "Deregulation and privatization of education: A flawed Concept", *Education and Urban Society*, 1991, 23（2）: 144-158.

[6]Bruns Filmer, Patrinos H: "Making schools work: new evidence on accountability reforms", World Bank, 2011.

[7]Daniel Kaufmann, Aart Kraay, and Massimo Mastruzzi: "*Measuring Governance Using Cross-Country Perceptions Data*", World Bank, August 2005.

[8]Department of Economic and Social Affairs: "*Public Governance Indicators: A Literature Review*", New York: United Nation, 2006.

[9]Drucker, P. F: "*Innovation and entrepreneurship*", New York: Harper & Row, 1985.

[10]Gibbs, Robert M（ed.）: "Rural Education and Training in the New Economy: The Myth of the Rural Skills Gap", Iowa: Iowa State Press, 1998.

[11]Hughes O E: "The Current Position of New Public Management", *Journal of Renmin University of China*, 2002: 3-20.

[12]Kalervo N Gulson. Colin Symes: "*Spatial Theories of Education: Policy and Geography Matters*", New York: Routledge, 2007.

[13]Kooiman, J. and Bavinck, M. "The governance perspective", in Kooiman, J., Bavinck, M., Jentoft, S. and Pullin, R.（Eds）, *Fish for Life: Interactive Governance for Fisheries*, Amsterdam University Press, Amsterdam, 2005: 11-24.

[14]Krueger Alan B. and Lindahl, Mikael: "Education for Growth: Why and For Whom?", *The Journal of Economic Literature*, 2001, 39（4）: 1101-1136.

[15]Lewis, W. A: "Economic Development with Unlimited Supplies of Labor", In: *The Manchester School of Economic and Social Studies*, in Gersoviz, M.（eds.）Selected Economic Writings of W. Arthur Lewis, New York University Press, 1983.

[16]Lubienski, C: "Redefining "public" education: Charter schools, common schools, and the rhetoric of reform", *Teachers College Record*, 2001, 103（4）: 634-666.

[17]LIPTO..M: "*Why Poor People Stay Poor: Urban Bias in World Development*", Cambridge MA: Harvard University Press, 1997.

[18]Luis Crouch, Donald Winkler, RTI International: "*Governance, Management and Financing of Education for All: Basic Frameworks and Case Studies*", UNESCO: Education for All Global Monitoring Report, 2008.

[19]Miller, Bruce A: "The Role of Rural Schools in Community Development: Policy Issues and Implications", *Journal of Research in Rural Education*, 1995,11（3）: 163-172.

[20]Oi J C: "The Role of the Local State in China's Transitional Economy", *The China Quarterly*, 1995, 144（4）:1132-1149.

[21]Patrinos, H. et al: *"The Role and Impact of PPPs in Education"*, Washington: World Bank Group, 2009.

[22]Ranson, S. and Crouch, C: "Towards a New Governance of Schools in the Remaking of Civil Society", CfBT Education Trust: 2009.

[23]Roberts Nancy: "Public deliberation: An alternative approach to crafting policy and setting direction", *Public Administration Review*, 1997, 57(2): 124-132.

[24]Shah A: "Fiscal Decentralization in Developing Countries: Indonesia and Pakistan: fiscal decentralization - an elusive goal?", The World Bank, 1999.

[25]Stern, J. (Ed.): *"The condition of education in rural schools"*, Washington, DC: U.S. Department of Education, Office of Educational Research and Improvement, 1994.

[26]Sylwester,K: "Income inequality, education expenditures, and growth", *Journal of Development Economics*, 2000, 63(4): 379-398.

[27]Tami McCrone, Clare Southcott, Nalia George: *"governance models in schools"*, Slough: National Foundation for Educational Research, 2011.

[28]The Commission on Global Governance: *"Our Global Neighborhood: The Report of the Commission on Global Governance"*, London: Oxford University Press, 1995: 28.

[29]Thomas J. Sergiovanni, et al.: *"Educational Governance and Administration"*, Boston, MA, United States, 2008.

[30]Tsang M, Levin H M: "The Impact of Intergovernmental Grants on Educational Expenditure", *Review of Educational Research*, 1983, 53(3):329-367.

[31]Tyack, D: *"Decentralization and School Improvements"*, San Francisco, CA: Jossey-Bass,1993: 24.

[32]V K Nanda: *"Perspectives of Rural Education"*, Agrobios (India): Anmol Publications Pvt, 1997.

[33]Wamsley, G. L., & Zald, M. N: "The political economy of public organizations". In R. T. Golembiewski (Ed.). *Approaches to organizing*, Washington, DC: American Society for Public Administratio, 1981:47

[34]Weimer D L: "Reinventing government: How the entrepreneurial spirit is transforming the public sector", *Journal of Policy Analysis & Management*, 2010, 13(1):187-192.

附　录

附录 1：义务教育基础性均衡发展指标权重划分专家调查

尊敬的专家：

您好！

我们是西南大学"义务教育基础性均衡发展区域差异调查"课题组，为做好课题研究工作，恳请您抽出宝贵时间支持本项调查。本调查仅用于学术研究目的，不涉及您的个人隐私及工作情况，您的回答也无"对错"与"好坏"之分，希望您能根据您的见解如实填写。感谢您对本次调查的参与和支持！

一、问卷说明

此调查问卷的目的在于确定义务教育基础性均衡发展指标的相对权重。基础性均衡指的是均衡发展过程中场地、设施、师资等基础性办学条件的均衡。调查问卷根据层次分析法(AHP)的形式设计。这种方法是在同一个层次对影响因素重要性进行两两比较。衡量尺度划分为五个等级，分别是绝对重要、十分重要、比较重要、稍微重要、同样重要，分别对应 9，7，5，3，1 的数值，8，6，4，2 表示重要程度介于相邻两个等级之间。靠左边的衡量尺度表示左列因素比右列因素重要，靠右边的衡量尺度表示右列因素比左列因素重要。根据您的看法，在对应方格中用"*"标记即可。

二、问卷调查内容

下列各组两两比较要素，对于"义务教育均衡发展"的相对重要性如何？

A	重要性比较																	B
	9	8	7	6	5	4	3	2	1	2	3	4	5	6	7	8	9	
	绝对重要	7、9之间	十分重要	5、7之间	比较重要	3、5之间	稍微重要	1、3之间	同样重要	1、3之间	稍微重要	3、5之间	比较重要	5、7之间	十分重要	7、9之间	绝对重要	
生均教学及辅助用房面积																		生均运动场馆面积
生均教学及辅助用房面积																		生均教学仪器设备值
生均教学及辅助用房面积																		每百名学生拥有计算机台数

A	重要性比较																	B
	9	8	7	6	5	4	3	2	1	2	3	4	5	6	7	8	9	
	绝对重要	7、9之间	十分重要	5、7之间	比较重要	3、5之间	稍微重要	1、3之间	同样重要	1、3之间	稍微重要	3、5之间	比较重要	5、7之间	十分重要	7、9之间	绝对重要	
生均教学及辅助用房面积																		生均图书册数
生均教学及辅助用房面积																		师生比
生均教学及辅助用房面积																		生均高于规定学历教师数
生均教学及辅助用房面积																		生均中级及以上专业技术职务教师数
生均运动场馆面积																		生均教学仪器设备值
生均运动场馆面积																		每百名学生拥有计算机台数
生均运动场馆面积																		生均图书册数
生均运动场馆面积																		师生比
生均运动场馆面积																		生均高于规定学历教师数
生均运动场馆面积																		生均中级及以上专业技术职务教师数
生均教学仪器设备值																		每百名学生拥有计算机台数
生均教学仪器设备值																		生均图书册数
生均教学仪器设备值																		师生比
生均教学仪器设备值																		生均高于规定学历教师数
生均教学仪器设备值																		生均中级及以上专业技术职务教师数

续表

A	重要性比较																	B
	9	8	7	6	5	4	3	2	1	2	3	4	5	6	7	8	9	
	绝对重要	7、9之间	十分重要	5、7之间	比较重要	3、5之间	稍微重要	1、3之间	同样重要	1、3之间	稍微重要	3、5之间	比较重要	5、7之间	十分重要	7、9之间	绝对重要	
每百名学生拥有计算机台数																		生均图书册数
每百名学生拥有计算机台数																		师生比
每百名学生拥有计算机台数																		生均高于规定学历教师数
每百名学生拥有计算机台数																		生均中级及以上专业技术职务教师数
生均图书册数																		师生比
生均图书册数																		生均高于规定学历教师数
生均图书册数																		生均中级及以上专业技术职务教师数
师生比																		生均高于规定学历教师数
师生比																		生均中级及以上专业技术职务教师数
生均高于规定学历教师数																		生均中级及以上专业技术职务教师数

问卷结束，感谢您的支持，祝您工作、生活愉快！

附录2：教师满意度调查问卷

尊敬的老师：

您好！我们正在开展"教师对区县政府履行义务教育均衡发展治理责任满意度"的调查，以真实反映当前义务教育发展成效与问题，尤其是一线教师对于各方履行义务教育治理责任的满意度情况，真诚感谢您参与本次调查。本问卷采用不记名方式填写，结果仅用于学术研究目的，不涉及您的个人隐私及工作情况，您的回答也无"对错"与"好坏"之分。请根据您的实际情况与感受如实填写，感谢您的支持与配合！

一、基本信息（请在括号内填上您认为合适的选项）

1. 性别＿＿＿＿＿＿   ①男   ②女

2. 年龄＿＿＿＿＿＿   ①25岁以下   ②25～35岁   ③35～45岁   ④45岁以上

3. 教龄＿＿＿＿＿＿   ①3年以下   ②3～8年   ③8～20年   ④20年以上

4. 学历＿＿＿＿＿＿   ①硕士及以上   ②本科   ③专科   ④中师或中专

5. 所在学校类型＿＿＿＿＿＿ ①城区优质中学   ②城区普通中学   ③乡镇农村中学

                          ④城区优质小学   ⑤城区一般小学   ⑥乡镇农村小学

6. 任教年级＿＿＿＿＿＿   ①小学初段   ②小学中段   ③小学高段   ④初中

7. 您的职称＿＿＿＿＿＿   ①中学高级教师

                      ②中学一级教师（小学高级教师）

                      ③中学二级教师（小学一级教师）

                      ④中学三级教师（小学二级教师）

                      ⑤小学三级教师   ⑥暂无职称

8. 您的职务＿＿＿＿＿＿   ①校级领导

                      ②学校中层管理者

                      ③教研或年级组长

                      ④普通教师

9. 是否担任班主任＿＿＿＿＿＿   ①是   ②否

二、现状调查（请您基于自己的真实生活经历勾选程度相符的选项）

	题项	义务教育均衡发展现状	不满意	不太满意	一般	基本满意	满意
		入学机会					
关爱机制	1	您对现阶段县域内进城务工人员随迁子女的就学政策和资金保障情况作何评价？					
	2	您满意现阶段政府对进城务工人员随迁子女的就读保障政策吗？					
	3	政府对留守儿童的教育关爱行为与留守儿童的需求相比，您作何评价？					

	题项	义务教育均衡发展现状	不满意	不太满意	一般	基本满意	满意
关爱机制	4	您满意现阶段政府在留守儿童的关爱体系中扮演的角色吗？					
	5	您对政府在保障贫困家庭子女入学方面所做的工作有何评价？					
	6	您满意现阶段贫困家庭子女入学方面的财政保障及落实情况吗？					
招生制度	7	您对"保障视力、听力、智力残疾儿童在义务教育阶段的入学率达到80%"这一规定的落实情况作何评价？					
	8	您认为政府在保障视力、听力、智力残疾儿童义务教育阶段的受教育权上履职情况如何？					
	9	您对"优质普高中招生名额分配到区县域内初中的比例至少达60%"这一政策执行情况的满意度如何？					
	10	您认可"划片招生、就近入学"这一政策吗？					
	11	您对"划片招生、就近入学"这一政策的执行情况满意如何？					
办学规模	12	您对区县学校"小学、初中规模不超过30个班"这一规定的落实情况满意度如何？					
	13	您对区县内"小学班额不超过45人，初中班额不超过50人"这一规定的落实情况满意度如何？					
	14	您对"班级学生达56人以上的超大班额"治理情况现状作何评价？					
	15	据您所知，您对区县内"56人以上的大班额比例不超过10%"这一规定的实现情况满意度如何？					
体制机制							
体制制度	16	您对县级政府解决重大教育问题的效果满意度如何？					
	17	在建立起对教育部门、镇乡政府义务教育均衡发展的考核问责机制上，您的满意度如何？					
	18	在政府建立的对学校的评估制度上，您的满意度如何？					
	19	您满意现阶段相对独立的政府教育督导机构建设情况吗？					
	20	您满意现阶段监督机构对政府教育均衡发展的监督工作吗？					
	21	您对督学责任区的建立情况满意度如何？					
	22	您对督学责任区的工作开展情况满意度如何？					
	23	您对现阶段教育科研工作的满意度如何？					
规划布局	24	您对义务教育均衡发展专项规划的落实情况满意度如何？					
	25	您对县级政府实施学校布局结构调整规划的现状满意度如何？					
	26	您对县级政府实施薄弱学校改造和村点校建设规划的满意度如何？					
	27	您对县级政府落实薄弱学校改造和村点校建设工作的满意度如何？					
	28	您满意现阶段城镇新区开发建设与学校建设同步的一致性现状吗？					
	29	您对县级政府在城镇新区开发建设与学校建设同步方面的工作落实情况满意度如何？					
教育投入							
财政拨款	30	国家规定"近三年教育经费做到'三个增长'"，您对政府在教育经费增长上的履职情况满意度如何？（"三个增长"：财政预算内教育经费增长高于财政经常性收入增长；生均公共财政预算教育事业费支出实现逐年增长；生均公共财政预算内公用经费支出实现逐年增长。）					

	题项	义务教育均衡发展现状	不满意	不太满意	一般	基本满意	满意
财政拨款	31	您对现阶段政府在薄弱学校改造计划中"财政性教育经费向薄弱学校倾斜"这一规定的落实情况作何评价？					
	32	您认可薄弱学校改造计划的成效吗？					
	33	现阶段政府在义务教育方面的转移支付的落实情况与您的期望如何？					
教师队伍							
教师待遇	34	您对于所在学校的义务教育绩效工资制度的落实情况满意度如何？					
	35	您对"设立边远艰苦地区农村教师补贴"这一政策的补贴力度是否满意？					
	36	您对"设立边远艰苦地区农村教师补贴"这一政策的落实情况作何评价？					
	37	您对于"实施边远艰苦地区农村教师周转房建设试点。"这一政策的规划和建设情况满意吗？					
教师配备	38	据您所知，您对所在区县"音、体、美、科、劳、信学科专职教师配套达80%"这一标准的达标程度满意度如何？					
	39	您满意现阶段给您所在学校分配的教师编制数量吗？					
	40	您满意现阶段在编教师人数与授课教师的实际需求吗？					
	41	根据您的了解，对于不同学校编制分配数量情况，您的满意度如何？					
	42	您满意您所在学校的高、中级教师职称结构分布吗？					
	43	您认可高、中级教师在校级间、区(县)间的分布情况吗？					
培训交流	44	您满意现阶段区域内中小学校长的轮岗/调动/服务交流制度吗？					
	45	您对现阶段学校在轮岗/调动/服务交流的教师数量情况作何评价(交流教师数量一般不低于符合交流条件教师总数的10%，其中各级各类名优骨干教师应不低于交流教师总数的30%)					
	46	您对学校划拨的教师培训经费数量满意度如何？					
	47	您对学校提供给教师的专业进修机会数量满意吗？（规定每年教师集中培训比例应达到20%）					
质量与管理							
教育管理	48	您满意学校音体美、实践活动课程开设的齐全情况吗？					
	49	您对义务教育阶段取消划分重点学校和非重点学校的现状作何评价？					
	50	您对所在区县内学校重点班的遏制情况作何评价？					
	51	您对政府管控"择校现象"的履职情况作何评价？					
	52	您对于新课程改革中教学方式的实际转变情况满意度如何？					
	53	您对于新课程改革中教学评价的实际转变情况作何评价？					
	54	您认可现阶段中小学生的课业负担减轻情况吗？					
	55	您对减少学生课外补习、购买辅导资料、参加学科竞赛次数的实际情况满意度如何？					
	56	与重庆市学生巩固率标准相比（小学巩固率达99.5%，初中巩固率达98%），您认可区县政府在巩固率上的工作绩效吗？					
	57	您对现阶段学生的身体素质情况满意度如何？					

	题项	义务教育均衡发展现状	不满意	不太满意	一般	基本满意	满意
教育质量	58	与重庆市中小学生体质健康及格率标准相比（小学达 98%，初中达 96%），您对班级内学生的体质健康合格率满意度如何？					
	59	您对班内学生的生长发育情况作何评价？					
	60	您对现阶段学生的综合素质情况满意度如何？					
	61	与重庆市中小学生综合素质合格率标准相比（小学达 96%；初中达 94%），您对班级内学生的体质健康合格率满意度如何？					
	62	您满意政府在义务教育学校质量监测中的监督和管理角色吗？					
	63	总体而言，您对所在区县政府推进义务教育均衡发展工作满意度如何？					

三、简答题（请您根据实际情况简单阐述您的意见和看法）

1. 您认为区（县）政府在推进义务教育均衡发展中做得最好的是哪方面工作呢？

2. 您认为区（县）政府在推进义务教育均衡发展中需要改进哪方面的工作呢？有什么好的建议？

问卷到此结束，再次感谢您的支持，祝您工作、生活愉快！

后　　记

中华人民共和国成立以来，我们党始终把发展人民教育事业、提高广大人民群众受教育水平和中华民族科学文化素质作为奋斗目标，始终把教育放在优先发展战略地位，制定了教育为社会主义现代化建设服务、为人民服务的方针，开辟并不断完善中国特色社会主义教育体系。70 年多年里，我们实现了全面普及九年义务教育、高等教育从精英化进入大众化发展阶段的两大历史性跨越，学前教育、职业教育、成人教育、特殊教育加快发展，教育宏观结构调整取得重大突破。其中，学前教育毛入园率从 1950 年的 0.4%提高到 2018 年的 81.7%；小学净入学率从 1949 年的 20%提高到 2018 年的 99.95%；初中阶段毛入学率从 1949 年的 3.1%提高到 2018 年的 100.9%；高中阶段毛入学率从 1949 年的 1.1%提高到 2018 年的 88.8%；高等教育毛入学率从 1949 年的 0.26%提高到 2018 年的 48.1%。

在义务教育领域，我们在进入新世纪前实现了全面普及九年义务教育，从根本上解决了适龄儿童少年"有学上"的历史性成就。21 世纪以来，统筹推进城乡教育一体化、促进义务教育均衡发展成为中国教育发展的国家战略。2001 年 5 月国务院颁布的《关于基础教育改革与发展的决定》，确立了"分级管理、以县为主"的义务教育管理体制；2005 年 5 月教育部颁布的《关于进一步推进义务教育均衡发展的若干意见》，首次系统阐述了义务教育均衡发展的目标与措施；2006 年 6 月修订后的《中华人民共和国义务教育法》，则将"义务教育均衡发展"上升至法律层面。回顾中国义务教育均衡发展历程与政府在其中扮演的角色，分析义务教育均衡发展现状和存在的问题，可以为新时代加快推进教育现代化、建设教育强国、办好人民满意教育提供政策思路与实践参考。

基于上述考量，我们申报了 2015 年的国家社会科学基金年度项目，并获准立项管理学类一般项目"西部贫困地区县级政府提升县域义务教育均衡发展治理能力的路径优化研究"（课题批准号：15BGL163）。课题立项以来，我们较为系统地梳理了教育均衡发展、教育治理、政府角色等与县域义务教育均衡发展的相关文献资料，分析了县域义务教育均衡发展进程中的政府角色，构建了义务教育均衡发展的整体框架，实证研究了中国八大综合经济区在基础性办学条件方面的区域间和区域内差异，以及重庆市不同区县义务教育综合发展水平及其内部差异，调查研究了一线教师对政府履行均衡发展治理责任的满意度。课题组最后以重庆市下辖四个区县为案例，梳理了各区县的义务教育均衡发展经验，并从义务教育优质均衡发展和构建现代教育治理体系新要求，提出了提升县级政府义务教育治理能力的路径建议。

值此《西部贫困地区县级政府提升县域义务教育均衡发展治理能力的路径优化研究》付梓出版之际，首先要感谢全国哲学社会科学规划办公室的各位领导和课题评审专家，是专家们的信任给予了课题组成员开展此项课题研究的信心。感谢重庆市社科规划办组织的课题培训和中期检查等活动，让我们有机会和同行交流，学习课题研究的方法与经验。感谢西南大学社科处的各位领导，从最开始课题申请时的专业指导，到立项后组织课题开题，以及定期、不定期的检查督促，使得本课题研究得以基本完成，特别感谢社科处的吕刚武老师为本课题研究提出了许多宝贵意见。感谢西南大学教育学部的各位领导和同事，学部把统筹城乡教育发展作为西南大学教育学科的重点发展方向，对本课题研究给予了物质和精神层面的大力支持。

本课题研究是一项团队努力成果，团队成员中有的擅长于教育政策分析，有的擅长教育实践总结，有的擅长数据统计分析，有的擅长研究资料整理，卓越的团队保障了课题研究的顺利进行。感谢陕西师范大学研究生许佳同学、北京体育大学研究生白雪同学、华东师范大学研究生刘童同学，三位同学在西南大学学习期间参与到中国八大综合经济区和重庆市义务教育均衡发展水平差异，以及一线教师对县级政府履行均衡发展治理责任的满意度调查研究中。感谢西南大学教育学部陈琴和但金凤两位在读博士生、西南大学附属小学张力文老师、重庆市沙坪坝区大学城学府悦园第一小学温小琪老师，四位在就读研究生期间协助我收集整理了重庆市四个民族区县的义务教育均衡发展资料。感谢本书撰写过程中参考引用过的文献作者，感谢科学出版社各位领导与编辑，你们是本书得以完成的坚实后盾。

学术研究从来就没有终点，课题的结题也不意味着探索的终止。我们深知，本研究还存在诸多不完善之处，在理论归纳、数据挖掘、对策建议等方面离预期研究目标还有差距，敬请学术界同仁批评指正。我们也将以更饱满的热情和更负责的态度，继续深入此课题研究，特别在义务教育优质均衡发展背景下的政府责任和治理能力提升领域，争取更大的进步与更多的收获。

王正青

2020 年 3 月于西南大学

彩色图版

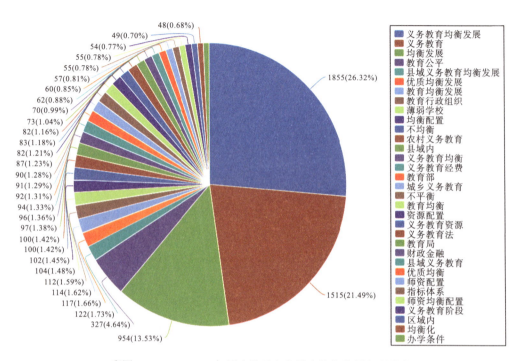

彩图1　2001～2018年国内关于义务教育均衡发展主题分布

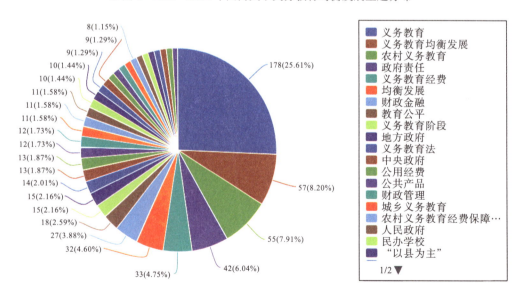

彩图2　2001～2018年国内关于义务教育政府责任主题分布